滕阁读书
TENGGE READING

崔洪国——

著

拥抱语文

江西教育出版社
JIANGXI EDUCATION PUBLISHING HOUSE

·南昌·

图书在版编目（CIP）数据

拥抱语文 / 崔洪国著 . -- 南昌：江西教育出版社，
2021.11

ISBN 978-7-5705-2825-7

Ⅰ . ①拥… Ⅱ . ①崔… Ⅲ . ①中学语文课 – 教学研究
Ⅳ . ① G633.302

中国版本图书馆 CIP 数据核字 (2021) 第 174280 号

拥抱语文

YONGBAO YUWEN

崔洪国　著

江西教育出版社出版

（南昌市抚河北路 291 号　　邮编：330008)

各地新华书店经销

江西省和平印务有限公司印刷

700 毫米 ×1000 毫米　　16 开本　　19.5 印张　　字数 261 千字

2021 年 11 月第 1 版　　2021 年 11 月第 1 次印刷

ISBN 978-7-5705-2825-7

定价：56.00 元

赣教版图书如有印装质量问题，请向我社调换 电话：0791-86710427

投稿邮箱：JXJYCBS@163.com　　电话：0791-86705643

网址：http://www.jxeph.com

赣版权登字 -02-2021-554

虽然同住东营，与洪国老师相识却有些晚。在时间不长的交往中，我深切地感受到，洪国老师是一位在语文教学方面砥砺前行的探索者，其专业素养和认知水平很是令人佩服。近期闻得他有书将付梓，却反被他托付为书作序。我很为难，一来人微言轻，没有资格与人书写；二来不会作序，不晓得作序是写人还是写书。好在彼此之间是挚友关系，说些什么也不会见怪。

我是了解洪国老师的，愿意用"语文教学的行者"来形容他。

"行者"在辞书里有多个释义，我认为取其"修行人"，用在洪国老师身上颇为合适：他从教30余年，从一名普通的语文教师转为业务副校长，从业务副校长转为校长——多所学校的校长，从校长转为乡镇教育办主任，而现在的身份是教研室的语文教研员，其间洪国老师从未离开过语文教学的课堂，可以称之为"修行语文教学的人"。故用"语文教学的行者"来形容他，并无不妥。

洪国老师修行语文教学，表现在他对语文教学的思考是执着的。我们看他所著第一辑中《从"终点"出发，寻找语文阅读教学的"起点"》《从提问方式探究阅读教学的实效性》《学本课堂视野下的语文课该这样上》这些文章，是他在语文课堂上深耕不辍时的反思，是一位深爱语文教学之人的智慧。第五辑中《〈大自然的语言〉教读引领课教学课例》《〈记承天寺夜游〉教学设计》等，涵盖不同的文体，是将反思与智慧外化于行的实践。且行且思，且思且行，展现出了一名语文教师应该具备但又很难保持的精神状态。

洪国老师修行语文教学，还表现在他对语文教学的行动是创新的。"语文主题学习"是洪国老师所在县域近年来大力倡导的语文学习方式，而他作为语文教研员，定然是"语文主题学习"的先锋，逢山开路，遇水搭桥。书中第二辑介绍了他所主持的"语文主题学习"的一些情况：理念引领上，有《用语文主题阅读开启语文学习的幸福之门》《教师做好引导，助力学生阅读》为证；微观指导上，有《"语文主题学习"丛书与教材整合的几点思考与探索》《语文教学中的"批注式阅读"探微》为证；宏观把控上，有《引导学生海量阅读，提高语文核心素养》《阅读留痕，化情于文》为证；实践效果上，有《撑"语文主题学习"之长篙，在大量阅读的长河里漫溯——广饶县"语文主题学习"实验纪实》为证。这样规模性的语文教学改革与创新，没有对语文教学特点的正确认识和语文教学规律的准确把握，许多人是不敢轻易尝试的。

洪国老师修行语文教学，还表现在他对语文教学的视域是开放的。他笃信"读好书，交高人"，紧紧追随省教科院张伟忠博士、市教科院孟宪军老师等专家，参加培训研讨、教材编写、学术交流，如影随形。强将手下岂有弱兵？他在语文教学方面的积淀越来越深厚。他笃信"读万卷书，行万里路"，没有青灯黄卷，就没有《给每一位教师远眺"雷尼尔山"的机会》的思考，没有"从别国里窃得火来，本意却在煮自己的肉"的胸怀，就没有"走马观花新加坡"系列文章。洪国老师想"做一株智慧的芦苇"，萌芽在春，绽绿于夏，成熟在秋，坚韧于冬，既仰慕前贤虚心学习，又盘根拔节陪伴那些需要成长的生命。其修行之道，愚人何及也。

洪国老师还是广饶县一名普通的乡村中学语文教师的时候，他就说"教育，就是让我们聆听小草开花的声音"，"用经典不断丰厚孩子的童年"；当他成为一名校长的时候，和老师们说"老师，你应该向学生回礼";当他成为教育办主任的时候,他明白"教育公平:从课堂抓起",呼吁"校长,要做放风筝的人"。水流千遭归大海,他还是舍不得语文课堂,挂印封金,担任了县教研室的语文教研员,怀揣着"做一个充满魅力的教研员"的梦想,甘做一位宅心仁厚的语文教师。云卷云舒,花开花落,从教 30 余年,洪国老师在教育战线,尤其是语文课堂上有丰富之经历、诸多之体味,遂成此书,凡 20 余万言,均算一年近万言。区区万言,不能尽教学生涯之甘苦;万言区区,皆是洪国老师修行之正果。

承蒙不弃,聊作序尔。

刘知晓

2021 年 2 月 20 日

目录

第一辑 | 让语文教学改革更贴近语文教学实践

从"终点"出发，寻找语文阅读教学的"起点"　　2

阅读教学"切入点"的有效性探究　　8

从提问方式探究阅读教学的实效性　　15

为小说教学寻找合适的"穴位"　　21

与散文文本对话的三个维度、六个焦点　　28

为诗歌阅读教学找到适合的四个切入点　　34

学法指导，兴趣激发

　　——实现文言文有效教学的策略探微　　38

用经典不断丰厚孩子的童年　　43

点燃字词的火把，照亮传统文化与语文教学交融之路　　47

让"本真"作文回归本真　　53

学生作文：让"真实"花开得绚烂　　58

对写作教学评价的思考　　63

议一议作文教学的"开源"和"节流"问题　　67

构建作文教学"三段八环"非主流教学模式，不断提升作文教学效益　　72

聚焦课堂教学中几种新的不和谐现象　　77

学本课堂视野下的语文课该这样上　　84

做"读书的种子"，语文教师你准备好了吗　　87

第二辑 | 在"语文主题学习"中实现海量阅读

撑"语文主题学习"之长篙，在大量阅读的长河里漫溯

    ——广饶县"语文主题学习"实验纪实　94

用语文主题阅读开启语文学习的幸福之门　99

"语文主题学习"丛书与教材整合的几点思考与探索　103

教师做好引导，助力学生阅读　108

语文教学中的"批注式阅读"探微　113

引导学生海量阅读，提高语文核心素养　117

让丛书阅读充满花香　122

阅读留痕，化情于文　127

整本书阅读"三部曲"

    ——以《朝花夕拾》为例谈整本书阅读　133

第三辑 | 生活无处不语文

多拿自己当镜子　140

"附耳细说"的启示　142

从童言无忌到"沉锚效应"　145

从挚友弃汤到表扬疲软　148

略谈精细化管理　150

别样的雷夫，别样的教育启示

    ——读《第56号教室的故事》有感　153

我梦想，做一个充满魅力的教研员　158

我愿同大家一起飞翔　161

老师，你为何变得如此胆小　164

打破砂锅问到底　　166

请给每一个孩子箍牢"桶底"　　168

我不准补上的窟窿

　　——实验楼上十四天　　171

春天，难忘的校园　　174

浓浓的春夜里，我与曾国藩"邂逅"　　177

多踩了两脚泥　　181

对世界好一点，并不浪费

　　——四川"5·12"大地震反思录　　183

做一株智慧的芦苇　　187

第四辑 | 教育，把心叫醒

走马观花新加坡之一　　192

走马观花新加坡之二　　195

走马观花新加坡之三　　198

走马观花新加坡之四　　202

走马观花新加坡之五　　204

走马观花新加坡之六　　206

走马观花新加坡之七　　208

走马观花新加坡之八　　211

走马观花新加坡之九　　213

走马观花新加坡之十　　215

教育公平：从课堂抓起　　217

让奖励在我们手指尖上跳舞　　219

让阅读"回家"　　223

目录

"吃零食"到底能吃出啥来　　226

反思推动教师的专业成长　　228

老师，应学会倾听　　232

老师，你应该向学生回礼　　234

教育，就是让我们聆听"小草"开花的声音　　236

从陶行知的"四块糖"谈教育惩戒的艺术　　238

校长，要做放风筝的人　　241

给每一位教师远眺"雷尼尔山"的机会　　243

宽松、自由的环境是课改成功的关键　　245

努力会让一切皆有可能　　247

我爱教育这一行　　249

第五辑 | 可复制的语文教学

《桥》教读引领课教学课例　　252

《大自然的语言》教读引领课教学课例　　257

《散步》教读引领课教学课例　　262

《秋天的怀念》教学设计　　268

《草原》教学设计　　274

《记承天寺夜游》教学设计　　284

《阿长与〈山海经〉》教学设计　　291

后记 /300

第一辑

让语文教学改革更贴近语文教学实践

——探索统编教材下语文教学新策略

从"终点"出发，
寻找语文阅读教学的"起点"

大力培养学生的阅读能力和阅读兴趣，是语文教学的"牛鼻子"。苏霍姆林斯基曾说："课外阅读，用形象的话来说，既是思考的大船借以航行的帆，也是鼓帆前进的风；没有阅读，就既没有帆，也没有风。阅读就是独立地在知识的海洋里航行。"可见，阅读在语文教学中的重要作用。

40多年前吕叔湘先生批评当时语文教学存在"少、慢、差、费"的状况，这种状况至今没有根本改变。许多时候，我们发现阅读教学缺少了语文的味道；在阅读课堂上，教师依然占据主体地位，阅读教学的效果不佳。

要提高语文阅读教学的效率，首先要明确语文阅读教学的"起点"。要明确语文阅读教学的"起点"，需要从语文阅读教学的"终点"去思考。

我在阅读李希贵老师的《为了自由呼吸的教育》一书时，被他的"终点思考"所感染。这是他对人生的感悟，但如果我们从"终点思考"的视角来审视阅读教学，也许能准确找到阅读教学的"起点"。

一、语文阅读教学的"终点"在哪里

语文阅读教学的"终点"在哪里？换言之，学生通过阅读应学到什么呢?

就初中的阅读教学而言,"终点"具体表现为以下四点:

1. 具有独立阅读的能力,学会运用多种阅读方法。教师在教学中要善于引导学生领悟、掌握阅读的方法。比如,不动笔墨不读书、圈点勾画、旁批等。

2. 感受人文情怀,发展个性,培养创新精神和合作精神,逐步形成积极的人生态度和正确的世界观、价值观。阅读过程就是披文入情的过程。在阅读中,学生要感受形象、体验情感。在优秀文化的熏陶感染下,提高思想道德修养和审美情趣,逐步形成良好的个性和健全的人格。

3. 让学生领悟作品的思想情感,感受精妙的语言,学习表达技巧,提高驾驭语言的能力。在阅读中整体感知,有所感悟;在阅读中培养语感,受到熏陶。

4. 在发展语言能力的同时,发展思维能力,学习科学的思想方法,激发学生的创造力和想象力。

二、寻找阅读"起点"

许多教师对阅读教学"起点"的设定不恰当,导致阅读教学的效率低下。"起点"的设定具有强烈的主观色彩,主要体现教师的意志,忽视了文本作者的思想和编者的意图;"起点"的设定只重视"人文主题",忽略了"语文素养"的培育;"起点"的设定唯文本,忽视以学生为学习主体的知识建构。

学生学什么,怎么学,教师要从"终点"出发思考,明确"起点",也就是教师要心中有《义务教育语文课程标准(2011年版)》(以下简称《课程标准》),眼里有文本,胸中有学生。

学生是学习的主体,学生要主动建构自己的学习体系。一堂高效的语文课堂,必须是符合语文学习规律的,必须是符合学生成长需要的。

（一）从教材和文本中寻找阅读教学的"起点"

1.单元导读和课文提示

统编版初中语文教材的每个单元前有提示，每篇课文前也有提示。这些文字除了激发阅读兴趣，还有提示课文内容、指点学习方法的功能。如七年级上册第一单元中"要重视朗读课文，想象文中描绘的情景……把握好重音和停连……"有的提示语交代了课文的写法，介绍了课文有关信息等。这些都可作为阅读教学的"起点"来用。

在《春》的教学中，可以根据单元导读的提示设计本课的教学"起点"：①有感情地朗读课文，注意重音和停连，看看课文描绘了哪些春日图景？②作者把春天比作"刚落地的娃娃""小姑娘""健壮的青年"的妙处在哪里？③发挥想象，另写一到两个比喻句来描写春天。

在这些"起点"的引领下，课堂会自然而然地将课文阅读目标中的情感体验、阅读方式和学习比喻、拟人等修辞方法的作用有机结合，从而实现教学目的。

2.结合意蕴丰富的文章标题，探求科学的课堂教学设计

标题是文章之眼，包含着丰富的意蕴。标题是作者的第一声呼唤，是作者心血凝聚的产物。在阅读教学中，引导学生仔细体会标题，把研究标题作为阅读的"起点"，并由此入手，带着推测去阅读，也是提高阅读效率的有效途径。

有位教师在执教《走一步，再走一步》时，在黑板上写下"走两步"作为课文的标题。学生立即嚷道："老师，错了，是'走一步，再走一步'。"教师反问道："走一步，再走一步，不就是走两步吗？作者好像连'一加一等于二'都不知道，还把题目写得这么复杂。是不是啊？""不是！"学生肯定地回答。"既然这样，那么作者为什么要用'走一步，再走一步'作为标题呢？请大家带着这个问题来学习课文。"

教师提出这个问题，旨在引导学生准确把握文章的情节和主旨，即理

解作者在悬崖上遇到困难时，父亲为什么不抱他下来，而让他一小步一小步地自己走下来，以此来阐述"遇到困难，要鼓足勇气，学会自己去解决，学会把困难分解成一小步一小步去克服，这样即使是再大的困难，也会容易战胜"的人生哲理。教师把文章题目作为教学的"起点"，找到合适的切入点，通过问题的求解，结构新知，让学生在质疑、释疑、概括、归纳中获得思维的训练。

3. 抓住文中反复出现的词句，巧布教学设计

为搞好教学设计，教师应该善于在文本中发现教学资源，确立教学"起点"，并完善教学设计。

在学习《秋天的怀念》时，我进行了这样的教学设计：在要求学生反复有感情地朗读课文后，请学生们对比第二自然段和最后一个自然段。两段话中有个相同的句子——"好好儿活"。作者为何反复提到这个句子？阅读时语气应该有怎样的不同？其间他经历了什么样的心路历程？

在引导大家完成课文赏析后，我又将课前准备好的《母亲，我不识字的文学导师》（梁晓声）、《母亲的羽衣》（张晓风）两篇文章发给学生们，并设计了两个问题——两篇文章中哪些句子能直接反映作者的心路历程？应该怎样去读？学生通过对比阅读，把握了阅读中的语气和节奏的变化，理解了关键语句揭示主题的作用；在整体感知的基础上，体会到了作者的思想感情。

另外，文本后的"思考探究""积累拓展"等，也都是阅读教学的重要资源，也可以作为阅读教学的"起点"，因篇幅所限，不再赘述。

（二）从教师对文本的研读和学生的质疑中，寻找阅读教学的"起点"

阅读教学实际上是教师、学生和文本之间的多重对话。阅读中，文本与读者之间，是一对多的关系。每个读者对文本都有独特的体验与感受，都会结合自身感悟去理解文本。所以，阅读教学"起点"的寻找应尊重教

师的感悟、学生的体验。

1. 教师对文本的独到发现

教师对文本的精心研读，往往有独特的发现。这些独具匠心的发现，完全可以成为阅读教学的"起点"。

如一位教师教学《老王》时，发现文中"我常坐老王的三轮。他蹬，我坐，一路上我们说着闲话"写得很啰唆。而当他细细研读后，他觉得这段文字独具匠心，充满了智慧。于是，他设计了这样的问题：把"他蹬，我坐"删去，意思也不会发生变化，那么作者为什么要这样强调，其用意是什么？

在教师的引导下，学生围绕这个"起点"问题通读全文，很好地理解了作者的用意，领会到了文章的构思之美。

2. 学生的质疑和教学"起点"的生成

《课程标准》要求："教师应加强对学生阅读的指导、引领和点拨，但不应以教师的分析来代替学生的阅读实践，不应以模式化的解读代替学生的体验和思考。"有人曾说，阅读教学如果满足学生一望而知，教师就可能无所作为了。教师要有一种自觉，既从学生的一望而知，指出他的一望无知，甚至再望也还是无知……把学生"一望无知""再望而无知"化成阅读教学的"起点"，就能很好地提高阅读教学的效率。

教学中，我会在课前预习时发给学生每人一张"阅读学情问卷"。备课时，我会把"阅读学情问卷"中的"预习收获""预习困惑"等认真整理，特别是把学生提出的共性问题，当作阅读教学的"起点"来设计教学。如在学习《故乡》一课时，学生提出了许多问题。绝大多数学生的问题是"闰土前后变化的原因是什么？""中年闰土见到'我'时，为什么现出欢喜而凄凉的神情，却没有作声？""怎样理解文章最后一句话？""文中'一层可悲的厚障壁'指的是什么？"等。

结合学生的质疑，我明确了本课阅读教学的起点：①造成闰土这个人物形象前后天壤之别的社会背景是什么。②造成"我"与闰土"隔膜"的社会原因是什么。③文章重点语段和细节描写有什么作用。在此基础上，我将目标确定为：①分析人物形象，探究造成人物"隔膜"的社会原因。②领会通过关键词段及细节描写，刻画人物形象、揭示主题的方法。据此，我精心设计，收到了非常好的效果。

用学生的困惑和质疑作为阅读教学的"起点"，以学定教，从而确立教学目标，我们的教学会更聚焦，更有针对性和实效性。

阅读教学，从"终点"出发让我们找到阅读教学的真正起点，去设计和追寻朴素本色的学习方式，这是阅读教学达成高效课堂的重要途径。

阅读教学"切入点"的有效性探究

　　语文课堂教学是教师组织、引导、参与和学生自主、合作、探究学习的双向活动。统编教材的阅读教学对语文教师的课堂提问提出了更高要求，要求教师能够在整合课文内容、考虑学生整体参与的基础上，通过设计具有内在牵引力的主问题（切入点）来组织课堂，起到提纲挈领的作用。

一、关于阅读教学的"切入点"

　　一个恰当的切入点，能让学生产生阅读新奇感和兴奋感；一个好的切入点既能引导学生的思维方向，又能让学生带着问题，通读文本，快速推进阅读进程；一个好的切入点既有利于教师掌控课堂，又有利于学生理解、赏析文本，从而形成独特而多元的阅读体验。

　　方雪丽老师在谈到语文阅读教学课的切入点时说："语文教学中，总有一些课思路清晰、环环相扣，如行云流水……这样的课堂往往有一个绝妙的切入点。正所谓'拈一叶知天下秋；拈一朵梅花，带出的是整个春天'。对于语文课堂来说，这带出春秋的'花'和'叶'就是课文教学的切入点……选准教学切入点，可以事半功倍。"

　　阅读教学中，教师与学生之间，学生与学生之间，教师、学生与文本之间，教师、学生与教材编者之间的互动越来越多，很多教师在追求阅读教学课堂的活跃性时，往往会忽视切入点的有效性。教学实践中，许多语文老师总结阅读教学的切入点，诸如情景切入法、背景切入法、作者作品切入法、题目切入法、结构切入法等。但这些切入点在统编教材使用的背景下，存在着硬伤。

1. 教师不管学生是否读过课文，就直接指定文中的某个语句并由此导出问题，让学生带着该问题去研读文本。这种方式往往不顾"裸读"带给学生的感受。

2. 切入点的确定，体现了教师的意志，往往忽视了文本作者的思想和编者的意图。

3. 切入点的设定，往往只重视了"人文主题"，忽略了"语文素养"。

所以，如何提高阅读教学"切入点"的有效性，让更多的学生参与课堂，提高阅读教学的效率，是值得广大语文教师关注的问题。

二、提高阅读教学"切入点"的有效性策略

（一）整体把握统编教材的课程理念

我们知道，新旧教材之间，发生了很多变化。备课过程中，我们必须在了解新教材变化的前提下，真正理解这种变化所体现出来的观念、意图和方法，让阅读课切入点的设计更好地适应这种变化。

1. 双线组元下"切入点"的设计

不难发现，旧教材的单元结构注重主题结构，即重视文本的人文性，重视主题内容，难以顾及语文知识和语文能力的培养。统编教材则重视"人文主题"和"语文素养"双线并行，"人文主题"中的情感态度、价值观和"语文素养"中的基础知识、语文学习策略、阅读习惯等，均被分成若干个训练"点"分布在每个单元中。如统编教材语文七年级上册六个单元的"人文主题"分别是：第一单元"四时之景"，第二单元"亲情之爱"，第三单元"校园之美"，第四单元"人生之舟"，第五单元"生命之趣"，第六单元"想象之翼"。每个单元的"语文要素"包括：第一单元，体会语言之美，品味精彩语句；第二单元，把握感情基调，体会思想情感；第三单元，梳理文章的主要内容；第四单元，圈点勾画，理清作者的思路；第五单元，摘录积累，概括文章的中心；第六单元，快速阅读，展开联想

和想象。

因此，在学习每个单元时，要将上述要求具体化。"切入点"设计就应该跟着教材变化而变化。

在《春》的教学中就可以根据单元导读的提示设计本课的教学"切入点"：①有感情地朗读课文，注意重音和停连，看看课文描绘了哪些春日图景？②作者把春天比作"刚落地的娃娃""小姑娘""健壮的青年"的妙处在哪里？③发挥想象，另写一到两个比喻句来描写春天。

在这些"切入点"的引领下，课堂会自然而然地将课文阅读目标中的情感体验、阅读方式和学习比喻、拟人等修辞方法的作用有机结合，实现了"切入点"的实效性和引领性。

2. 教学方式变革下的"切入点"设计

统编教材在删减部分课内阅读篇目的同时，扩大了延伸阅读的数量，努力让语文课向课外阅读延伸，往学生的生活延伸，有助于解决学生不读书、少读书的问题，以及当前学生只读教材和教辅，很少读课外书，语文素养培育无从谈起的"老大难"问题。

统编语文教材加大了课型的区分，原来教材的基本结构是"精读—略读—课外阅读"，统编教材的基本结构是"教读—自读—整本书阅读"。这种结构上的变化，给我们传达了一个非常重要的信息。"精读、略读"主要还是专注于阅读的内容，"精读"就是要把文本读深、读透、读通；"略读"就是择其主要，观其大概。而"教读、自读"更多关注的是读书方法的使用、阅读策略的选择。

教材结构和教学方式的变革，要求我们阅读教学的"切入点"也要随之改变。

在学习《秋天的怀念》时，我先要求学生反复地有感情地朗读课文，设计了本文教学的"切入点"：请同学们看第二段和最后一段。两段话中有个相同的句子——"好好儿活"。作者为何反复提到这个句子？阅读时语气应该有怎样的不同？其间他经历了什么样的心路历程？

在引导大家完成课文赏析后，我又将课前准备好的《母亲，我不识字的文学导师》（梁晓声）、《母亲的羽衣》（张晓风）两篇文章发给学生们，并设计了两个问题——两文中哪些句子能直接反映作者的心路历程？应该怎样去读？学生通过对比阅读，把握了阅读中的语气和节奏的变化，在整体感知的基础上，体会到了作者表达的思想感情。

这样就将课内阅读与课外阅读有机结合在一起，引导学生在课堂上围绕某一主题，自由自主、大量地阅读。实现了"要重视培养学生广泛的阅读兴趣，扩大阅读面，增加阅读量，提高阅读品位。提倡少做题，多读书，好读书，读好书，读整本的书"的课标要求，实现了统编教材以阅读方法驱动学生自主阅读、实践"1+X"阅读（课内一篇课文带几篇甚至更多文章阅读的学习模式）的教学方式转变。

（二）局部理解文本作者思想和编者意图

文本被编入教材，成为学生阅读、欣赏、评论的对象。教师在"裸读"文本、赏析作品时，可能有自己独特的感受，但作者对世界的理解，作者自我生活的体验，也应该得到尊重，而不应该被曲解或误解。教师只有在尊重文本本来面貌的前提下，对文本进行正确而深入的解读，才能确定合适的教学内容，才知道要"教什么"，才能把握好课文的"切入点"的有效性。

同时，教师在解读文本，确定课文的"切入点"时，还要尝试理解编者将该篇文章编入教材的真实意图。

《邓稼先》一文都被安排到人教版和统编版的七年级下册。人教版教材的提示语是：邓稼先，"'两弹'元勋"，"两弹一星"功勋奖章获得者。这是一个"大写的人"！我们做人就是要做这样的人！让我们随着作者饱含深情的笔触，去感悟这位不平凡的科学家吧！

而统编版教材要求学生课外搜集资料，了解邓稼先的功绩与品行，还要求了解作者杨振宁与邓稼先的关系，理解作者表达的情感。

文本被编入教材，蕴含着教学意图，体现出文本的教学功能。《邓稼先》这篇文章在不同版本教材中的教学任务不同，其教学重点和教学难点也不一样，阅读教学的"切入点"自然也有所差别。

（三）主观尊重学情体验

阅读教学实际上是教师与学生之间，学生与学生之间，教师、学生与文本之间，教师、学生与教材编者之间的对话。阅读中，文本与读者之间，是一对多的关系，每个读者对文本都会有其独特的体验与感受，所以才有了"一千个读者就有一千个哈姆雷特"的说法。周国平先生说："事实上每个人天性中都蕴含着好奇心和求知欲，因而都有可能依靠自己去发现和领略阅读的快乐。""说到底，一切教育都是自我教育，一切学习都是自学。"所以，阅读教学"切入点"的设计应尊重学情。

1.学生知识存疑的"切入点"设计

我们在教学八年级上册第五单元，首先通过测试，发现学生对说明方法及作用、说明语言的特征两个知识点掌握得较好，而对文章、段落的概括能力较差（其实这也是每个年级学生所暴露出来的阅读弱点），且对常见的逻辑顺序辨析不清。于是我们就把第五单元的教学目标定为"能够准确概括文章、段落的中心内容，抓住说明对象的特征，并理清全文与局部的说明顺序"。在教学课文《中国石拱桥》时，我们重点训练了内容的概括与说明顺序的辨析，并引导学生从中发现规律与方法。根据学情，我们设计了本文的"切入点"：

①通读全文说说石拱桥的特点，中国石拱桥有什么特点？②为了说明中国石拱桥的特点，作者先后介绍了哪些石拱桥？③小组合作，探究这种结构在逻辑上的关系。

这样设计"切入点"，意在用①②两个问题做铺垫，着力引导学生思索、探讨问题③，从而培养学生在概括文章、段落的基础上，掌握说明文的说明顺序和逻辑关系。

2.学生认知水平的"切入点"设计

学生对文本的阅读有属于自己的情感体验，也会受到自己的认知水平的限制。阅读教学不仅要关注文章写了什么、写得怎么样，还要关注文章的多元价值取向，关注学生能学到怎样的言语形式，即文章是通过什么方式，什么形式来写的。从学生的认知出发，设计"切入点"，便于学生在获得自然、真实阅读体验的基础上，突破其理解瓶颈，获得更高的审美体验。

《背影》是一篇历久弥新的不朽佳作。不过，学生在阅读时，受制于自身的认知水平，如不了解文章写作背景，很难对作品产生共鸣，更不会沉下心去体会文中那些富有张力的语言。所以在教学《背影》时，我设计了这样的"切入点"：

①课文写了家中哪些变故？面对这些变故，"我"和"父亲"的心情分别是怎样的？②精读文章，说说文中哪些细节体现了父亲对"我"的爱。③合作探究，"我"对父亲的感情发生了哪些变化（适时插入背景链接）？

这三个问题层层深入，由学生初读文本的感悟，引向对文章细节的挖掘，启发他们在把握文章内容的基础上，感受作者表达的情感。让学生与文本的对话、教师与学生的对话不断深入。

3.从引发学生兴趣的"切入点"设计

兴趣是最好的老师，兴趣也是推动学生涵泳文本的助推器。从能引发学生兴趣处设计阅读的"切入点"，有利于调动学生的阅读积极性和提高学生的语文素养。

学习《孔乙己》一课时，很多学生对文章的结尾"我到现在终于没有见——大约孔乙己的确死了"产生了兴趣。他们大多认为这种说法自相矛盾，对孔乙己的最终结局非常好奇。鉴于此，我设计了本文阅读的"切入点"：

①细读全文，找出说孔乙己"的确"死了的原因。②跳读文章，找出说孔乙己"大约"死了的原因。③结合上述问题，归纳造成孔乙己死亡的主要原因。④发挥你的想象力，为文章另写一个合理的结尾。

以上四个问题围绕学生的兴趣点，让学生充分运用精读、跳读的方式，层层深入地去探究孔乙己死亡的原因，感悟鲁迅先生运用语言的高超艺术；然后让学生跳出文本，依据获得的感悟，进行发散性思维训练，将"理清小说情节，整理人物活动的场景，初步感知人物性格"的学习目标落到实处。

整体把握统编教材的编写理念，理解文本作者的思想和意图，尊重学情等，是提高阅读教学"切入点"有效性的基本策略。雅斯贝尔斯说："谋求新的精神境界是当代一切有责任感的人的首要任务。"以上关于阅读教学"切入点"有效性的探讨，仅仅揭示其冰山一角。期待同仁对阅读教学"切入点"有效性的研究更加深入，以便更好地服务于阅读教学。

从提问方式探究阅读教学的实效性

语文阅读教学中的提问是课堂教学环节的重要组成部分。提问的方式有很多种，但目的都是为了激活学生思维，引导学生带着问题走进文本，培养语言感知能力，积累语文知识，提高语文素养。课堂提问的方式不同，体现着教师的教学理念不同；课堂提问的方式不同，对上述目的的达成度也不同。所以，探究课堂提问方式的差异及其对教学实效的影响，就很有必要性。

一、直问直答式

提问直接，瞄准课文内容——学生通过阅读课文或经过自己的概括和归纳，就能找到答案。

如有位教师执教《老王》一课，检查学生预习后，以"文章围绕'我家'与老王的交往，共写了几件事？'我家'对老王照顾有加，作者在文末为什么还表示'愧怍'？"的提问，作为解读文章的切入点。既引导学生梳理、概括文章内容和情感，又从"愧怍"入手，引导学生探究作者"愧怍"的原因，理解这种"愧怍"的感人之处，体会作者复杂而细腻的情感。

直问直答式的问答，直接对准课文内容，问题指向明确，但不是简单的"是什么，怎么样"的问答，它具有较高的概括性和挑战性。学生只有在认真预习和阅读、理解课文后，方能给出正确答案。

二、直问悟答式

一些问题看似只让学生选择自己的观点，实际上直接指向课文，提纲挈领地引导学生深入阅读文本，从文本中寻找情感产生的依据、支撑观点的材料，学生只有从课文中找寻相关语句作为证据，才能以"铁的事实"来证明自己的观点。这样的提问方式，称之为"直问悟答式"。

有位教师执教《孔乙己》，在学生预习后，向学生提问"孔乙己是可怜的还是可悲的，值不值得同情？"作为走进文本的切入点。教师站在学生的角度，让他们阅读后对人物作出自己的评价。提问的方式，前一问是选择式的——让学生从两个答案中选择一个作答，后一问为是非式的——回答只能是肯定或否定，两个问题之间存在递进关系，即只有回答了前面的问题，才能对后面的问题作出判断。这种提问跳出常规教学从小说三要素入手，由情节复述转到分析人物、写作技巧的套路，转向尊重学生主体，尊重他们的观点；问题直接关涉对主题的理解、对人物性格的把握、作者呈现人物性格的方法等，可谓牵一发而动全身，有助于调动学生参与课堂的积极性，培养他们学习的主动性。

更重要的是问题中"可怜""可悲"之间无任何关联，能极大引发学生的争鸣探讨，激起他们研读课文的兴趣——是将主人公作为弱者看待呢，还是认为主人公自作自受？

通过引领学生在这个地方进行探究，我们会看到一个个性复杂、精神裂变的"新"孔乙己形象：孔乙己绝不会脱下他的长衫，放弃"满口的之乎者也"。因为在他看来，穿长衫，说文言文，是他"优越感""自尊心"的体现，是他与"短衣帮"区别开来的标志，也是他反击"短衣帮"嘲笑自己的有力武器。由此可知，孔乙己是一个有着"远大"精神寄托，却不屑劳作，个人容貌、言行与其社会地位处在"突变"境地的人。他的不幸，固然拜封建科举制度所赐，但其个人的顽固不化也是其不幸的催化剂。所以，我们对这个人物形象"怒其不争"，但"哀其不幸"的程度却要打一个大大的折扣。

不过，这种提问方式也存在局限，就是只提供两种选择，会限制学生的思维，还可能把第三、第四种感情（看法）排除在外，实际上隐含着摒除多元思维的倾向，学生很难有即时性生成。这种局限来自简单的问话方式，如果改为开放式问题"读了课文，你对孔乙己有什么看法？你认为他值得同情吗？"也许效果会更好。

这种方式的提问既可安排在教学初，又可在学生熟悉课文后。学生寻找"证据"的过程，就是自己研读文本、品味文本、深化理解的过程。其中，学生的认识可能会有所变化，表明他对文本的研读真正落到了实处。这种提问方式正越来越多地被广大语文教师所运用，也比较适合各种文体的教学。

三、曲问悟答式

教师提出的问题，来源于课文，虽然要从文本中找寻依托，但更多的要靠学生的感悟，即学生根据已有学识和阅历，对问题中涉及的情感信息进行感悟体验，从中得出自己的结论。

某位教师抓住《散步》的开头提问："'我们在田野上散步：我，我的母亲，我的妻子和儿子'，如果写成'我们全家在田野散步'不是更简洁吗？作者为什么要这样写呢？"

《课程标准》指出："欣赏文学作品，有自己的情感体验，初步领悟作品的内涵，从中获得对自然、社会、人生的有益启示。"上面教师的问题，很明显地紧扣了"新课标"核心，体现出语文的"感性"特点。学生如果想准确回答，一定要沉潜到文本中，反复品读把握文章内容，感受作者表达的情感，获得体验。

当然，体验过于侧重感性，会影响到学生的理性思考，不利于对作品进行评判。因此，教师还可引导学生联系背景知识加以探究，对作者何以会产生这样的感情作出理性的思考。

曲问悟答式，尊重学生主体，强调学生体验。

四、概括填空式

概括填空式的提问也经常出现在我们的语文课堂。这种提问方式类似让学生做"简单"练习——根据自己对课文的研读状况在横线上填内容，要求学生自己概括。

如在学习《故乡》时，教师出示了这样一个预习题目："我回到了阔别多年的故乡，心情是＿＿＿＿＿＿＿＿＿＿的，因为我看到（听到）＿＿＿＿＿＿＿＿＿＿了。"

本题看似简单，实则难度很大，学生若没有准确把握文章内容、文章主旨、写作背景及人物形象要点，会远离教师的预设；平时如果没有概括方面的练习和丰厚的词语积累，就无法给出精彩的答案。但它呈开放的样式，表现出一定的灵活性和自主性，适合不同程度的学生。因为学生只要有自己的看法与见解，都能填出一些词语来完成此项作业，它能促使学生精读课文，深入文本，找到相关语句，得出自己的见解，体现琢磨词句、浓缩提炼的语文素养，进而学会欣赏小说——从关键词句中提炼出特点。

一般而言，凡是以名词为中心词作题目的课文，均可采用这种提问法，如"＿＿＿＿＿＿＿＿＿＿的孔乙己""＿＿＿＿＿＿＿＿＿＿的安塞腰鼓"等，回答范围也不外乎对人物形象、事物（景物）特点的概括。

但是，这种提问方式角度单一，又过于笼统，无法给学生以情感或内容上的启示；而仅从特点或形象角度概括，会限制学生思维的纵深挖掘与横向拓展，易导致他们阅读课文的目的单一，思路狭窄；布置明确的任务会导致部分学生的学习带有"任务观"，缺乏深度思考。

五、留白想象式

在教学过程中让学生结合课文情境，通过设计问题让学生对留白处予以想象的提问，可称之为留白想象式提问。

在《秋天的怀念》教学中，教师在引导教学生品味"母亲进来了，挡在窗前：'北海的菊花开了，我推着你去看看吧'"一句时，重点抓住"挡"字的用法提问：将"挡"换作"倚""站"或"坐"以后，各自表现出怎样的情态和心情？

通过换词和想象，学生会发现所更换的"倚""站""坐"都没有"挡"字更能体现此刻母亲的心情和心理状态。一个"挡"字既体现了母亲的细心——唯恐飘零的落叶会勾起儿子的悲观情绪，又显示出残疾儿子绝望的状态对母亲身体和心理的折磨。

此问让学生换词想象，引导学生从所换之词出发，充分调动自己的思维，设想相关情境中人物的心态。它既可以是学生的预想，也可以是学生体会揣摩此情境中人物心理活动、情绪感受而生成的结果，属于另一种角色体验。这类问题的答案，生成大于预设，即教师事先料想不到学生会有怎样的感悟。

留白想象式提问侧重于培养学生想象和对人物角色揣摩的能力，平时多多训练，能极大提高学生的想象能力。想象式提问是最没有局限性、最能体现学生思维灵活性和深广度的一种提问方式，它打破了某些问题只有基础较好的学生才能回答的限制，能充分调动全体学生的积极性。

六、探究式

探究式提问是在尊重学生的好奇心、求知欲，鼓励其自主阅读和自由表达的基础上，提出具有挑战性、探讨性问题的提问方式。这种问题的提出，会让学生面对问题，能自觉钻研课文，深入课文之中，从而得出自己探究的结果，而探究的结果往往没有标准答案。

如《变色龙》的教学中，一位教师在引导学生完成对文章内容、故事情节的梳理后，提出了这样一个问题："警官奥楚蔑洛夫对案件的判断顷刻逆转，这样写的用意是什么？"

学生通过跳读，找到文章有关主人公对案件的判断顷刻逆转的情节，警官奥楚蔑洛夫对案件的判断多次发生逆转，而且还出现过顷刻逆转："那些老爷既然不愿意遵守法令，现在就得管管他们。""你那手指头一定是给小钉子弄破的……""赫留金，受了害，我们绝不能不管。得好好教训他们一下！""你这混蛋，把手放下来！不用把你那蠢手指头伸出来！怪你自己不好！"同时，奥楚蔑洛夫对小狗的称呼（认识）也出现了戏剧性的变化："野畜生""名贵的、纯种的狗""鬼才知道是什么玩意儿""下贱胚子""名贵的狗"。

经过学生的认真探究，他们就会发现这样设计的妙处所在：从情节设置看，这样写使情节发展难以猜测而形成悬念，引人入胜；从人物性格塑造看，这样写能突出表现人物见风使舵、趋炎附势的性格和唯权唯上的思想本质；从表现主题看，这样写反映了法律被践踏、专制盛行的社会现实；从讽刺艺术的运用看，写奥楚蔑洛夫对案件的判断多次逆转，以漫画式的夸张增强了小说的讽刺效果。

经过这一环节，学生的思维被极大地激活，兴趣被极大地提高，自主阅读的主体性、主动性和真实性得到充分体现。

提问是课堂教学必不可少的，教师设计何种方式的问题，怎样向学生提问，大有讲究。尊重学生、善于启发学生思维的教师，其问题定会激发学生积极思考，引导学生走进文本去体验、感悟、想象、探究，从而提高其语文素养，提升其语文水平。

为小说教学寻找合适的"穴位"

选入初中统编教材的小说篇目尽管不多，但小说作为学生认识世界、陶冶情操、培养文学鉴赏能力、提高语文素养的重要载体，需要我们加强对其教学实效性的研究。提高小说教学的实效性，关键是找准小说文本的"穴位"。

一、小说教学中存在的问题

1. 引来大水漫灌地，收获"雨过地皮湿"

当下，很多语文教师在小说教学时受两种理论影响。一是"三要素"理论下的教学之路。基本流程大致可以概括如下：首先，概括情节、分析情节；然后，在此基础上分析人物形象；最后，在分析人物形象的基础上把握小说主旨。二是情节理论指导下的教学之路，即通过引导学生梳理小说的开端、发展、高潮、结局，把握小说的结构、人物的性格、小说的主旨。这两种教学方式，虽然把一篇小说的基本元素都考虑到了，但教师只关注了小说文本的共性，忽视了其个性，忽视了学生对文本的疑惑、感悟和收获。这种平均用力、天女散花的方式，对各个要素的分析浅尝辄止，未能按照小说的类型、不同小说的文本特质以及学情来确定教学内容，尽管是做到了面面俱到，但收获的仅仅是"雨过地皮湿"，教学缺少深度，教学的实效会大打折扣。

2. 人物性格、情感分析的单一化和标签化

小说是通过人物在具体环境中的活动来揭示主题的。小说教学中，对

人物性格与情感的分析应占较大比重，而目前很多教师在小说教学中，对其中人物的分析往往出现单一化和标签化的倾向。例如对《我的叔叔于勒》中菲利普夫妇的分析，大多在亲情冷漠、金钱至上方面，很少关注造成这种情况的复杂原因，很少关注人物的复杂心态，因而菲利普夫妇就成了资本主义社会金钱至上的标签。

3. 细微之处缺雕琢

由于很多教师采用程式化的小说教学模式，因而忽略大量鲜活的、铸就小说生命的有意味的细微之处，如典型的环境、典型的细节、典型的语言，以及能够表现人物内心或者作者写作意图的细微处。例如《我的叔叔于勒》中的二女婿能与二姐结婚这条暗线；《孔乙己》中对孔乙己"手"的特写，以及咸亨酒店里酒客们"笑"的变化等。如果能够引导学生关注这些细微之处，就能更好地引导他们通过品析语言，走进小说人物的情感世界，把握小说主题。

小说教学中存在的这些问题，导致学生对小说的认识依旧停留在"以塑造人物形象为中心，通过完整的故事情节和具体的环境来反映社会生活"的层面上，他们在独立阅读小说时，无法读出其独特之处。

二、为小说教学寻找准确的"穴位"

小说教学的"穴位"在哪里呢？孙绍振先生在他的《文学性讲演录》中说过："诗与散文大体在常态心理结构中表现人物心灵，而小说却能打破常态心理结构，把潜在的意识、人格挖掘出来，在情感的失衡与恢复平衡的过程中，揭示人性的奥秘。"亚里士多德在《诗学》中早就提出过"突变"和"对转"。"突变"就是打破常规，"对转"就是事情向相反的方向变化。

所谓"突变""对转"，就是孙绍振小说解读的核心——"错位"结构。小说教学的准确"穴位"就是小说的"错位"处，也就是人物形象的"突变"处，故事情节的"对转"处，小说语言的"不经意"处等。

（一）在小说人物形象的"突变"处驻足

1. 寻找小说人物认识事物的前后矛盾和逆转处

一般说来，人们对事物都有自己的评判；同时，人们对事物的判断都能随着自己认识的提高、掌握信息的增多以及对周边环境的了解，出现一些变化。如果变化过于频繁，或者变化出现明显的前后矛盾，甚至是突然逆转，都是"违反常规"的。在小说教学对人物形象的分析中，我们应善于从这种前后矛盾和逆转处着手，通过分析人物性格，了解这种复杂性格产生的社会背景及社会意义。

《变色龙》中警官奥楚蔑洛夫对案件就有多次前后矛盾的判断，而且还出现过瞬间逆转。"那些老爷既然不愿意遵守法令……""赫留金，受了害，我们绝不能不管。得好好教训他们一下！""你这混蛋，把手放下来！不用把你那蠢手指头伸出来！怪你自己不好！"同时，奥楚蔑洛夫对小狗的称呼（认识）也出现了戏剧性的变化："野畜生""名贵的、纯种的狗""鬼才知道是什么玩意儿""下贱胚子""名贵的狗"……教学中，要以此为"穴位"，引导学生以此为切入点，进行深入地探讨。从情节设置看，这样写使情节发展难以猜测而形成悬念，引人入胜；从人物形象塑造看，这样写能突出表现人物见风使舵、趋炎附势的性格和唯权唯上的思想本质；从表现主题看，这样写反映了法律被践踏、专制盛行的社会现实；从讽刺艺术的运用看，写奥楚蔑洛夫对案件的判断多次逆转，以漫画式的夸张增强了小说的讽刺效果。找准这个"穴位"，经过细致的"点穴"，学生对作品的把握会更加准确，学生的欣赏能力会从一元向多元发展，审美能力自然得到提高。

2. 找寻人物言行、外貌与其社会地位的"突变"处

常态下，人物语言、外貌特征应该是与其所处的社会地位相匹配的。在小说教学中，我们如果找到或发现人物相貌特征、语言与其社会地位发生了"突变"，并以此作为小说分析的"穴位"，精准"点穴"，我们会

得到一个更加立体、更加丰满的人物形象。

《孔乙己》以咸亨酒店十几岁的小伙计"我"的视角，叙述了孔乙己这个下层"读书人"的悲惨命运。长期以来，许多语文教师在解读孔乙己时，认为他是一个不幸、不争的苦者、弱者，寄予了作者"哀其不幸，怒其不争"的情感。但通过阅读，我们可以用"错位"来重新审视这个人物形象。其一，孔乙己"是站着喝酒而穿长衫的唯一的人"，很显然，孔乙己不是"长衫客"。首先，他的长衫"又脏又破，似乎十多年没有补，也没有洗"，可见他的贫困；其次，他是站着喝酒，下酒菜只有茴香豆，而"长衫客""要酒要菜，慢慢地坐喝"。其二，孔乙己与人唠嗑"总是满口之乎者也，教人半懂不懂的"。所以，孔乙己穿长衫既不保暖美观，又不能显示其身份和社会地位，而且还不能与别人好好沟通。但是，孔乙己为什么会"错位"呢？或者说，孔乙己为什么不脱下这件既不保暖又不美观的长衫，摒弃"满口之乎者也"，说点"人话"呢？《孔乙己》教学中，如果我们找到本篇文章的"穴位"，引领学生在这个地方进行探究，我们会看到一个个性复杂、精神裂变的"新"孔乙己形象：孔乙己绝不会脱下他的长衫，放弃"满口之乎者也"。因为在他看来，穿长衫，说文言文，是他"优越感""自尊心"的体现，是他与"短衣帮"区别开来的标志，也是他反击"短衣帮"嘲笑自己的有力武器。由此可知，孔乙己是一个有着精神寄托，却不屑劳作，个人容貌、言行与其社会地位处在错位境地的人。他的不幸，固然拜封建科举制度所赐，但其个人的顽固不化也是其不幸的催化剂。所以，我们对这个人物形象"怒其不争"，但"哀其不幸"的程度却要打一个大大的折扣。

3. 人物理想与现实的"突变"处

在分析小说《台阶》时，应该将"穴位"点在小说主人公理想与现实的"突变"处。在"我们"家乡，台阶高，就意味着房子的主人地位高。"我们"家的台阶只有三阶，所以"父亲"总觉得"我们"家的台阶低。为此，"父亲"就有了建一栋高台阶房子的理想。经过漫长的准备和艰苦的造房，"我们"家终于有了高台阶的新房。但是，房子建好后，父亲却高兴不起来，而且坐在高台阶上，老感觉不自在，后来开始沉默寡言，郁郁寡欢，这究竟是为什么呢？

此时，引导学生在此处做细致的探究，会发现是小说主人公的人生理想与现实"被打破常规"，发生了"突变"：其一，"建造一栋高台阶的新屋"是"父亲"一生的追求。当"父亲"为实现理想而不懈奋斗时，他有着"高远"的目标和精神寄托，所以，他不觉得苦，也不觉得劳累；然而，一旦理想化成了看得见、摸得着的现实后，"父亲"突然失去了对新的人生理想的追求，故感到苦闷和痛苦。其二，"父亲"住在原来房子的时候，总觉得得不到别人的尊重；当住上了"九级台阶"的新房，他自以为可以获得别人的尊重之时，却猛然发现自己老了！

"穴位"找准了，"点穴"到位了，学生就会在很好地把握作品人物形象特征的基础上，理解作品所揭示的改革开放后，农民解决温饱后所面临的新问题、新矛盾，以及作品背后所蕴含的社会意义。

（二）在小说故事情节的"对转"处凝望

小说故事情节的"对转"处，也就是小说中故事情节朝着与读者预期"相反"的方向变化的地方，这是小说教学的重要"穴位"。

《我的叔叔于勒》是法国作家莫泊桑的精彩短篇小说。小说精彩之处是菲利普夫妇对待于勒态度及推动情节发展的"对转"和"我"即约瑟夫对待于勒态度及推动情节发展的"对转"，两者相互交织，揭示了深刻的主题。

最初，由于于勒行为不端，糟蹋钱，他被家人当成坏蛋、流氓、无赖，被家人赶到了美洲；接着，于勒从美洲寄来的两封信（说自己赚了点钱，愿意偿还损失），成了菲利普夫妇家的"福音书"，于勒成了菲利普夫妇眼中正直的人、有良心的人、好心的人、有办法的人。后来，当菲利普夫妇一家人在去往哲尔赛岛的"特快号"轮船上，遇到了落魄的、卖牡蛎的穷水手于勒时，于勒被称为了贼、讨饭的、流氓。菲利普夫妇对于勒的态度发生了三次转变，而故事情节由"赶于勒"，到"盼于勒"，再到"躲于勒"。小说故事情节的多次"对转"，让菲利普夫妇虚伪、自私、贪婪、冷漠的形象跃然纸上。

另外，小说的叙述视角也可以作为解读文本的"穴位"。作为一个十几岁的少年，面临着家庭的拮据，对于勒叔叔的期盼是可想而知的。但在"特快号"轮船上，遇到了落魄、贫穷的于勒时，"我"的心理活动是"这是我的叔叔，父亲的弟弟，我的亲叔叔"，"我"给了于勒相当"丰厚"的小费。"我"的做法和菲利普夫妇完全不同。在"我"的推动下，这一故事情节的"对转"，蕴含了作者对善良人性的赞美。"对转"的故事情节相互交织，既体现了作者对资本主义社会丑陋人性的批判，也将疗救的希望寄托在青年人身上，让读者看到了希望。

《范进中举》等小说中的故事情节"对转"也非常明显，小说教学中需要我们静下心来认真体会。

（三）在小说语言的"不经意"处淘宝

小说教学的"穴位"，既可以是为人关注的情节、人物，也可以是一些易被忽视却见精神的"不经意"处，发现并以这些见精神的"不经意"处来组织教学，能让学生直抵小说人物的情感世界。如《故乡》中童年闰土和中年闰土对"我"称呼"迅哥"和"老爷"的变化；《范进中举》"范进不看便罢，看了一遍，又念一遍……笑了一声道：'噫！好了！我中了！'……他爬将起来，又拍着手大笑道：'噫！好！我中了！'笑着，不由分说……众人拉他不住，拍着笑着，一直走到集上去了"中的四次"笑"的描写；《孤独之旅》"不知是因为太困了，还是因为他又饿又累坚持不住了，杜雍和居然没有能够将他叫醒"一句中的"居然"等，都可以说是见精神的"不经意"处。

《变色龙》中有一个非常有意味的"不经意"处，即小说中警官奥楚蔑洛夫穿、脱军大衣的细节描写。当有人说好像是将军家的狗时，奥楚蔑洛夫说："哦！……叶尔德林，帮我把大衣脱下来……真要命，天这么热……"当巡警说在将军家见过这样的一条狗时，奥楚蔑洛夫说："哦！……叶尔德林老弟，给我穿上大衣吧……好像起风了，挺冷……"在故事收场时，奥楚蔑洛夫裹紧大衣，穿过市场的广场径自走了。

　　当我们引导学生找准这几处"不经意"处的"穴位"，并进行细致、认真的探讨，我们就会更加深入地理解主人公的性格，理解小说强烈的讽刺手法以及作者独具匠心的构思。

　　小说教学的核心是帮助学生走进小说人物的内心世界，引导学生独立阅读小说的时候，要读出这一篇小说的独特之处，从而培养学生高雅的审美情趣。寻找小说教学的"穴位"，在小说教学中给小说准确"点穴"，无论是在小说人物形象的"突变"处驻足，在小说故事情节的"对转"处凝望，还是在小说语言的"不经意"处淘宝，都不能背离这一核心，否则就会沦为纯粹的技巧分析。

　　教师要善于铺设台阶，让学生借助"穴位"，洞察作家丰富的内心世界，使小说教学实效性更强，实现小说教学的目标。

与散文文本对话的三个维度、六个焦点

散文作为非常重要的文体，是教材文本中的一道亮丽风景。《课程标准》指出："欣赏文学作品，有自己的情感体验，初步领悟作品的内涵，从中获得对自然、社会、人生的有益启示。对作品中感人的情境和形象，能说出自己的体验；品味作品中富有表现力的语言。"《课程标准》最终是要学生的思维得到发展，审美力、鉴赏力和创造力得到提高。所以，对散文文本的阅读和解构，应从品味语言出发，引导学生把握引发作者兴趣的对象特征，领略作者寄寓的情思感悟，赏析作者构思行文的独具匠心。在此基础上提升学生的思维，提高学生的审美、鉴赏和创造力。

因为散文有其独特的文体特点和审美意韵，在解读散文文本，与散文文本的对话中，可从三个维度入手，在六个焦点上落脚。

一、选材和表达维度

焦点一：散与聚

"形散而神不散"或者说"形散神聚"是对散文一般特征的概括。"形散"的意思是指散文在选材上的丰富和行文上的自由。选入散文中的材料，上下千年，纵横万里，大到全球事件，小到滴水粒沙，作者在文中纵横想象，驰骋思维。与广博的选材相适应，散文行文的笔法自由，或描写，或议论，或抒情，或叙事。"神聚"指散文不论看起来多么"散漫"，但总有统摄全文的线索、主题、意韵等。

在与散文文本对话中，要感知并理清作者所绘形之"散"，要从文本的写景、状物、写人、叙事中理清关系，从而把握文本的神之"聚"。神之"聚"既可寄寓在所绘之"散"形的背后，也可体现在一些醒目的词句或段落中。

鲁迅的《藤野先生》就是一篇形神兼备的佳作。文章以作者与藤野先生的交往为叙事线索，围绕表现藤野先生的崇高品格这一中心选取材料，选取了作者留学仙台与藤野先生交往的四个典型事例：添改讲义、纠正解剖图、关心解剖实习、了解中国女人裹脚，从不同的方面表现了藤野先生的高贵品质。与此同时，文章还记录了清朝留学生在东京的丑态、作者在仙台受到的优待、藤野先生着装轶事以及日本"爱国青年"寻衅和看电影事件，叙写这些事有助于从正面和反面表现藤野先生的高贵品质。

《藤野先生》选材和叙事上看起来很散，实则始终围绕主题将他们聚合在一起，表现了作者对藤野先生高尚人格的赞美和对先生的怀念，反映出作者所处时代进步青年所特有的忧患意识和强烈的民族自尊心、爱国心。

再如梁衡的《壶口瀑布》，从雨季壶口瀑布写起，到枯水期游览壶口瀑布；从在河心欣赏壶口的河与沟，到近观水与石；从眼前的壶口瀑布，到联想黄河的不屈精神……真可谓思接千载，视通万里。气势磅礴的壶口瀑布寄寓了作者对中华民族精神的强烈热爱之情。

焦点二：小与大

散文文本大多形式短小精悍。散文的"小"一方面是指篇幅小，一方面是指选材小。如同"一滴水能折射出太阳的光辉"一样，散文作者常常选取生活中的平凡事物，表现自己的生活感悟。散文常常能从"小"中见"大"，能以其"小"反映出"大"的境界、"大"的社会意义、"大"的哲理。"小"与"大"在散文里达到了完美的统一，"以小见大"是散文的重要美学特征之一。

朱自清的《背影》是散文中的经典。文章以父亲小小的"背影"作为切入点构思全文，却有大妙处可究。一则切入点小，故能驰骋笔墨。文章以"背影"为中心选材，详写车站送别，着重写了"背影"，其余略写。家庭琐事、见闻零零散散不少，但作者均惜墨如金，浮光掠影来写；父亲离别时留给"我"的"背影"则是作者表达的重点。作者正是围绕"背影"这一小切入点组织详略，使作品更有艺术性，达到了"散而不散"的效果。

二则切入点"小"，所见者大。作者将目光凝聚在父亲的"背影"上，恰当地表现了深切的父爱；读者从这小小的"背影"上感受到作者情感的同时，又理解了父爱的普遍意义，精神境界自然会得到升华。

宗璞的《紫藤萝瀑布》从紫藤萝花引人驻足、炫人眼目的美丽写起，描摹了紫藤萝繁花似锦的盛开景象和独具特色的风韵。眼前的紫藤萝花使作者自然而然地回想起十多年前家门外的那株紫藤萝，"繁盛"与"伶仃"形成鲜明对比。作者笔下的紫藤萝的外在情态与内在精神并举，而自身对自然的感触又升华为对生命的感悟，体会到生命的美丽和永恒，更让人思考如何正确对待生活中的坎坷与不幸。作者将深邃的意蕴和丰富的哲理蕴含在平凡、渺小的事物——紫藤萝花中，在常见的紫藤萝中凝聚了自己的感情和对生命的思考，给人们带来深深的思索。一枝小小紫藤萝的背后竟然有如此宏大广博的思想意蕴。

"小"是"大"的凝聚，"微"是"著"的浓缩。"小"的背后，往往关涉着作者对社会、时代乃至宇宙、人生的深刻领悟和透彻思考。在解构散文和与散文文本对话中，要充分感知文中一人一事、一景一物的细微，探幽览胜，于微观中感受宏大，从平淡领悟神奇，以局部推测整体，从外观推敲内涵。

焦点三：情与理

散文是袒露作者心迹、表达作者感情的重要体裁，读者透过文本就能走进一扇扇敞开的心扉，感知到作者心灵的搏动。因此，"情"是散文的灵魂。

但散文的"情"应该与"理"相依相伴。朦胧的情感由于理性的参与而得到升华，潜在的理性又因情感的滋润而变得充实。只有在理性的指引下，情感才有可能突破个人情感的局限而与时代精神相通。

杨绛的《老王》披情入理，情理交融。作者通过回忆老王窘迫的生活状况以及与他交往的生活片段，展示了特殊时代背景下，老王与作者一家珍贵的友情，凸现了孤苦微寒的老王淳朴、仁义、善良的品性。作者综合运用记叙、描写、抒情、议论等表达方式，在讴歌人性之美的同时反省自身——"那是一个幸运的人对一个不幸者的愧怍"，通过理性的思考，加深了对人性的思考和认识。

没有理性的情感是"滥情"，没有情感的理性则会显得"干瘪"。解构散文文本，与散文文本真切对话，在陶醉于情感的浓郁芳香时，不要忽略了理性的光辉。

二、语言特色维度

焦点四：拙与巧

散文的语言是自由的。为表达自己的情感，在叙事、记人、写景、状物时作者可以根据需要，选择不同风格的语言：可朴拙、平实；可雅巧、华丽。

朱自清《春》笔触清新，文辞优美。文章用"盼望着，盼望着""春天的脚步""一切像刚睡醒的样子""呼朋引伴""桃树、杏树、梨树，你不让我，我不让你，都开满了花赶趟儿"等优美的语言，既写出对春天的期盼和春景的灿烂，又写出了作者欢快的心情。

《散步》的语言则朴素、亲切、自然。文中"母亲本不愿出来的；她老了，身体不好，走远一点儿就觉得累。我说，正因为如此，才应该多走走。母亲信服地点点头，便去拿外套""但我和妻子都是慢慢地，稳稳地，走得很仔细，好像我背上的同她背上的加起来，就是整个世界"等语句，没有多少形容词和细致描摹，多用短句，仿佛拉家常。简约、朴实的语言含义丰富，非常耐人咀嚼，透过这些语言，一家人的情态跃然纸上，作者表达的情感得以升华。

语言积累是语文学习的基础内容，对散文思想情感的把握、艺术技巧的分析，都是以揣摩、品味语言为基础的。散文语言是我们解构散文、与散文文本对话的重点。

焦点五：点与面

这里的"点"是指我们在语文课堂教学中为了便于引导学生解读文章、提高教学效率，而从文中选取出来的一些关键性词语，来作为文章品读的"航标"，以收到提纲挈领的作用；"面"指散文文本的思想内涵、语言特色、表现手法等。

散文教学要想既不落俗套，又能拓宽教学的境界，激活学生的思维，把关键词作为散文赏读的"切入点"，会收到非常好的教学效果。

茅盾的《白杨礼赞》是一篇非常优美的散文。作者开篇即说"白杨树实在是不平凡的，我赞美白杨树！"引导学生抓住"不平凡""赞美"这两个"点"，让学生找出文章中有几次出现意思大致相同的话，文章从哪些方面表现白杨树的"不平凡"。通过关联标题，学生就会理解文章主旨、表达的情感，本篇文章"面"的问题也迎刃而解。

欧阳修《醉翁亭记》里有写山光水色，有写朝暮变化，有写四时变幻，有写人情趣事，看似散乱，实则不然。因为之中一直有一根主线，把这些散乱的"珍珠"紧紧穿在一起，那就是作者的醉中之"乐"。那么，教学中就可以抓住"乐"字这个"点"，引导学生去逐层挖掘文章的主旨，也能收到良好的教学效果。

抓"点"索"面"能给阅读带来新鲜感和发现的乐趣，也能给学生的思维活动提供广阔的空间，从而很好地与散文对话。

三、表现方式维度

焦点六：一与多

体会文章表现手法是解构散文、对话散文的重要维度。

散文的表现手法很多，有叙中含情、叙议结合、开篇点题、首尾呼应、卒章显志、借景抒情、借物抒怀、象征手法、欲扬先抑、正面烘托、反面反衬等等。有些文章可能只用一种表现方式，如《老王》在叙述中隐性抒情，《阿长与〈山海经〉》运用了欲扬先抑。而大多数散文可能综合运用了多种表现方式。如《济南的冬天》既用了借景抒情手法，又用了首尾呼应；《白杨礼赞》既有开篇点题，同时又运用了象征手法和首尾呼应。

散文教学中，引导学生关注表现方式的"一"与"多"，有利于学生多角度体会作者所表达的情感和蕴含其中的哲理，体会作者运用多种表现方式的妙处。

文学阅读的规律往往是"形象大于思想"，散文也是如此。散文文本一经问世，就有了它相对独立的生命。在解构散文、与散文对话中，从"三个维度"入手，在"六个焦点"上落脚，读者就会读出多样的滋味，读出多角度的理解，从中获得对自然、人生、社会的有益启示，提高其语言建构和运用能力，最终使学生的思维得到发展，审美鉴赏力和创造力得到提升。

为诗歌阅读教学找到适合的四个切入点

　　诗歌教学是中学语文教学中的一个重点和难点。鉴赏诗歌对于大多数中学生来说，是一件非常头疼的事情。在诗歌教学和引领学生鉴赏诗歌的过程中，可以选择以下四个切入点：以诵读出语趣，以揣摩出情趣，以画面入意境，以留白见理趣。

一、以诵读出语趣

　　中国的古典诗词，对于平仄、押韵都有着相对严格的要求，因此适于吟诵朗读，通过对诗歌的吟诵，既能读出诗歌的音韵美，也能读出诗歌的语趣。

　　孟浩然的《春晓》："春眠不觉晓，处处闻啼鸟。夜来风雨声，花落知多少？"这首小诗中，"晓""鸟""少"韵脚相同，都押"十七筱"韵。《天净沙·秋思》"枯藤老树昏鸦，小桥流水人家，古道西风瘦马。夕阳西下，断肠人在天涯"中的平仄是这样的：△平△仄平平，△平△仄平平，仄仄平平仄仄。△平平仄，△平△仄平平。（"△"为可平可仄）这些诗歌经反复吟诵，可以感受到其既有音韵美，又有音律之美。而《关雎》中的重章叠句，读来更有一种复沓之美。

　　梁实秋先生曾说："诗不仅供阅读，还要发出声音来吟，而且要拉长声音来咏，这样才能陶冶性情。"此时必须要发挥教师的引导作用，让学生先听范读做标注，再自读、朗读、齐读，甚至小组推荐代表读，方式可以灵活多样，也可以配上与内容相应的音乐。配乐朗诵既有助于调动学生的积极性，又有助于激发学生的审美情感，使他们较快进入诗歌所营造的情境中。反复吟诵诗歌，还能读出蕴藏于其中的特有的"语趣"。

柳宗元《江雪》一诗"千山鸟飞绝，万径人踪灭。孤舟蓑笠翁，独钓寒江雪"，品味"独钓"两字我们就可以悟出：老翁竟然不怕天冷，不怕雪大，忘掉了一切，专心地钓鱼，这不正是柳宗元当时思想感情的寄托和自我形象的写照吗？诗歌语言往往是言此意彼，重要的是通过反复读能读出其中暗含的语趣来。

同时，如"春风又绿江南岸"中的"绿"字，"红杏枝头春意闹"中的"闹"字，"云破月来花弄影"中的"弄"字，"空山新雨后"中的"空"字，通过对这些词语的反复吟诵，其中语趣自会"才下眉头，又上心头"。

二、以揣摩出情趣

好的艺术作品总是能给读者留下再创造的艺术空间，让读者从中去领会艺术形象的言外之意、弦外之音，而这一切都离不开"揣摩"，也就是"悟"。中国的古典诗词，表达的主题多样，各具特色，但无论哪一种形式，其共通之处便在于其中都有意在言外而不能尽陈的地方。像李商隐的《无题》诗，在那样精练的语言与繁复的用典中，作者表达了多少复杂而难以捕捉的情感，从而营造出让人琢磨不透却又沉迷不已的优美意境。我认为，讲授这样的诗歌，教师要发挥引领作用，点到即止，引导学生在反复"揣摩"中感悟诗人的情怀和诗歌的情趣。

《木兰诗》这首诗虽然简单，通俗易懂，却包含着无穷的情趣，这需要我们读者去悟、去玩味、去揣摩、去想象。这首诗歌讲述了一个故事，塑造了一个勤劳又勇敢、爱国又爱家、朴实又机敏的女青年形象。诗歌用白描的手法，寥寥几笔，就使人物、场景跃然纸上。诗尾的"雄兔脚扑朔，雌兔眼迷离；双兔傍地走，安能辨我是雄雌？"用比喻的手法，揭示了木兰从军十二年没被发现的原因——在日常生活中男女性别特征明显，而在战场上厮杀时，要分出男女就十分困难了；用这个比喻形象地回答了"火伴"

的惊讶——"出门看火伴，火伴皆惊忙：同行十二年，不知木兰是女郎"，也解释了读者的疑问。这样，一个聪明智慧、活泼可爱的姑娘就活脱脱地站在我们面前。这首诗背后的情趣令人拍案叫好，令人回味无穷。

三、以画面入意境

生活中的许多物象，一旦进入诗中，与感情融为一体，就成了意象。池塘里的枯荷，它只是物象，可是在诗人李商隐的笔下，"秋阴不散霜飞晚，留得枯荷听雨声"。"枯荷"就是诗中的一个意象。大自然中的"白雪"是物象，但在韩愈的诗中却有"白雪却嫌春色晚，故穿庭树作飞花"，"白雪"就是意象。还有，"春水"本是物象，在李煜的词"问君能有几多愁？恰似一江春水向东流"中，这里的"春水"就是意象。有时候一首诗中写了多种景物（也称"群体景物"），这就组成了"意象群"。作者将"意象"或"意象群"通过联想和想象构成画面，透过画面，引导读者进入诗歌意境。

曹操的《观沧海》中，"树木丛生，百草丰茂。秋风萧瑟，洪波涌起。日月之行，若出其中。星汉灿烂，若出其里"，前四句实写，以"树木""百草"等意象，描摹了诗人站在山上，极目远眺大海的全景，岛上的景色一览无余；后四句是虚写，以"日月""星汉"等意象，给我们创造出沧海吞日月、含星汉的宏大画面。在这样的情景中，所观之景尽是宏观之景、浩大之景，海的形象，海的性格，跃然纸上；而作者像海一样的胸怀，像海一样的理想，也自然而然尽显读者面前。

"大漠孤烟直，长河落日圆。"讲解这样的诗，最终目的在于再现作者所描绘的那一幅塞上风光，并由此展开联想，尽可能引发出学生的感悟与共鸣，看见诗人的襟怀。

四、以留白见理趣

"留白"是中国绘画所说的"计白当黑"。这是中国绘画艺术中极为独到的一种技法，运用得宜，便有可意会、不可言传的妙处。优秀的诗词作品常在"留白"中凸现理趣。

马致远《天净沙·秋思》中最出名的句子是"夕阳西下，断肠人在天涯"。诗句中分明带着画意的留白，因此在讲授时，最适合引导学生展开联想和想象：夕阳西下，在炊烟袅袅中，一个人牵着一匹瘦马独自缓慢行进在古道上。他来自哪里，他又将去往何方？明明是一幅白描的山水画，却处处流露着微妙但又捉摸不定的人的气息。留白之中，理趣更生。

其他如《游山西村》中的"从今若许闲乘月，拄杖无时夜叩门"，陶渊明《饮酒（其五）》中的"此中有真意，欲辨已忘言"等都包含"留白"艺术，引导学生认真感悟，诗歌的理趣自然会被发现。

诗歌教学的最终目的绝对不只是让学生会背几首诗，而是要努力培养学生从诗性的角度来观照现实，感受特定时代下人的生存与思考，同时提高其鉴赏水平。我坚信，通过"以诵读出语趣，以揣摩出情趣，以画面入意境，以留白见理趣"四个切入点，这个目标一定会实现，我们的诗歌教学效率会大大提高。

学法指导，兴趣激发
——实现文言文有效教学的策略探微

初中新课程要求全面提高学生的语文素养，而语文素养的提高离不开文言文的教学。由于文言文与现代汉语的距离较远，难以引起学生的共鸣，我们必须从激发学生阅读文言文的兴趣入手，引领他们推开古典文化的大门。结合这几年的教学实践，我谈一下自己在文言文教学中所采取的一些做法。

一、学法指导，培养习惯

俗话说："授人以鱼，不如授人以渔。"教会学生一篇文言文，不如让他们掌握学习文言文的方法。学生掌握了学习方法，摸到了获取知识的门径，才会主动去学习，从而养成良好的学习习惯。教师可以指导学生掌握下列方法：

①了解作品时代背景。选入初中教材中的文言文，都有其时代和历史的背景，学生只有对这些知识有深入的了解，才能更好地理解文章的内容，掌握文章所要表达的思想情感。

②养成读注释的习惯。学生认真阅读课后浅显而详尽的注释，就能自己解决一部分生字、难词，初步达到了解内容的要求，为顺畅朗读铺平道路。养成读注释的习惯还可以为课外阅读开拓广阔的天地。

③教会学生使用工具书。首先应要求学生准备《古汉语常用字字典》《古代汉语词典》等工具书。在预习新课时，除了让学生看课文的注释外，

还要让他们利用工具书自行查找自读课文时遇到的其他不懂的词语,结合语境推断正确的义项疏通文意。

④养成动手的习惯。"不动笔墨不读书""读书不做记号等于不读",教师要特别强调在自学过程中要做记号、勾画圈点,尤其是那些有疑惑的地方,更是要做好标记,以便交流解决。

⑤反复诵读,培养语感。在文言文教学中,要让学生读懂课文,理解文意,必须让他们反复诵读。俗话说:"读书百遍,其义自见。"每教一篇文言文,可以通过教师范读或听录音、学生仿读、背诵竞赛等多种诵读方式,积累语言材料,增强语感,从而提高阅读文言文的能力。

二、教法灵活,抓兴趣点

文言文距离学生的生活较远,要让学生读懂并喜欢文言文,我们必须缩短这二者的距离。课堂是学生学习文言文的重要阵地,教师可以尽情展现自己独特的教学艺术,通过创设巧妙的情境,激活课堂气氛,调动学生的学习积极性。

1.故事激趣

我国传统文化博大精深,可以为学生讲解与课文有关的故事。如在讲《核舟记》时,讲到苏轼和佛印和尚关系亲密,我讲了个故事:有一次,苏东坡与佛印泛舟江河之上,吟诗作对。苏东坡看见河边有一只狗在啃骨头,于是想捉弄一下佛印。他用扇子指着正在啃骨头的狗,叫佛印看。佛印一看,就知道苏东坡又想骂他了,于是就把手中那把题有东坡的诗的扇子丢进河里。苏东坡看见佛印如此举动,马上就心领神会,为什么呢? 原来他们这是在打哑谜,苏东坡叫佛印看河边那条啃骨头的狗,其实是给佛印出了一个上联:狗啃河上(和尚)骨。佛印把题有东坡诗句的扇子丢进河里,不但回接了东坡的上联,还骂了回来:水流东坡诗(尸)。学生听完这个故事,对佛印的机智赞叹不已,这就激发了他们的学习热情,情绪高涨地投入本篇课文的学习中。

2.以境入情

在教学过程中，要运用各种手段创设情境，化抽象为具体，激发学生的想象。我在执教《庄子与惠子游于濠梁之上》时，根据文章内容让学生想象故事发生的背景，然后把自己的想象用文字展示出来，如下："那天风和日丽，濠水清澈，看得见白鲦鱼在水中游来游去。听，那边小桥上似乎有说笑声，原来是庄子和惠子正在桥上进行一场有趣而有智慧的辩论呢。让我们去领略一下这两位智者的风采吧！"让一位学生演庄子，一位学生演惠子，模拟这场辩论。在执教《关雎》时，讲到诗中君子对采荇女的思念，先展示一段某一相思者回忆第一次与意中人见面时的情境的优美文字，给学生引路，让学生想象诗中君子第一次见到采荇女的情境，并让学生展示自己的大作。这些做法，都让学生兴趣盎然。

3.趣味仿写

学习《咏雪》，因为内容简单，学生很快就理解了。为了引导学生进一步理解文中的两个比喻，我设计了这样一个环节"我与才女来赛诗"。一说要跟东晋著名的才女谢道韫比赛，学生们一个个跃跃欲试。于是，他们绞尽脑汁，冥思苦想，充当小诗人。有"不若玉蝶展翅飞"的唯美，有"棉絮飘飘也可喻"的通俗，有"正如棉花糖飘落"的天真，还有"疑是满天星星落九天"的奇妙，真可谓诗心荟萃，妙趣横生。学生在有趣的课堂中，不知不觉地提高了阅读文言文的水平。

4.创意表演

如教学《伤仲永》时，我们要求学生自由组合，利用课下时间排演课本剧。终于正式"演出"了，学生们的表现令人非常满意，给老师带来很多的惊喜。举例说吧，原文对仲永父亲短视贪利的形象并没有具体、细致的描写，给阅读者留下很大的想象空间。同学们表演的许多"父亲"的形象给大家留下深刻印象，像"仲永父亲"看到钱时努力睁大、再睁大双眼的夸张神态，像"他"炫耀儿子时摇头晃脑的滑稽动作，像"他"只认钱，即使是自己的姐姐来求诗也因没交钱而坚决不让仲永写，像仲永也想像其他孩子一样去读书学习时，"父亲"的一句"你傻了？现在的钱多好赚呢！过了这个村可就没这个店了"，等等。事实证明，学生的体验表演绝对胜于单纯讲解加练习的效果。

三、品味语言，体会意境

学习文言文还有助于培养学生特有的审美情趣，在初中语文教材中，具有审美特质的文言文比比皆是。在《记承天寺夜游》这篇文章中，苏轼夜游承天寺，见庭中月辉清澈，竹柏摇曳，他就像悠游于"空水积明"中的鱼儿，自由自在，他忘怀人间得失，胸中如同月光那样澄澈。当他慨叹"何夜无月？何处无竹柏？但少闲人如吾两人者耳"时，我们懂得他的心声：何时、何处无良辰美景，然而有闲情欣赏它们的人太少了。苏轼的欣喜和感慨相交，正是人的精神生活丰富的一种表现，这就是在体味生命意蕴。学生从中悟得在紧张繁忙的学习生活里，学会忙里偷闲，时常驻足欣赏世界，成为一个有情趣的人，这样的生活才是诗意的生活。

四、学以致用，古今观照

在文言文教学过程中，教师要架起古今的"桥梁"，激发学生学习的兴趣。例如，在《邹忌讽齐王纳谏》中，邹忌听了妻、妾、客对自己的评价后，并没有为此沾沾自喜，而是"暮寝而思之"，最终推己及人，想到了齐王的处境，然后委婉设喻，劝谏齐王；齐王也是善于纳谏，最后赢得齐国大治的局面。在此基础之上，我让学生进一步反思：在生活中，当有人赞美或批评我们时，我们应该怎么对待？真是一石激起千层浪，同学们踊跃发表自己的见解，都说应该学习邹忌的谦虚和为他人着想的精神，学习齐王察纳雅言的精神。这样的教学，将文里文外、过去现在、作者读者有机结合，学生就会深切感受到文言文的可亲可爱，就会越来越喜欢学习文言文。

"兴趣是最好的老师。"培养学生阅读文言文的浓厚兴趣，让他们在轻松愉快的氛围里养成认真学习的习惯，掌握学习文言文的基本方法，提高学习效率。孔子说："知之者不如好之者，好之者不如乐之者。"让学生"知之、好之、乐之"，让学生喜欢学习文言文。

用经典不断丰厚孩子的童年

学校是学生扬帆起航的第一港口，也是阅读经典的起点。要激发学生诵读经典的兴趣，提升学生的人文素养与文化底蕴，养成积极向上和不断进取的人生态度，必须有一个乐于弘扬优秀传统文化、积极推行经典阅读、文化氛围浓厚的校园环境和一大批善于引领学生阅读经典的语文教师。在这所校园里，教师是学生阅读经典的引领者，他们引领学生认识经典的丰厚博大，引领学生吸收民族文化的智慧，引领学生在阅读中健康快乐地成长……

一、感受经典，激发诵读经典兴趣

中国有五千年的文明史，有浩若烟海的文化典籍。这些文化典籍滋养一代代后人，又不断被后人创新，成为推动中华民族在历史长河中克服千难万险，勇立潮头的不竭动力；成为一次次滋养中华文明这棵参天大树的养分。三年的中师学习，六年的自学考试，从专科到本科，我被这些脍炙人口的经典所熏陶：我徜徉在经典的港湾里，氤氲在经典的柔波里，精神一次次升华。从事小学语文教学后，我一直在尝试如何让孩子们充分地认识到中华经典的博大，如何让经典走进孩子们的生活，如何让经典浸润孩子们的心灵，如何让经典助推孩子们的成长，如何让经典丰厚孩子们的童年，如何让经典开拓孩子们的视野、激发他们的想象、丰满他们创造的羽翼！因此，在平时的教学中，我采取多种形式，引领孩子们学习经典，享受经典，在经典中认识祖国的壮丽山河，体会各地民风民俗的差异，感受中华历史的曲折，认识中华光辉灿烂的文化，体会当一个中国人的自豪感。

做过父母的人都有这样的经历：在孩子们刚学说话的时候，父母都会不停地教给他们简单的话语，还会不断地叨念一些简单的诗句。孩子们在不经意间就能背出《静夜思》《草》《游子吟》等。孩子进入学校后，家长放心地把孩子交给了我们，我们又该怎么做呢？在低年级刚刚学习完拼音后，我们就可以让"拼音朋友"来帮忙了：让孩子们自己读，不认识的字利用拼音拼一拼，再结合老师的范读，加上同桌的互读，这样就可以完成简单的阅读。然后，通过个别展示读，多给孩子们展示自己的机会；老师再适时地表扬、鼓励，孩子们的阅读兴趣就建立起来了。在进行高年级的语文教学时，我们便将经典阅读贯穿于整个语文活动之中。经典阅读，是一种精神的引领，引领是否到位是孩子们阅读是否有效的关键。同时，我们还利用别具特色的展示课，给孩子们展示自我的机会。这样，在润物无声中，孩子们走进了我精心营造的经典阅读的氛围中！真是"读书百遍，其义自见"啊！经过几年的努力，到了小学三年级，孩子们自己能作诗，争当"小诗人"，还发挥想象给诗配画……这些活动不知不觉已经成为他们语文学习生活中不可缺少的部分！渐渐地，孩子们对语文越来越感兴趣了，对诵经典、背经典、"演"经典越来越感兴趣！有了兴趣，一切问题都将迎刃而解，因为兴趣是最好的老师。

二、积累经典，让经典诵读扎根孩子心灵的沃土

我国是文明古国，我们拥有独特的古诗文。它们博大精深，是取之不尽、用之不竭的资源，有助于构建孩子们的精神家园。小学的孩子们正处在记忆的黄金时期，也是人格形成的关键期，鼓励孩子们从小积累古诗文，会让他们终身受益。在平时的教学工作中，我最大限度地让孩子们自主学习，让孩子们自由选择如《敕勒歌》等朗朗上口的诗歌、如《静夜思》等短小好记的作品进行诵读。在此基础上，我还会引导他们有目的地诵读，如读李白的诗，先精心挑出李白诗中的千古名句，如"蜀道之难，难于上青天"(《蜀

道难》）、"君不见黄河之水天上来，奔流到海不复回"（《将进酒》）、"飞流直下三千尺，疑是银河落九天"（《望庐山瀑布》）等，让孩子不断吟诵、识记。通过不断的吟诵和识记，让孩子们自然而然地感受到李白诗歌的豪情壮志。接着再引导学生对李白的诗歌进行分类诵读、赏析。如李白的《独坐敬亭山》《清溪行》等，是侧重写景的诗，通过反复诵读，让孩子们感受到诗歌的清新隽永，感受到祖国山河的壮丽奇瑰；李白赠别诗很多，通过让孩子们读《黄鹤楼送孟浩然之广陵》《沙丘城下寄杜甫》《闻王昌龄左迁龙标遥有此寄》《忆旧游寄谯郡元参军》《赠汪伦》等，激励孩子们珍惜友情，体会李白丰富的想象力。最后我会引导学生诵读积累李白其他不同类别的诗。就这样，孩子们在不知不觉中，慢慢走近了李白、王维、孟浩然、杜甫、杜牧等诗人，同他们对话。而诗中有画、画中有诗的艺术风格也不断感染着孩子们，我会适时引导孩子们根据自己的理解进行诗配画比赛，让孩子们在赛中读，在赛中想，在赛中背，在赛中共同进步。

经典的积累，激起学生对经典的热爱之情，同时，又帮助学生塑造高尚的人格，真是"随风潜入夜，润物细无声"！大量经典的积累，会把孩子的视野引向经典诗文的美丽沃野，孩子们精神生命的根须也深深扎在民族文化的沃土里。

三、以活动为载体，让经典诵读充满活力

我还会利用丰富多彩的活动为学生搭建提升诵读水平的平台。元宵节、九九重阳节等主题班会上，师生互动的诵读常常成为佳话；在集体诵读比赛中，学生或铿锵、或激昂的诵读成为相互鼓舞、相互鞭策的难忘记忆。古诗文配画、贴画比赛中，一幅幅稚嫩的作品昭示着孩子们对作品的独特理解；一份份大胆的想象更让我惊讶于孩子们富有个性化的解读。我们每天用早上十分钟时间读诗词、解诗词，下午放学前抽五分钟时间吟诵。每天两首诗词、一段《三字经》，我和老师们及时抽查。所有这些活动，能让学生进入"口而诵，心而惟，朝于斯，夕于斯"的境界。另外，我根

据儿童喜欢唱歌的特点，借助歌曲帮助他们背诵，把一些要背的诗歌、韵文等填入孩子熟悉的曲谱里，让他们边唱边背，收到事半功倍的效果。这样一学期下来，他们能多背二三十首诗。课余时间，他们常抑扬顿挫，甚至摇头晃脑，尽情享受经典诗词带来的美好感觉。我们还根据时令、节气的变换，定时开展"最美诗篇"朗诵会，如国庆节让孩子搜集抄录古今爱国主义诗歌，举办"爱我家乡，强我中华"的诗歌朗诵会等。

孩子们必将受益于经典古诗文的滋养。经年累月的经典熏陶，必将把孩子们的精神带到一个自由飞翔的空间，在塑造健全人格的同时，必将为孩子点燃敢于创造的生命火花。

点燃字词的火把，照亮传统文化
与语文教学交融之路

    中共中央《关于实施中华优秀传统文化传承发展工程的意见》和十九大报告中，均对学校加强传统文化教育提出了很高的要求。语文课程鲜明的人文性，决定了其在传承优秀传统文化的伟大使命中首担重任。因此，《课程标准》明确规定了"引导学生在语文学习中接受优秀文化的熏陶""传承中华文化""理解多样文化""关注、参与当代文化"等具体的文化教育目标。语文教师必须立足当前实际，切实将学科教学与传统文化教育紧密结合起来，实现立德树人的根本任务。

    当前统编教材对传统文化的教育主要通过以下三个方面予以落实：一是增加古诗文篇目。小学语文有古诗文 129 篇，初中语文有古诗文 132 篇。选文体裁多样，从《诗经》到清代诗作，从诸子散文到历史散文，从两汉论文到唐宋古文、明清小品文，均有呈现。二是增设专题栏目。如小学的"日积月累"栏目，安排了楹联、成语、谚语、歇后语、蒙学读物等传统文化内容，初中的"综合性学习"栏目，围绕"友""信""和"等传统文化关键词，设计了一系列专题活动。三是编选大量反映中华优秀传统文化的课文。如《纸的发明》《赵州桥》等，赞颂古代劳动人民智慧；《邓稼先》《黄河颂》等，弘扬爱国敬业、诚实守信、坚忍不拔等中华传统美德。

    "风起于青蘋之末。"语文教学尽管是一个非常庞大的系统，但我认为，传统文化教育应该贯穿到语文教学的各个子系统中，贯穿到各个语文要素的教学中，从字、词教学入手，将传统文化教育浸润于语文教学之中去。

一、透过汉字，了解中国传统文化，加强传统文化教育

汉字是记录汉语的书写符号，汉语是中华文化传承的载体，汉字与中华文化相互影响，密不可分。因此，汉字不仅是中国文化的重要组成部分，更是中国传承文化的载体。语文老师要责无旁贷地引领我们的学生热爱汉字、尊重汉字、写好汉字，并能理解和体会蕴含于汉字背后的深刻意义，在掌握语文学习工具的同时，体会到传统文化的美，受到传统文化的熏陶。

1.根据字理识字教学，向学生渗透传统文化教育

我国古代的劳动人民创造了汉字，也把当时人们的生产、生活、文化、风俗等很多信息融于文字之中，为我们留下一笔宝贵的财富。

比如形声字，要让学生知晓"声旁帮着读字音，形旁帮着辨字义"的特征。在文字的创造时期，象形是最基本的原则，因为会意和形声在多数情况下也都是以象形为基础的。我们很有必要把这些文化传承给学生，帮助他们循序渐进地探索汉字文化。会意字教学就更有趣了，如"尖"，上"小"下"大"就是"尖"，如"尘"，风刮过来，扬起的小土粒就是"尘"。

再如，我们可以通过与"贝"有关的汉字来了解中国的钱币文化。贝，象形字，本义是海贝。随着生产力的发展和社会的进步，以物易物的方式已经越来越不能适应社会生活的需要了。贝壳因其小巧玲珑，色彩鲜艳，坚固耐用，成为原始居民喜爱的一种装饰品。于是人们便把贝壳作为交换的中介物，以贝壳为主要流通货币的经济制度和观念形态清晰地保留在汉字之中。如表示钱财的"财、货"等，表示赋税的"赋"等，表示抵押、赔偿的"赔、偿、赎"等，表示借债的"贷、赊"等，表示交易的"赚、购、贸、贾"等，表示用钱方式的"赈、赌、贺"等。

根据字理识字教学，透过对汉字形、义、音的分析，帮助学生理解字义，

加深记忆，从美学角度欣赏汉字，在获得知识的同时，使学生认识中华文化的丰厚博大，激发学生对祖国传统文化的了解与热爱，提高学生的学习兴趣。

2.溯求汉字的本源，向学生渗透传统文化教育

引导学生溯本求源，在挖掘汉字起源的基础上，让他们感受到汉字的美。汉字有着悠久的历史，传说中的仓颉造字，把我们的祖先从蒙昧带向了文明。汉字字体经历了甲骨文、金文、篆书、隶书、楷书等演变，每一次演变，都是一种美的升华，都凝聚着祖先的汗水和智慧。教学中，我们要让学生在感受到汉字的历史演变之美的同时，感受到我们的先人无与伦比的智慧，增强民族自信力和自豪感，培养他们的探索和创新精神。

3.辨析汉字的形体结构，向学生渗透传统文化教育

要让学生感受汉字的形体结构之美。中国传统的天圆地方的观念，创造了汉字独特的形态美——方正之美。汉字虽为方块之形，但形体活泼灵动；虽为点画组合，但组合错落有致。汉字笔画的书写起落有致，形态万千，长短参差，疏密匀称，左右避让，无论汉字的形体呈什么形状，组合方式有什么特点，它所给我们的感受都是各占其位，各得其所，和谐美观，体现了中华民族追求完美、讲求秩序、谦虚尊让等优秀精神。

再如一个"金"是指财富，三个"金"字垒成金字塔形状，当然是财富兴盛了。"燚"是最火的汉字，"淼"是最滋润的汉字，"森"是最环保的汉字。通过这些汉字的学习，要让孩子感受到汉字的豪放之美。

汉字是民族文化的永久记忆。我们应该教育学生热爱汉字，通过引导学生了解汉字形体之美，培育学生健康的审美情趣，并从中获得良好的精神熏陶。

要让学生感受汉字的形意之美。如甲骨文中的"立"字，字形像一个站在地上的人。之后与"立"有关的词语——"起立""立春""三十而立"自然也都有了归处。"三十而立"的"立"，意谓能够自立于众人面前而知礼节、进退、荣辱的大写的人，成家立业只是其部分含义。

再如"国"和"家"字。"国"的繁体字"國"，外面是大框，有表

示家国城邑之意，内"戈"表示兵器，"口"表示人，其放在一起可表示为人持戈守城，继而划定疆界，围固城郭，从而表达了国家统一、不可侵犯等丰富内容。"家"上面一宝盖头，下面一头猪，一座房子中养着一头猪，这表示家是提供居住和食物的地方。"国家"二字中，"国"是大家一起执兵器守城，"家"给个人提供住所和日常食物。透过对"国家"的解析，教师要引导学生感受祖先开疆拓土的艰辛，引导他们珍惜和捍卫这片生生不息、世代相传的土地，培养他们爱祖国、爱家乡的情怀。

古人在造字时，常常把他们的伦理观念加进去，从汉字中我们可以粗浅地看出古人的伦理观念，而其中许多伦理观念是值得我们学习和继承的。如"忠"字上"中"下"心"，表示对人尽心尽力的忠诚态度。"孝"字的上边是个"老字头"，下边是"子"，是小孩搀扶着老人的形象，"孝"有子女尽心奉养父母、照顾父母的意思。

同时，还要让学生感受汉字音形义兼备的特点。这一特点在楹联、诗词、谈话中，无处不在。如楹联中的"海水朝朝朝朝朝朝朝落，浮云长长长长长长长消"、妙趣横生的歇后语中"娶媳妇坐抬筐——缺觉（轿）"等。

让学生感受汉字的避讳之美。比如，在给人送礼，特别是给老年人送礼时，一般不送钟，因为"送钟"与"送终"谐音；送礼也不要送伞，因为"伞"与"散"谐音。

4.赏析书法，参与书写书法，渗透传统文化教育

书法是中国传统文化艺术最具代表性的民族符号。书法艺术在创造性、个性化、想象力方面的自觉追求，为继承传统的文化思想作出了可贵的奉献。平时的语文教学中，我们语文老师要引导学生在欣赏书法作品和练习软笔书法过程中，弘扬优秀传统文化，传承中华文明。

二、透过词语，了解中国传统文化，加强传统文化教育

词汇是一个民族语言的基础材料。语言的交际、思维和信息传递等多种性能无不依赖词汇去实现。我国古代汉语以"单音独立"为特征。

汉语在发展过程中，双音节词渐渐衍生，形成了"以字组词"的特点。汉语的词汇十分丰富，蕴含着浓厚的传统文化，是我们进行传统文化教育的载体。

1.一般词语中的传统文化

现代汉语的词语可以分为单音节词、双音节词和多音节词。单音节词如"仁、义、礼、智、信、忠、孝、悌、节、恕、勇、让"等，都有着极其深刻的文化内涵，我们在引导学生弄通其词义的同时，也要使他们受到传统文化的熏陶。

比如"左"与"右"两词，在中国的传统文化中，不仅代表方位，而且在政治、军事、地理以及人们生活的各个领域，也有泾渭分明的讲究。在历史上某些朝代，人们视"右"为上，视"左"为下。《史记·廉颇蔺相如列传》中，蔺相如在"完璧归赵""渑池之会"中立了大功，赵王封他做了上卿，"位在廉颇之右"，这才引发了廉颇的不满。唐代称贵族为"右族"，《新唐书·柳冲传》中有"凡郡上姓第一，则为右姓"。称帝王的亲戚为"右戚"，而被贬谪降职，便称为"左迁"。在座位上，则视"左"为尊位，为正位；视"右"为卑位，为副位。如《信陵君窃符救赵》中的"坐定，公子从车骑，虚左，自迎夷门侯生"，虚左，空出左侧的座位，表示对人的尊敬，成语有"虚左以待"一词。在地理上，我国以"东"为"左"，以"西"为"右"。而人际交往中，称歪门邪道为"旁门左道"。

另外，双音节词中如"孝顺、宽恕、忍让、善良、二胡、相声、京剧、火药、农历"等，多音节词如"元宵节、国子监、红双喜、指南针、黄土高坡"等，在中国的传统文化中，都有其独特而丰富的内涵，是我们对学生进行传统文化教育的富矿，要深挖。

如"黄土高坡"一词，字面解释为："黄土高原位于中国中部偏北部，为中国四大高原之一，是中华民族古代文明的发祥地之一。"但因其地质独特，环境恶劣，中国的母亲河黄河流经于此，"黄土高坡"被赋予了寻根文化和粗犷豪迈、不屈抗争、坚韧不拔的民族精神等特殊文化符号。

2.成语中的传统文化

成语是人们长期以来习用的、简洁精辟的定型词组或短句，不仅蕴含着深刻的思想，而且富有哲理。

成语有的来源于历史事实，如"完璧归赵"；有的来源于前人故事，如"胸有成竹"等；有的来源于寓言传说，如"叶公好龙"等；也有的来源于古代文化典籍，如出自《周易》的"厚德载物""自强不息"等；还有的改编自经典名句，如"舍生取义"，来源于《孟子·告子》上篇中的"生，亦我所欲也；义，亦我所欲也。二者不可得兼，舍生而取义者也"；有小部分来源于谚语俗语，如"众人拾柴火焰高""指桑骂槐"等；较小部分来源于社会发展，如"推陈出新""缩手缩脚""改革开放"等。

在学习过程中，我们应该引领学生对成语追溯本源，让他们在深刻理解成语意义、把握其哲理的基础上，灵活运用。这对于活跃学生思维、提升他们的审美鉴赏与创造能力等，都是极为有益的。所以，将传统文化教育融于成语的学习中，在给学生带来美的感受的同时，也能极大提升他们的鉴赏能力、人格素养、家国情怀和价值观。

"求木之长者，必固其根本；欲流之远者，必浚其泉源。"汉字是中华文化的根，词汇是中华文化的魂。从字词教学入手，加强传统文化在语文教学中的渗透，让汉字、词语活起来，活在每一堂语文课中，更活在每一个老师和学生心中；让氤氲在字词背后的传统文化不断浸润学生的心灵，散发出迷人的馨香，香你，香我，香飘万里……

让"本真"作文回归本真

关于如何写文章，黄庭坚曾说过："作计随人终后人，自成一家始逼真。"对此，陆游也有这样的阐述："文章要忌百家衣。"我国著名的教育家叶圣陶先生说："作文这件事离不开生活，生活充实到什么程度，才会做成什么文字，所以论到根本，除了不间断地向着求充实的路走去，更没有可靠的预备方法。"古今作文大家的话，都明确地告诉了我们生活与习作之间的密切关系。习作与生活应该是水乳交融的，离开了生活，习作就成了无源之水，无本之木。

贴近生活，融入生活，书写生活，让作文回归本真，是作文教学之"道"；而脱离生活，只注重写作技巧的传授，仅仅是作文教学之"术"。但是在当前的作文教学中，很多老师忽略了对学生作文本真的引导，把作文教学的重头戏放在作文技巧的传授上，教会了学生许多应试的技巧，有些学生在所谓的"作文秘籍"的指引下，也的确获得了高分。但是细细想来，学生的作文除了有几件华丽的语言外衣外，没有多少真情，"假、大、空"代替了真情，"虚无"赶走了"本真"，这种重视"术"、忽视"道"的写作教学，其实是本末倒置的。这对于一个语文教师来说，不能不说是一个"美丽"的失败。

我们知道，作文是学生思维成果的展示，是作者真情实感的流露，本是一种"心灵自由抒写的美妙历程"，这种心路历程本是一种高尚的精神享受。写作能力是学生语文素养的综合体现；写作过程是学生运用语言文字进行表达和交流的重要方式，是学生认识自然，认识世界，认识自我，进行创造性表述的过程。但是，我们看到的习作却成了很多孩子的"痛苦挣扎"——挤牙膏似的拼凑，忘乎所以般地瞎编。习作，丢了本真。

从上学期开始，我县开展习作教学改革实验。我们要求语文老师大胆尝试，勇于放手，让学生作文回归本真。也就是遵循"我手写我心"的宗旨和原则，让学生放开手、迈开腿、张开嘴、动起笔，改变过去沿袭了不知多少年的作文模式，让学生在作文课上真正体会和享受自我创作的滋味。

一、当前中学生写作中的几个"失真"现象

一曰言之无"物"。学生的作文言之无物，内容空洞。写自然必写"环境污染"；写父母必写"送我上医院"（我曾经对《我的父亲母亲》习作做过分析，居然有 50% 左右的学生以此为例）；再如写老师，学生还是停留在"深夜批改作业""老师送我去医院，医生误认老师是妈妈"这些材料上（课本的范文也是如此）……陈旧的材料在学生的习作中比比皆是，丰富多彩的社会生活在他们的习作中却难见身影。

二曰言之无"我"。这里指学生的习作内容"假、大、空"。这些文章往往无病呻吟，用共同存在的现象取代个性，用教条取代独立的思考，没有真"我"，没有张扬的个性……如果去掉那些华丽辞藻，剩下的只有虚空的假"我"。令人大跌眼镜的是，在前些年的中高考作文中，为了写自己能战胜挫折和困难，体现自己的意志多么坚强，一些学生竟然违心地捏造事实，如说自己的"亲人惨遭飞来横祸"等。这样看来，"我"在何处，叶圣陶老先生说的"我手写我心"的"心"又指何方，我们又如何从学生的文章中读出真正的"我"？

三曰言之无"文"。毋庸置疑，汉语是世界上最美丽的语言之一。作为表情达意的文字几千年而不衰，不正说明了汉语的价值吗？可是，随着社会的进一步发展，多元文化的渗透，汉字的运用和发展在一定程度上受

到了影响。当下，学生习作"文不通，句不顺，字不清，意不达"的问题较为严重，而一些网络流行语也影响学生规范地使用汉语，导致一个几十字的文段竟然错误频出，"520""东东""怕怕""酱紫"等网络用语充斥其中。毫不夸张地说，这样下去，后果不堪设想。

二、以"真"搭桥铺路，引领学生走出虚无

1.让素材"真"起来

素材是作文之源。大部分学生写出来的文章就像"流水账"，如一杯白开水一样无色、无味。我想，这主要是他们的生活相对单一，缺少对生活的感知，没有真感情，积累的作文素材少。

我们知道，学生的写作素材主要来自两方面：一是从生活中积累，丰富个人体验；二是勤于阅读，从书中借鉴。其中，学生从自己的生活中选材是最重要的。只有挖掘生活，文章才有真感情，才有灵性可言。

怎样积累素材？我们尝试了以下妙招：让学生每天想一想有什么值得积累的材料，每天写几个纪要。这个纪要不是日记，只是记录让自己印象深刻的事，并写出感想。比如一位学生记录："今天我去姥姥家看到一只狗，它特别听主人的话，我拿东西打它，它也不动。主题：我想，人必须忠诚。"

每周，我们还会拿出一节语文课专门让全班学生交流素材。在点评的过程中，学生学会了筛选素材，学会了选取那些自己熟悉的、新颖的、有意义的小事。通过一个学期的坚持，学生发现自己积累了很多素材。

从上一学期开始，我们尝试着这样引导学生平日积累素材，效果非常不错。现在学生写作时，那些鲜活的材料信手拈来，不必再搜肠刮肚。有了积累，唤起了内心的体验，写作时，也就能倾注真情，抒发实感。

2.立意求"真"

立意是作文之魂。著名特级教师张化万对于学生作文提出这样的观点："新课程不再把学生的习作本身看成目的，而把习作看成生活的有机组成部分。生活就是习作内容。不要苛求习作的立意的深刻、材料的典型、结

构的新颖、语言的规范生动。这样贴近生活的习作才能激活习作的欲望和热情。"

平时写作教学中，我们把作文分为两大板块，即课内写作训练和课外自由写作两部分。课外写作，可让学生自由表达；课内写作，还是应在文章的选材、立意、结构、语言等方面有所要求，还是应多用文字表达些真、善、美的东西。

3. "真"命题，真情景

我们发现，大多数时间，学生在作文的时候，都是好高骛远，眼高手低；题目起得很大，却受生活阅历所限，写不出什么具体的内容，让读者有一种"受骗"的感觉。

因此，我们在作文题目上进行启发，多让学生分析题目，注意启发性、趣味性、动情性和灵活性。教师在命题时要克服公式化、概念化、成人化等倾向，采用"半命题""自由命题"等形式，使学生在没有心理压力的情况下，根据自己的需要，按照自己的爱好，拓宽思路，畅所欲言，真正做到"我口说我心，我手写我口"。

4. 真生活，真经历

人是自然之子，大自然给人以启迪、灵感和智慧。春天的校园，生机盎然；夏天的绿荫，怡人心田；秋天的果园，硕果累累；冬日的飞雪，飘飘洒洒。这一切的一切，学生极易产生心理共鸣，产生创作动机。教师如果敏锐地抓住契机，激发孩子的表达欲望，就能较好地进行习作活动。

我们鼓励语文老师多创造机会，领着学生到大自然中去采风，感受春生夏长、秋收冬藏；引导学生撷一片落叶、两滴露水、三只飞鸿、四片嫩芽走进他们的文章，用真实的经历感动自己，打动读者。

除了走进大自然，节日也是孩子们快乐的源泉。学生积极参加活动，在活动中增加了见闻，得到了锻炼，才能有真切的感受，产生表达的欲望。国庆节游历史博物馆、教师节给教师制作贺卡、植树节每人种一棵树……孩子们有了多种体验，情动而辞发，写起文章来也就水到渠成了。

此外，我们还开展"爱心长跑"活动，如"每周为父母洗一次脚""为父母洗一次衣服""打扫一次院子"等。学生有了丰富的经历，当他们再拿起笔作文时就不再感到生涩，他们写的作文也变得有血有肉。

5.真阅读与真写作结合

我们要注重读写结合，不断激发学生的创作欲望。学完鲁迅的《从百草园到三味书屋》后，我们让学生写自己的童年。学生就把从文中感受到的东西和自己的经历联系起来，写得很有感情。他们的世界里本来也有菜畦、石井栏、皂荚树、鸣蝉、大黄蜂……学完《爸爸的花儿落了》后，让学生写自己的爸爸或妈妈，感受亲情的可贵。学生写作时，文思泉涌，一个个平常但感人的画面如山泉汩汩而出……

经过近一年的实践和探索，我们真切地感受到学生作文水平的提高；写作已经成了学生日常生活不可或缺的一部分，他们已经把写作当成了一种享受。经验告诉我们：作文指导课真的不能太花哨。若真的想让学生的作文水平有所提升，教师就必须实实在在地对指导的整个过程进行设计，根据学生的具体情况随时改进。只有让学生的需求回归本位，让教师的指导落到实处，作文指导才真正有意义。

写作教学是语文教学的重要组成部分，占据着语文教学的半壁江山。写作能力是学生语文素养的综合体现，我们应该重视作文教学，让"本真"作文回归本真，让我们的学生人人能妙笔生花。让我们一起努力，创造作文教学的美好未来。

学生作文：让"真实"花开得绚烂

真实是作文的生命。《课程标准》中说道："写作是运用语言文字进行表达和交流的重要方式，是认识世界、认识自我、创造性表述的过程。写作能力是语文素养的综合体现。"在学生作文训练中，我们一线教师进行了许多尝试和创造性的工作，然而，学生在习作中，仍存在东拼西凑、生搬硬套的现象，"作文难"仍是当前学生在作文训练中面临的最突出的问题。

造成学生东拼西凑、生搬硬套的原因是学生对素材"真实"性的认识与运用存在不足，而根子应在语文教师身上：一是多数语文教师关注学生在考试中能否得高分，平时的作文训练仅仅注重作文的技能训练，忽视情感培养。二是作文训练形式枯燥，教师眼睛紧盯"高大全"式的作文，为了迎合阅卷教师的口味，对孩子作文中的"胡编乱造"睁只眼闭只眼，忽视学生真情的自然流露；三是忽视作文学习的规律性，教师对作文评价标准过高。

最能打动人心的作文，应该是富有真情实感的作文。而要有真情实感，就得有真实的作文素材。受多种因素的影响，加之语文老师的引导不利，学生对"真实"的认识和处理往往有下面两种误区：一是"真实"的就是"善"和"美"的，所以生活中，"不善""不美"的素材（尤其事关身边朋友和亲人的），认为难登大雅之堂的，往往羞于选取，采取忽略不计的态度；二是"真实"就是绝对的真实，容不得半点偏差，故学生在写作中如同照相机一样原封不动地反映生活（如一位学生写他二三岁的时候，当老师的妈妈为她调皮的学生缝衣服补鞋经常到深夜，就遭到同学们的嘲笑，原因是当时作者很小，怎么会知道妈妈给她的学生缝衣服补鞋的事，而且还到深夜？）。学生的生活本来就非常有限，如果我们老师在这方面引导不够，学生就会自己画地为牢，作文真实而精彩的空间还能剩下多少呢？

针对这种现象，为还原作文素材的"真实性"，我在作文教学中尝试以下几种策略，以拓展学生的写作空间。

一、运用"直面"和"反观"，让"真实"恢复本来面目

作文教学中，我反复强调，真实是生活的本来面目，不等于完美和完善，尽善尽美是人类对生活的追求，在生活中是不可能存在的。

"直面"生活中的真实，就是让学生既看到别人身上的优点，也不回避他们（尤其是至亲好友）的缺点，如统编版语文教材三年级上册《掌声》中的英子是一个得过小儿麻痹症的残疾女孩，内心很自卑，一直以来都在一个角落里很孤单，没有人注意，没有人关心。英子一直在自卑中度过，同学们几乎忽视了她的存在。直到有一天新老师到来，在不知道英子残疾的情况下，让孩子们轮流上台表演，孩子们才注意到英子的存在，用两次掌声鼓励英子，使英子发生了改变，由自卑变得活泼开朗，开始微笑着面对生活的风风雨雨。

"反观"就是通过审视自己的内心世界，发现不足，克难求进。如人教版语文教材三年级下册中的《妈妈的账单》，讲的是小男孩彼得给妈妈开了一份账单，索取他每天帮妈妈做事的报酬。当小彼得在他的餐盘旁看到想要的报酬时，也看到了妈妈给他的一份账单，这份账单让小彼得感受到了母爱的无私与无价，他惭愧地把索取的报酬塞进了妈妈的口袋。把母爱的无声、无私和无价表现得极为动人，既让学生体会到母爱的无私与无价，还让他们懂得了应该主动帮父母做一些力所能及

的事。

理解了"直面"和"反观",并且引导学生学会使用直面和反观,就会让学生有很多素材去应用、更多真实去刻画,而且还会让学生学会以诚实的态度全面审视人、事、物,不虚美,不隐恶,从而更好地拓展学生的写作空间。

请看作文《"爱抠"的妈妈》片段:

妈妈拿拿这个,摸摸那个,"什么鸡蛋啊,个头这么小。"

年轻的女店老板早已不耐烦了:"大姐,俺的鸡蛋论斤称,又不是论个卖,管它大小,你还是快点,后头还有别人等着呢。"

我赶紧催促妈妈:"妈,你真啰唆,能不能快点啊!"

妈妈还是不紧不慢地一边选鸡蛋,一边回过头来对我说:"你懂什么?现在做生意的哪个不精?看颜色就不新鲜,还卖这么贵!"

店老板一听很不高兴:"哎,别糟践人行不?是你自个要买,我又没强求!"

站在鸡蛋箱左侧的一位老大爷也看不下去了:"闺女,就是几斤鸡蛋嘛,至于挑三拣四吗?能省几个钱呢?你还是快点吧,我还要到幼儿园接孙子呢!"

我羞愧得满脸通红,一跺脚,扔下妈妈,径直回家了。

……

晚上,妈妈蹑手蹑脚地走进我的卧室,悄悄把一个剥好的鸡蛋和一杯热咖啡放在我的书桌边,然后又蹑手蹑脚地走出去了。

望着桌上的鸡蛋,我突然一阵心酸:这些年来,妈妈就是在自己舍不得吃舍不得穿和这些斤斤计较中,攒够为我买电脑和童话书的钱,攒够过年为我添置新衣的钱。

作者用了直面的态度,还原出一个真实的妈妈:舍不得吃,舍不得穿,甚至到了"吝啬"和"爱抠"的地步。但正是妈妈的"爱抠",让"我"得到了家的温暖,收获许多做人的道理和家人的爱。这样真实的素材和刻画，不仅没有冲淡文章主题，反而增加了作文的感染力。

二、"移花接木"——不断丰富"真实"的生活素材

生活中的原生态素材也需要不断挑选、整合、提炼，才能更高层次地反映真实生活。

所谓"移花接木"，就是在想象的基础上，将生活中相关联的真实材料合情合理地"移接"到一起，通过想象将生活素材的价值运用合理的描写彰显出来，形成文章之美。

一位学生用了这样两则表现班级温暖的写作素材。

素材一：平时同学都争着打扫卫生，互相提醒保持卫生，使我们班总得卫生评比第一名。

素材二：崔洪凯和张晨光两名同学非常调皮，经常吵架，现在经过同学和老师的帮助，认识到自己的不足，改正了错误，和同学们都成了好朋友。

这两则素材很真实，也都能体现"温暖"这一主题，但如果把两个素材"移接"在一起，文章就显得更丰满，也不影响文章的真实性。

如引导学生的作文这样写：

我们班的崔洪凯和张晨光两名同学，都很调皮，经常为了几句话就大打出手，同学们都很着急，不知道该怎么办，只好申请给他们两个调座位，让他们离得远一点，可是改变不大。我们就开了一个"为班级争光"的主题班会，在班会上同学们各抒己见，想班级之所想，在大家的带动下，他们也发言了，承认了自己的错误，都找到了自身的不足，表示努力改正，不再打架。从那天开始，他们真的变了，争着打扫卫生、摆卫生工具，成了真正的四（3）班的一员。

当然，"移花接木"不能牵强，更不能把风马牛不相及的素材生拉硬扯在一起。

学生作文的精彩，绝少表现在取材的惊天动地上，更多的是反映了生活的"真实"。只要教师有足够的耐心，不断指引，让学生立足生活，不断阅读，不断思考，不断书写"真实"，学生的作文一定能在期待中开出绚烂的花！

对写作教学评价的思考

> 评价不是结果，评价是为了引导。
>
> ——题记

言为心声，文如其人。中学生的作文虽不如作家的作品那样具有鲜明的风格，但每一个学生由于生活环境、思想品格、性格志趣及文化修养的不同，其作文中必然有自己的个性特色。学生的文章能否展现出"百花齐放春满园"的景象，与教师的作文评价方式有着密切的关系。

在《课程标准》"关于写作的评价"的评价建议中明确指出："写作的评价，要重视学生的写作兴趣和习惯，鼓励表达真情实感，鼓励有创意的表达，引导学生热爱生活，亲近自然，关注社会。""评价结果的呈现方式，根据实际需要，可以是书面的，可以是口头的；可以用等级表示，也可以用评语表示；还可以采用展示、交流等多种方式。"

这真是一语中的，教师在进行作文教学指导、评价时，始终应该坚持以人为本，通过评价方式的多样性，及时发现并重视培养学生的作文个性化。

回顾过去并审视目前的作文教学，从总体上来说，仍存在"重写作技法，轻人文关怀"的问题，在此基础上的作文教学又如何体现学生的个性特色呢？那么，究竟如何评价，才能让学生写出血肉丰满、充满个性和生命力的文章呢？我进行了一些尝试，认为以下几点尤为重要。

一、作文先做人，对思想性的评价是首位的

文以载道是文坛古训，这说明文章是用来表达思想、传情达意的。一篇好的文章，首先应该有思想深度、视角新颖。作文教学的根本是"人"而不是"文"，即文章的精神是人的思想感情、人格和审美水平的体现。写作者只有具有了高尚的道德修养和高雅的审美情趣，其文章才会闪烁真善美的光辉。

鲁迅先生认为，写作是思想和人格的表现，写好的关键在于进步的思想和高尚的人格。叶圣陶先生在《作文与做人》的短文中说："文当然是要作的，但是要紧的在乎做人。"我们从历史的、传统的角度去解读《课程标准》，更能领会其深长的文化底蕴，也让我们更深刻地了解了作文先做人的道理。

二、通过评价，引导学生感受生活，体验人生

内容空洞，思想贫乏，感情虚假，是学生作文最常见的毛病。一篇文章，少则五六百字，多则一千来字，要么是人云亦云的套话、空话、拉杂话；要么是概念化、公式化的说教；要么是无病呻吟；要么是胡编乱造，不知所云。这样既没有具体生动的生活素材，又没有新颖独特的思想观点，更没有动人心扉的真情实感的作文，让人看了只有头痛。还有的文章表面看来语言华丽，但掩盖不了思想内容的苍白贫乏。也有的文章看似成熟，但缺少花季少年应有的朝气和活力，读起来了无生趣。正如罗丹所说，我们的生活"并不缺少美，而是缺少发现美的眼睛"。

作为教师，首先应鼓励学生积极参与生活实践，写有真实生活体验的文章。在教学过程中，教师应不失时机地引导学生学会观察、感受，不仅要求他们要用眼睛去观察，还要用心灵去发现生活中的真善美。学生拥有了自己的人生体验，再加上教师的及时引导，其文章必然会有充实的内容。当然，教师引导时要选用源于生活的小短文来作为范例，以激发学生的写作兴趣。

三、通过评价，教会学生"多愁善感"，抒写真情

"为文者，情动而辞发。"一篇文章只有先感动自己，才能感动别人。"世事洞明皆学问，人情练达即文章"，在生活中如果能通晓人情百态，积淀情感，学生便不会为文造情了。而要做到积淀情感，先要学会感动。感动是一种养分，一种心灵的养分。有了感动这种营养，心灵会变得滋润、丰富、敏锐而灵动。如果学生在阅读中能做到"多愁善感"，那么他的心灵起码已经具有了感动的条件。而激发学生的这种潜在的情感，需要教师走进学生的心灵，去和学生的心灵进行碰撞，从而产生情感上的共鸣。

记得在一次以"母爱"为主题的作文课上，我朗读了一篇赞美母亲的散文，又朗诵了孟郊的《游子吟》和冰心的《纸船》。朗诵完之后，我发现许多学生的眼睛里闪动着泪光，我知道是伟大、深沉的母爱震撼了他们的心灵。其实，这份情早就存在他们的内心，一旦被激发，一定会情满于胸，下笔为文自然会情寓于中，不能自已，而佳作自成。所以，在那次作文讲评中，我便以是否令人感动为重点进行指导。

四、引导学生运用个性化的语言

语言是思想的外化形式。作者的思想、情怀、个性以及情感都通过语言加以体现。但丁说过："语言作为工具，对于我们的重要，正如骏马对于骑士的重要。"美的语言、个性化的语言常常是吸引我们读下去的理由。虽然作文水平的高低不能完全取决于语言的运用，但是语言水平的高低却会影响作文的整体效果。正如王富仁先生所说："最重要的就是想的和写的要一致起来，'人文的'和'工具的'要融合为一。如若不一致，如若融合不在一起，语言这个东西可就不再是一个好东西了。"的确，深邃的思想再配以优美的语言才是锦上添花，否则，就会弄巧成拙。

教师应鼓励学生运用个性化的语言进行写作，学会"给自己的语言定位"。如：严肃谨慎的人，其语言常常是比较严谨的；性格开朗豪放的人，其语言常常是直率活泼的；幽默风趣的人，其语言常常是诙谐机智的；性

格温和的人，其语言常常是柔和细腻的；等等。当然，性格不完全等同于语言，但我们可以让学生明白，在写作中自己擅长哪种语言就应该运用哪种语言，让自己的作文带上鲜明的个性。

对于写作水平较高的学生来说，教师应该鼓励他们根据文体或题材的变化来尝试运用多样的写作手法和语言风格，让自己的文章更加摇曳多姿。

五、让学生参与作文教学的全过程

学生作为作文课的主体，应该让他们参与作文教学的全过程，如课前的搜集资料，课上审题立意的讨论分析，以及课后的讲评赏析，这对提高学生的写作水平也是非常有帮助的。

总之，教师要给予学生更多的人文关怀，站在以人为本的立场上更多地关注学生的个体差异，这有助于学生迅速进入写作状态。教师的评价绝不是写作的结束，而应是激发灵感的开始。当我们懂得从更多的角度去评价、欣赏学生的作品，相信学生们写出既有个性又有创造性的文章便不再是难事。

议一议作文教学的"开源"和"节流"问题

　　作文教学是我们语文教学的重点，同时也是很多语文教师日常教学的短板。在作文教学中，我们遇到的共同问题是，尽管我们在作文教学中投入了大量的精力，但却收效甚微。对作文教学系统化的思考是当今语文教育界的一大主流，在寄希望于早日完善作文教学系统化构建的同时，我结合自己的作文教学实际，对作文教学中的"开源"和"节流"做一探究。

一、作文教学"探源"

　　中学作文教学应该教什么？中学作文教学应该培养学生什么样的作文素养？对这些问题的思考其实是对中学作文教学课程价值的思考。然而我们却很少关注。具体表现在我们还没有形成明确清晰的系统化的作文教学思考，同时我们对学生写作能力的提高没有显著有效的方法。

　　从作文教学以及学生写作的实际情况来看，突显出这几个方面的问题：一是作文教学随意、任意，甚至没有作文教学；二是作文指导低效、无效，甚至是负效；三是学生写作假大空，甚至千篇一律；四是学生没有写作兴趣，甚至畏惧写作；五是作文评价单一，甚至不负责任地拔高标准。

　　《课程标准》关于写作的总目标中提道："能具体明确、文从字顺地表达自己的见闻、体验和想法。能根据需要，运用常见的表达方式写作。"我认为这里面包含了四个方面的要求：一是要语言流畅，文从字顺——遵从汉语言语法规范，没有语病和错别字；二是要具体明确——言之有物地表达自己的思想和感情；三是要能够掌握常用的表达方式，这里面应该还包括基本的表现方法；四是要写真实，抒真情——表述自己的意思。这个目标对大部分中学生来说是不难达到的。

二、作文教学"开源"

第一要解决写作要"写什么""表达什么"的问题。怎样避免学生作文中的假大空、虚情假意，还有素材千篇一律的乱象呢？怎样实现写作目标里的"具体明确、文从字顺地表达自己的见闻、体验和想法"这个目标呢？

写作离不开生活。学生写作中假大空、虚情假意、素材千篇一律的问题，与学生缺少生活经验有一定的关系。所以要让学生走进生活，丰富生活，开发写作的源头活水。然而生活的浩瀚无边如同汪洋，会水的学生可能如鱼得水，不会水的学生只能望洋兴叹。

开发写作的源头活水应该构建一个体系。我有一期作文教学叫"作文写作之乘车系"。之所以有这期作文教学，是因为学生习作中出现了不少在公交车上给老人让座的故事。作文要求：乘坐一次公交车，用心观察，提炼真实的写作素材，写出自己真实的情感体验和发现。其中一篇学生作品使我印象特别深刻，文中说他早晨九点多坐上车，花了一元钱从始发站坐到终点站，公交车上有二十六个座位，从始到终至少空着二十个座位，想给人让个座很难。他还看到同一路车有的是空跑来回，他的感受是真的很浪费。我非常肯定该学生的实事求是精神，更肯定该学生能够多角度考虑问题，善于思考。

第二要解决写作要"怎么写"的问题。作文教学目标"运用常见的表达方式写作"，这里面应该包括运用基本的表现方法。

尽管叶圣陶先生曾经说过"写作就是说话，为了生活上的种种需要，把自己要说的话写出来"，但实际上写作与说话还是有区别的。即便是平时说话也要讲究怎样说得动听，而写作一定要讲究写作的表达方式和基本的表现方法。

尽管作文表达方式的排列组合，以及表现方法很多，但作为一个体系来开发构建是可行的。我有一期作文教学叫"作文写作之菜系"，写作要求：请自己的父母做一道自己最喜欢的菜，以菜名为题目，运用多种感官具体形象地描写，以能够引起别人流口水为成功，写出自己的独特的情感体验。部分学生习作记叙了做菜的程序，我称之为食谱；部分学生习作能够调动视觉、听觉、嗅觉、触觉等不同感官绘声绘色、具体形象地描写菜的色香味，达到了本次作文表达的基本要求；部分学生习作在具体描写的基础上融入了自己对这道菜、对父母的情感体验，不自觉地运用到了借物抒情的表现手法，成为本次作文的佳作。

第三要解决学生写作的兴趣问题。兴趣是写作的原动力。然而，无论是日常学生习作还是考试作文阅卷评分标准，都或多或少地存在着作文评价单一甚至不负责任地拔高标准现象，束缚了学生的思想，限制了学生的自由表达，导致了学生谈作文而色变。我认为当下作文教学难的根本问题是学生的作文兴趣问题。

所以要重视作文评价，开发建构激励机制，通过满足学生珍惜荣誉的心理发挥作文评价在刺激学生写作兴趣方面的积极影响，要尽一切可能让学生品尝到作文的甜头。即便学生的作文写得漏洞百出，也要找出作文中只言片语的可圈可点之处。对于那些优秀作文要有在学生中展览的平台。对于不同水平的学生要量身定制评分标准，要凭借亮点采分，满足并激发学生的荣誉感。同时还要建立竞争机制，搭建竞赛平台。因为在满足了学生基本的荣誉感之后，通过与人的比较骈进，会得到竞赛的快乐，从而提高作文的水平。

要解放学生的思想。人是能思考的芦苇，人因为有独立的思想而伟大。不能让作文评价抹杀了学生的个性。因此，应当积极构建促使学生多元思考、独立观察，形成独立认识、独立人格的作文情境。我有一期作文教学叫"作文写作之赶集系"，写作要求：深入菜市场，或买或卖，或听或看，务必有新鲜的认知和感受，并写下来。这期作文的目的是让学生深入生活，预设不大了解民生的学生一定会受到某种震撼，意外的收获是这次作文之后很多学生都懂事了很多。

教师应端正思想。中学作文教学不以培养作家为目的。古人说："诗有别才。"并非人人都能够口吐莲花，绣口一吐就是半个盛唐。中学作文教学的基本任务就是培养学生的基本写作能力，能够根据具体要求完成具体写作任务，能够清晰地表达自己的想法，能够围绕文章的中心组织材料，能够条理清楚地组织文章内容。作文教学的关键在于培养学生写作的兴趣。

三、作文教学"节流"

中学作文教学强调练笔。《课程标准》第四学段目标与内容中有"作文每学年一般不少于14次，其他练笔不少于1万字，45分钟能完成不少于500字的习作"的要求。那么，在作文教学中是否需要系统化设计这14次作文和不少于1万字的其他练笔呢？我认为没有必要。

首先，重视每一次作文的多次修改。前文说过生活浩瀚无边如同汪洋，会水的学生可能如鱼得水，不会水的学生只能望洋兴叹。尽管我们引导学生多写生活，却并不是写尽生活。构建作文系统化体系，应该是搭建若干个学生作文与生活的桥梁。与其每一次作文换一个题目，不如每一次作文多修改几次，这样或许可以避免写作的盲目性、随意性、重复性。我在作文教学中提倡一期作文至少修改两次。以一期作文教学为例：第一步，学生按要求完成一篇不少于500字的习作；第二步，过一段时间，学生在原作文上进行第一次自主修改，以及小组内互评互改，并字体工整地重新抄写；第三步，教师从方法、技巧等方面指导学生进行第二次修改，并字体工整地重新抄写；第四步，把修改的作文按先后顺序装订存档，并将本期优秀作文复印张贴展示。

其次，重视锤炼语言。虽然要求学生在45分钟内完成不少于500字的习作，然而习作的根本任务应该是在习作的过程中提高语言表达能力。我认为与其多说空话、套话，不如少说、精说。梁实秋先生在《我的一位国文老师》中写了一位绰号为"徐老虎"的老师，他改学生文章，"洋洋千余言的文章，经他勾抹之后，所余无几了"，可是"徐老虎"得意的是"笔笔都立起来了"。我认为"立起来"这几个字最是难得，比那味同嚼蜡的"不少于500字"中看得多了，也中意得多了。

作文教学的"开源"与"节流"，一经一纬，是我关于作文教学系统化构建的几点思考，还很不成熟，很不完善，权作抛砖引玉吧。

构建作文教学"三段八环"非主流教学模式，不断提升作文教学效益

　　写作教学是语文教学的重要组成部分，占据着语文教学的半壁江山。写作能力是学生语文素养的综合体现；写作是学生运用语言文字进行表达和交流的重要方式，是认识自然、认识世界、认识自我，进行创造性表述的过程。

　　同阅读教学一样，作文教学也应该有它的方法、规律和模式。但纵观当前的写作教学，状况令人担忧，实在有必要对其教学模式加以探究。俗话说"水无常势"，"教无定法"但"教学有法"。我们对原有作文教学模式进行了新的建构和完善，形成了一个"三段八环"高效课堂作文教学的"非主流"模式。

一、作文教学的现状

　　一是少部分语文教师没有按照教材要求在教学过程中安排作文的教学，所有的教学时间都用来进行基础知识的训练。在这样的情形下，学生的作文能力得不到训练，学生的语言思维能力的提高更无从谈起。这些教师应付作文考试的办法就是让学生背诵作文选上的现成作文。

　　二是一小部分语文教师根据教材要求，习作课也能"按部就班"地上：先进行写前指导，再让学生进行写作，但学生的作文本收上来之后，他们就会以"语文教师课时多，学生多，批改耗时长，而作文到了学生手中，

学生则漫不经心地看一眼评语，就把作文丢进书桌抽屉，效果甚是不佳，'出力不讨好'"等理由，直接拒绝批改。

三是大部分语文教师在课堂上安排了作文课程。但是课程设计是根据教材"写作"要求，照本宣科，模式就是先将教材中的写作技巧一字不落地"兜售"给学生，然后从课后的"写作实践"中，选择一个题目，让学生开始作文。作文收上去之后，请学习成绩优秀的学生批改一部分，自己批改一部分。等到下次习作课时，教师把写作情况进行公布，然后紧接着进行下一单元的习作训练。

第一、第二种状况在习作教学中极为消极，正随着语文教学改革及作文教学地位的不断提升，被逐步淘汰；第三种写作教学模式是当前大部分教师采用的方式，教师、学生耗时不少，但学生的写作水平提升甚微。

那么，要真正提高作文教学的效益，真正不断提升学生的作文水平，就必须改革原有的作文教学模式，建设一种适宜于学生学情和教材作文训练的作文教学模式。

二、"三段八环"非主流作文教学模式解读

"三段八环"非主流作文教学模式的基本结构如下：

"三段"是指准备阶段、导学阶段和达标阶段。"八环"是指：①根据单元习作训练要求，安排学生作文课前"裸"习作；②作文课前师生批改，习作问题暴露（准备阶段）；③目标引领；④自学探究与教师写作技巧点拨；⑤学生二次创作和二次批改；⑥教师引领，下水文展示（导学阶段）；⑦学生三次创作；⑧课下誊写（达标阶段）。

学生作文课前的"裸"写作和批改：根据单元作文教学要求，安排学生在没有任何人指导和干预的情况下，进行"裸"写作。写作完成后，再进行教师和生生之间的批改。这种做法尊重了学生的自由创作，同时也让学生在本次习作方面的问题得以充分暴露，为习作教学目标的确立打下基础。这样，教师就明确了作文教学的起点在哪里了。

目标引领：展示目标就是让学生知道这节课要学什么，学到什么程度，发挥教学目标的引领和激励作用。而习作教学的目标的制定，既要符合单元习作教学要求，也要尊重学生的认知水平和已有的写作能力和写作经验。

自学探究与教师写作技巧点拨：安排一定的自主学习时间，让学生结合自己的创作和批改情况，自主学习课本知识及相关助学资源，然后再进行小组交流和教师点拨。这一环节是"三段八环"非主流作文教学模式的核心环节。

二次创作和二次批改：在学生自主学习、小组合作和教师引领的基础上，让学生对自己的作文进行修改，即二次创作，以检验学生的自学效果。学生二次创作后，再进行生生互评，交流讨论，互帮互助。然后小组内评出修改后的优秀作品在班内展示，让学生体会到成功的喜悦，激发他们学习的积极性，提高他们的学习兴趣。

教师引领，下水文展示：在学生作品展示和师生点评后，教师再展示自己的下水文，身体力行地进行示范，真正发挥榜样的作用。这样，经过教师方法的点拨，教师下水文的引领，学生可能就会有一种茅塞顿开的感觉。

学生三次创作和课下誊写：教师引领学生进行课堂小结，归纳所学知识，强调写作重点，提醒注意事项。在此基础上，学生可根据教师的要求继续对自己的作品进行微修改，并在课下誊写到作文纸上。

三、"三段八环"非主流作文教学模式的教学策略

"三段八环"非主流作文教学模式的确定，符合语文新课程标准和统编语文教材对学生作文教学的要求；符合"先学后教""以学定教""自主合作探究"等现代教学理论；彰显了作文教学实践性、互动性等原则。"三段八环"非主流作文教学模式是一个完整的课堂教学系统，从教学活动的启动到结束，既有教师的点拨、引导、讲解、总结，又有学生的课前自主

写作、生生评改、交流互助和自我反思，教材的主导作用、学生的主体作用、教师的助推作用得以充分发挥。学生对写作知识的学习吸收，由低到高，由少到多，循序渐进，层次分明，重点突出。

1."三段八环"非主流作文教学模式让作文教学教在当教之处

"三段八环"非主流作文教学模式，很好地解决了作文教学的起点在哪里的问题。

语文教师，都非常清楚地知道作文教学在语文教学中的重要性；在写作教学中，大多数教师在思想上比较重视，也能认真研读教材，并且能搜集一些提升学生写作能力的资料。但在具体的作文课上，却是老虎啃天，不知从何处下手。习作训练目标不明确，课堂效率也就不会高到哪儿去。我们的学生从小学开始学说话，学习写作文，他们在写作技巧、谋篇布局、素材选择等方面，都有自己的"痕迹"和自己的经验，而不是白纸一张。因此，写作训练的最好做法，就是教师在课前先安排好学生进行初次写作。这时，教师不必提过多的要求，诸如如何审题、如何选材、如何构思、如何点题等，只是让学生知道写什么、怎么写就可以了。学生写完之后，教师要及时收起来，认认真真、仔仔细细地对学生作文进行批阅。批阅的目的是发现学生习作中存在的问题，并且对存在的问题进行梳理。本单元习作的训练点和学生写作中暴露出来的问题，就应该是本次作文训练的教学目标，而这种教学目标才是最适合学生写作训练的目标，它接地气，也有时效。倘若不顾学生的学情，缺少对学生在作文某种能力上缺失和不足的预判，学生只是被动地被老师牵着鼻子走，课堂效率肯定是低的。因此，作文教学训练目标的确定，应建立在充分调研的基础上，通过学生的习作实践，了解学生写作中的问题，再结合单元写作训练要求，生成符合学生需求的写作教学目标，作文教学就教在当教之处了。

2.切实发挥了学生在作文教学中的主体作用

课前学生的"裸"写作、课上学生对习作技巧和写作知识的自学以及运用所学知识进行二次、三次创作等活动，均极大地调动了学生的学习积极性，唤醒了学生思维深处最迫切的需求，都十分有效地提升了学生合作探究的能力。

俗话说，好文章是改出来的。学生可能对自己作文中存在的问题浑然不觉，这时，教师运用各种各样的方法，通过学生的自评自改、小组互评互改，以及教师的点拨，充分调动学生运用教师所讲知识进行作文修改的意识；唤醒学生的创造性思维，提升学生的写作水平；在互批互改和相互赏析中，交换了写作体验，提高了自己的写作技巧。这个环节抓好了，学生的作文就会有质的飞跃，就会给教师一个个意想不到的惊喜。

3.通过教师下水文展示，体现教师在写作教学中的助推作用

有时，学生也意识到自己的作文存在着不少问题，但如何修改，从哪儿修改，学生是一脸的茫然。这时，作为教师就要亲自尝试，运用自己的下水文，身体力行地进行示范，真正起到榜样的作用。这样，经过教师方法的点拨，教师下水文的引领，学生可能就会有一种茅塞顿开的感觉，学生可能就会产生二次、三次创作的欲望和激情。这样，学生的作文在一次次修改中渐趋成熟、渐趋完美。

"三段八环"非主流作文教学模式的构建和实施，进一步深化了语文新课改理念，优化了教学过程和方法，改变了传统作文教学的弊端，使"先学后教""多学少教""合作探究"等先进理念在作文教学中得以很好地体现，极大地提高了作文教学效率、学生的写作水平和写作能力。围绕提高教育质量这一中心任务，立足学生"语文核心素养"的培养这一根本目标，我们将不断完善和丰富这一作文教学模式，让我们的作文教学和作文课堂焕发出更加奇异的光彩。

聚焦课堂教学中几种新的不和谐现象

　　新课改实验启动以后，新的教学理念给课堂教学带来新的变化，特别是我们实施了"课堂教学创新年"后，新的教学理念推进了教学方法、教学手段、教学思路、学生观等的转变，并且在课堂教学中得以体现和落实。主要体现在：学生参与面明显扩大；课堂教学中学生的自主意识得到尊重，自主活动的空间、时间在不断扩大；课堂的开放性，教学目标得以落实；教师对结论性知识的灌输明显减少，对科学探究方法的教育更加重视。提出问题作出假设，小组合作，自主探究，得出结论，已成为课堂教学过程的基本环节。但是，由于不少教师受传统教学理念的影响较深，对新课改实验的要求理解得不透彻，理念不能很好地指导平常的教育教学，导致在课堂教学中出现了一些新的不和谐现象：小组合作学习流于形式；追求创造个性，由原来的"教师为中心""课本为中心"走向"轻师""轻书"的极端；"自主—合作—探究"的教学原则已作为新课堂教学理念为绝大多数教师所接受，但在实际操作中，很多教师仍"霸占"着课堂，"侵占"着学生的思维空间；课堂设计不足，多媒体来补——多媒体的不当使用，带来课堂的新弊端。现结合实际，对此进行分析。

一、小组合作学习流于形式

　　合作学习是新课程倡导的学习方式，小组合作学习则是最常见的方式，许多教师都在尝试。其中，大多是按优、中、差各占一定比例进行划分，形成了学习小组，安排组长、书记员、中心发言人等。有的教师为了便于讨论，把小组座次进行调整，为每小组划定区域，面对面而坐。但这种课堂讨论的形式在实际操作中却遇到许多困难。例如，在课堂讨论的过程中，一些学习基础好的学生常常抢先把自己的意见说出来，使基础较差的学生失去了独立思考、发表意见的机会；问题被布置下去进行讨论时，小组内没有很好地协作，程度好的学生与程度好的学生讨论，程度较好的学生与程度较好的学生讨论，而为数不少的"差生"仍是"看客"……久而久之，小组合作学习沦为形式，部分学生又回到被动学习的老路上去。另外，有的课堂讨论形式单一，学生渐渐对讨论产生厌烦情绪，失去了研究问题、发现新知的兴趣。

解决这种不和谐现象的方法是，首先，对小组合作进行动态管理。小组的成员要动态编排，小组组长、中心发言人、小组讨论的形式等，都要进行动态地调整，这样便于增强小组成员的新鲜感、责任心，使学生有更多的机会了解他人；也可以打破组内长期形成的个别学生做主角，其他学生永远处于配角位置的不良状态，给每位学生提供平等发展的机会；同时，也便于活跃学生的思维，便于学生创新。

其次，教师要努力让小组合作学习养成民主协商的风气。讨论前，小组成员先独立思考，把想法写下来，再分别说出自己的方法，其他人倾听，然后讨论，形成集体意见。这样，小组内每个成员就都有了发言的机会和思考的时间。

最后，小组内要互相提问，这样利于学生发现新问题。在教学中，我们要求学生在学习课本知识的基础上互相提问（小组内或小组间）。竞争是人的天性，学生在提问时非常期望能提出难住对方的问题，于是他们会很认真、仔细地进行阅读、自学，有的甚至会触类旁通，与其他学科、课外知识等联系起来。学生思维被自然而然地激活了，讨论问题的兴趣也就增强了。

二、"轻师""轻书"

传统的教学过程中，教师是课堂教学的主体，教师把学生的思维流程完全控制在自己的手中，学生课堂学习的主体地位被剥夺，这导致他们学习的自主性、积极性、创造性消失。同时，在教学过程中，教师视课本、教参为金科玉律，照本宣科，只注重知识的传授，忽视能力的培养。

但是，随着课堂教学改革的深化，一些教师为追求对学生创造力的培养，在教学过程中走向了另一个极端："轻师"——严重淡化教师的主导作用；"轻书"——削弱了对基础知识的学习。很多教师盲目省去了必要的知识传授、点拨和讨论，忽视了学生对课内外知识的广泛研究和积累，只是"放开两手"，一味鼓励学生创新。我曾听一位青年教师讲授的《故乡》的第一课时。教师导入后，让学生阅读全文，重点体会"我"与闰土的性格、命运，表演一个"我"与闰土一年后相聚、一同逛农村大集的短剧。教师事先准备了香炉等道具。5分钟时间准备后，表演开始了。表演的内容五花八门：有的学生竭尽想象，用粤语对话，中间穿插流行歌曲演唱，而且从"我"和"闰土"的口里，时常蹦出诸如"打的""下载""伊妹"等词语，引得课堂上一阵阵发笑，课堂气氛似乎很活跃……

其实，教师这样构思课堂是可以的，它是教师尝试创造型教学的体现。但这节课最大的失败就在于忽视了教师的主导作用，没有很好地引导学生把握时代的背景，充分理解"我"与闰土，特别是闰土的性格，忽略了课文内容，忽略了对课文的整体感知，没有引起学生对文章的共鸣。当然，这种"创造""创新"就成了无本之木、无源之水。

实践证明，在教为主导、学为主体这对关系中，在"导"的阶段，我们认为教师必须是该角色的"主体"，谁也无法替代。同时，通过创造性的教学设计，能以丰富的知识和灵活多变的教学方法吸引住学生，充分调动起学生参与学习的积极性和主动性，为学生创造更多的自主思考感悟的空间，从而提升学生的各种能力。

再说"轻书"。我们认为鼓励学生创新，落实新课程标准，丝毫不能削弱课本，即基础知识的作用。扎实的基础知识，是学生创造的源泉。基础知识与现实生活的融合，对学生个性的塑造、创造能力的培养至关重要。学生学习函数知识，在于培养学会运用变量的思维方法；学习历史、地理，在于培养辩证思维、全球意识、环保意识等；阅读文章在于提升人文素养，形成良好的品格。因此，基础知识的传授以及对学生基本技能的培养还要加强。只不过，在对基础知识的传授中必须以引导学生自主学习、自主探究、自我领悟为教学原则，彻底改变那种手把手教和"满堂灌"的授课方式。

三、教师"霸占"课堂，"侵占"学生思维空间

1. "满堂灌"变成"满堂问"，教师严格按照教学流程控制课堂

传统教学形式"满堂灌"早已成了过街的老鼠，因为它完全剥夺了学生的思考时间，侵占了学生学习的主体地位。为了归还学生的主体地位，调动学生的学习积极性与学习兴趣，调动学生去积极思考，鼓励学生发现问题，提出问题，有些教师把"满堂灌"变成了"满堂问"。一节课中，教师不停地提问，往往不考虑这些问题的难易程度，对能否激疑启智，能否唤起学生对知识的体验和感悟，教师也无暇顾及。有时，教师也放手让学生去自学，鼓励学生去提问，但不管学生提出怎样的问题，教师仍是按自己设计的教学程序、教学目标进行授课，学生质疑提问只是课堂教学环节中的一个摆设。

教师严格按计划好的教学流程操纵课堂，不敢深入接触学生提出的问题，特别对于自己备课中没有想到的问题，不敢让学生讨论，担心完不成教学任务。其实，如果认真阅读一下《人民教育》2002年第10期刊登的《一堂"失败"的好课》、《人民教育》2003年第3～4期刊登的《为学生的认知搭桥——有感于〈一堂"失败"的好课〉》（以下简称《为》），我们便会得到这样的结论：尽管这课堂在教师眼里失败了，因为该教师没有

完成教学任务，学生没有按照她的设想完成既定计划，课堂实效与备课时的期望完全不同，但正如《为》文所言："其实，这堂课是难能可贵的。在新课程的推进中，她迈出了第一步。正如罗老师所说：'……学生说，老师听，这方是新课堂。学生说对说错是一回事，敢不敢让学生说又是另一回事。教学要走出新路，必须要有勇气。'可以说这堂课绝不是给别人看的，从教学过程看，学生和教师都已进入角色，他们都在动脑筋积极思考，也留给学生充分的思维空间……这不正是我们所需要的吗？"

封杀"满堂问"并不是禁止课堂提问，好的课堂提问能激起学生的问题意识，能够激疑启智。关键是看问的时机是否成熟，问的难易是否有梯度，问的密度是否适当。滥问、瞎问、不着边际地问，只能使学生疲于应付、无所适从，最终使培养出来的学生思维肤浅、幼稚、平庸。

随着教学改革的不断深入，学生能否自主、高质量地提问，已成为衡量一堂课优劣的标志之一。鼓励学生提问，增强学生的问题意识，除了教师精心设计高质量的问题来激疑启智外，还需要教师为学生创设宽松的课堂环境，放手让学生自主阅读，自主操作，自主走进教师创设的问题情境中……由于篇幅关系，本文不再赘述。

2. 侵占学生的思维空间，学生仍是课堂的"奴隶"

下面先来看几个课例比较。

听语文课，同样是解决生字词，一位教师让学生按照预习提示中的要求找出课文中的生字词，另一位教师则是要求学生根据自己的实际情况找出不熟悉的字词。结果，前面一节课学生找的生字词完全相同，而后一节课中每一位学生找的生字词却大不一样。

听地理课《中国的矿产资源》，主要矿产资源的分布识记是本课的重点与难点。一位教师给学生出了一个歌谣："大同阳泉西山，阜新峰峰开滦。鸡西鹤岗德川，还有淮北平顶山。"而另一位教师则让学生根据自己的实际情况确定记忆方法。对比结果是两个班的学生都背会了这个知识点。而后者，许多学生设计出不同的歌谣、快板，更加让人兴奋的是有个学生把上述地名连同对应的矿产编成了一个诙谐幽默的小故事。

听了《春》和《周总理，您在哪里》两节语文课，遇到了两种完全不同的教学情形。

讲授《春》的教师以歌曲《春天在哪里》导入，教师朗诵课文，让学生整体感知课文。然后用多媒体放映了六幅精心设计的图画，接着就让学生对照课文分别找出"春花图""春草图""春雨图"……学生讨论得很热烈，但在对一幅图片到底是"春草图"还是"春雨图"的讨论时，教师与许多学生的意见产生了分歧，最终通过教师的反复放映对比，学生们"确认"该图就是教师所说的"春草图"。虽然教师的教学设计按备课的意图得以实现了，但"一千个读者便有一千个哈姆雷特"，该教师的做法把学生的思维、想象空间限制了。

另一位教师讲《周总理，您在哪里》时，用一位诗人在巴黎朗诵《周总理，您在哪里》这首诗引起强烈的轰动的事例导入新课，然后让学生闭上眼睛听教师配乐诗朗诵，并且要求学生用自己的语言描绘他们到底看到了什么。朗诵把学生带到了悲痛的情境中，他们和诗人一起在高山、大地、森林、天安门广场寻找敬爱的周总理。朗诵完了，教师问："同学们，你们看到了什么？""全国人民都在寻找周总理。"教师问："周总理在哪里？"学生含着眼泪答："在农民中间""在工人中间""和战士们在一起"……接着，教师让学生用自己的语言进行了描绘，师生共同融入了课文当中，很多听课者与学生是流着眼泪听完、学完这节课的。

在新课程理念的指导下，教学过程不再是一个同步的思维过程，而是一个异步的、发散式的思维过程。不同的学生沿着不同的学习路径完成学习目标，学习者获得知识的多少取决于学习者根据自身经验去建构有关知识的能力，而不取决于学习者记忆和背诵教师讲授内容的能力。新课程理念提倡一种更加开放的学习，提倡归还学生的思维空间。

四、课堂设计不足，多媒体来"补"

网络和多媒体运用时代的到来，对于教学无疑是一场革命，深刻地影响着教育行业。作为一名教师，若不懂多媒体，不会使用多媒体，那就是一个落伍者。但近来我发现，一些青年教师在运用多媒体进行教学时，不是把多媒体作为教学的辅助手段，而是把它作为课堂教学的主要内容，用冷冰冰的机器与学生交流。教师事先准备好的录像、音乐、图片塞满整个课堂，阻塞了学生的思维，带来了新的弊端。

其一，单一的人机交流妨碍了师生之间的互动。

由于教师完全指望通过多媒体这一媒介来实现知识的传播和对学生能力的培养，教师关注更多的是多媒体的操作和教学内容的演示，忽视了师生间信息、情感的交流，不利于人文素养的养成。

其二，固定的教学程序，导致学生思维单一。

现在的一些教学，教师为了更好地利用多媒体，教学目标、教学环节、图像、音乐都是自己设计的，学生根本不可能参与，这就像教师自己盖了一所房子，学生喜欢与否都得进去住一样。另外，在这样的教学设计中，学生的一切思维触角和因子全部指向教师，指向教师选择的课件中的图片、音乐等，学生会毫无个性思维可言，毫无创造力可言。

多媒体不是不能使用，而是应该用得恰如其分。

北京十一学校校长、潍坊市教育局原局长李希贵说过："眼里没有学生的教育，还算是教育吗？忘记了学生的教师，当然不能称之为教师。"解决课堂教学中的不和谐现象，真正落实新课程标准中的相关理念，我们还得老话重提，就是在课堂教学中、在一切教育中都得体现"以人为本"。

学本课堂视野下的语文课该这样上

当前语文教学出现两个极端，一个是填鸭式教学现象，课堂上还是"老师讲，学生听"，老师播放多媒体课件，提出琐碎的问题让学生回答，导致学生对课堂没有兴趣、效率低下或者听不懂的学生直接昏昏欲睡；另一个极端是放羊式教学，老师不做任何指导，任由学生自由发挥，导致学生偏离方向、没有重点，甚至一些学生自我放弃。教学的本质应该是教师引导，点燃学生的学习热情，促进学生学习，学生应该是课堂学习的主体，是学习的发现者、研究者和探索者，真正的语文教学课堂是师生共同围绕问题，通过开展自主合作探究活动，来促进学生在课堂上真思考、真交流、深度学习。

一、确保结构化预习的效果

结构化预习是学生在语文课前进行的目标、任务明确的预先自学，学本课堂的基础就是有效的预习。为了帮助学生有效自主预习，教师需要给学生提供预习的工具，"导学单"就应运而生，导学单一般包括预习目标、关键问题、预习评价、我的问题等内容。应准确把握学情、重难点知识、认知规律等，从而有依据地确定学生学习的目标和学习方法，帮助学生明白为什么学、学什么、怎么学。精心设计预习评价中的问题是非常重要的，应遵循"趣味性、涵盖广、有层次"的总要求，体现"知识问题化，问题探究化，探究层次化"的要求。比如在《老王》这篇文章的导学单中我们教研组设计了以下几个问题：本文介绍了关于老王的哪些情况？从中你感受到老王是一个怎样的人？作者是如何用善良体察善良的？

努力引导学生进行结构化预习、主动预习、高质量预习，导学单的问题一定要有目标性，有层次性，而且不宜过难，让各种水平的学生都能养成预习的好习惯。

二、提升小组合作交流的质量

精心组织合作学习的活动。首先，组建好合作小组：小组由不同语文水平段的成员组成，组员有明确分工，各司其职。组建小组的目的是增强组员积极参与小组活动的意识，共同提高语文水平。

其次，语文小组间的合作不能只体现在对导学单问题的理解、学习上，还应该在朗读、课本剧等各个方面进行合作。比如我们在学习《春》这篇课文时，就小组内合作朗读设计了几个活动，不同的小组完成不同的朗读活动，如：练习重音的小组通过探究，重点朗读的词有叠词、ABB 结构词、动词、数量词等；练习停连的小组也找到了规律，"看，像牛毛，像花针，像细丝，密密地斜织着"，在第一个逗号处停顿，在第二、第三个逗号处都连读；等等。学生们通过合作探究朗读，收到了良好的学习效果。

良性的小组合作交流也离不开老师的指导。小组内合作交流时，教师要融入小组交流中，及时了解学生的学习动态和问题，及时给予个别指导和全班层面的指导，让他们从宏观和微观两方面考虑，鼓励他们多质疑，在课堂上不断生成新的问题，进行深度学习。同时，一定要多对小组内的后进生给予充分的关注，可以在课前就对他们进行指导，或给他们"小纸条"，让他们先接触到学习的知识。上课时，让这些学生发言，汇报讨论结果，要给他们创造机会，提高他们学习的信心。

三、及时反馈评价，强化合作意识

及时反馈评价对小组合作学习起着指引作用。及时的反馈，有利于让各个合作小组充分展示自己的研究结果；恰当的评价，能大大提高小组成员的集体意识，减少竞争，增加合作，提高学生合作的积极性和有效性。

所以，我们要定期评价小组合作学习的成果，检查小组功能发挥得如何，让学生知道自己小组的水平，让他们在合作学习的过程中掌握合作学习的方法，认识到小组是一个学习的共同体，及时了解小组内成员的动向。

反馈包括两方面：一是教师给予的反馈，二是小组成员给予的反馈。学生刚开始对于同学之间评价反馈，可能不会或积极性较低，这个时候教师一定要给予指导，鼓励学生大胆地点评，整理思维路线，总结学习方法，找到正确思考问题的方法，提高解决问题的能力。经常让同学之间进行评价，养成习惯，既可以让答题的学生对自己的情况有所了解，也可以锻炼评价和总结能力。

四、语文学本课堂就是合作学习语言

"语言教学，是中学语文教学研究中最为基础的课题，是语文日常教学中的重头戏"，学本课堂视野下的语文课也必须注重学生的语言积累。首先，要多读多背，规范语言习惯。读和背是学习语文的基础。有感情地朗诵课文，有助于形成良好的语感；多背能锻炼学生的记忆力，打牢语言基础。其次，在教师引导下，学生们能够主动发现自己语言与课本语言的差距。积累语言经验，可以通过课前展示课文中的句子或片段，或比较句子的不同等，让学生自主发现问题，缩小学生语言与课本语言的差距。学本课堂非常强调学科特性，要以"语文的方式"进行语文学习，突出整体感悟，多运用朗读感悟、句子赏析、合作探究、质疑提问、视角分析、意象推敲等语文学习方法。"有效的语文课堂无不首先把语言文字作为研究、剖析、鉴赏、学习的重要对象。"

一堂真正的好课，应该是上着上着老师不见了，变成了课堂的"导演"，给予学生指导和示范，引导学生自主、主动地开展学习；学生担当演员的角色，按照老师的指导和示范，自己去模仿和创造性发挥。这样，学生参与课堂的积极性才能大大提高，使学生爱学习、会学习。

做"读书的种子"，语文教师你准备好了吗

我们知道，大力培养学生的阅读能力和阅读兴趣，是语文教学的"牛鼻子"。但是，我们语文教学的现状依旧令人担心，40多年前吕叔湘先生批评语文教学存在"少、慢、差、费"的状况，这种情况至今没有根本改变。

近日，我再次阅读语文统编教材主编温儒敏先生的《老师不读书，怎么可能教好语文？》一文，感触颇深。温先生在文章中着重指出，语文教学要真正实现"读书为要"，就要抓住培养读书兴趣这个"牛鼻子"，那就是——语文教师自己先要喜欢读书，把读书当作良性生活方式，成为"读书的种子"。

语文教师要做"读书的种子"，从事语文教学的各位同人，你准备好了吗？

一、语文教师做"读书的种子"，是适应统编教材的根本需要

2016年秋季，我们就拿到了统编语文教材七年级上册课本。作为一个从事中学语文教学和语文教学研究二十五年的教师，我拿到统编语文教材的那一刻，就对它一见钟情，一种幸福感油然而生！因为这套教材在编写理念、学生核心素养培育、一线教师的可操作性等诸方面，与原教材相比，都发生了革命性的变化。

1. 从教学内容的变化上看，语文教师必须要读书，做"读书的种子"

统编语文教材以立德树人为宗旨，利用语文学科善于熏陶、感染的特点，将社会主义核心价值观化为语文的"血肉"，对选文进行了认真细致的调整，所选文本人文性更强。语文课是对学生人文性教育和熏陶很强的课程，语文学科的这种特性，对语文教师的学养以及人格素养要求很高。而语文教师学养和人格素养的塑造，很大一部分来源于读书学习。学养和人格素养，既是我们教书育人的需要，也是教师自身精神成长的需要。所以，无论教学任务多么繁重，教学生活多么繁忙，我们都应该留有一块属于自己的读书空间，哪怕是一块不长的"书架"、一张不大的"书桌"和一间并不宽敞但不受外界干扰的"书房"。语文教师只有喜欢读书，多读书，让自己在专业方面有一定的研究，有自己的专长，有自己的发言权，才能顺利完成自己的语文教学，润物无声地提高学生的人文素养；同时也让自己保持思想活力，成就自己的职业幸福感。

2. 从统编教材编排结构和教学目标的变化上看，语文教师要努力读书，成为"读书的种子"

统编教材采取"语文素养"和"人文精神"双线组元的方式编排。在删减部分课内阅读篇目的同时，延伸阅读的文章数量大增。努力让语文课向课外阅读延伸，向学生的生活延伸，解决他们不读书、少读书问题，有利于解决当前学生只读教材和教辅，很少读课外书，语文素养培育无从谈起的"老大难"问题。把课外阅读纳入课堂阅读教学的体系，课外阅读不是完全放手，教师在日常的阅读教学课堂上应该也必须有所作为。而语文阅读教学必须大力推行"1+X"的教学方式，必须成为一线语文教师教学所遵从的圭臬。

同时，统编语文教材加大了课型的区分，原来教材的基本结构是"精读—略读—课外阅读"，统编教材的基本结构是"教读—自读—整本书阅读"。这样一种结构上的变化，给我们传达了一个非常重要的信息。精读、略读主要还是专注于阅读的内容，精读就是要把文本读深、读透、读通，略读就是择其主要，观其大概。而"教读、自读"更多关注的是读书方法的使用、阅读策略的选择。所以，统编教材传递给我们的一个最重要的信息就是，语文教学最主要的目标是要让教学生学会读书、喜欢读书、读一定数量的经典书。从这些教学目标的转变上看，我们语文教师就会明白，如果我们不会读书，不喜欢读书，我们没有一定的阅读积累和成熟的阅读方法，我们就不能适应新编教材的角色转变要求，就不能成为适应这次语文课程改革的合格的语文教师。

3. 从语文学习的方式和语文教学的规律上看，语文教师必须多读书，做"读书的种子"

语文学习的途径主要有两条，一条是操练，另一条是习得。靠"操练"，根本不能提升学生的语文核心素养，所以必须靠"习得"才能完成。

所谓习得，就是通过大量阅读、涵养、积淀，逐步提升学生的语言文字的运用能力，提升学生的文化、文学素养和审美追求。学生的语文素养尤其是文学素养、审美情趣、鉴赏水平，那是无法通过直接的训练获得提升的，它必须通过大量的阅读，丰富的语文实践，内化而成。因此，那种通过大量习题训练、搞题海战术以及教师照本宣科的"满堂灌"，教师是教不好语文，学生是学不好语文的。所以，我们广大的语文教师只有努力读书，多读书，真正成为"读书的种子"，才能把读书的种子播撒在广阔的语文教学的原野上，把读书的习惯和方法播种在学生的心灵中，最终收获沉甸甸的果实。

二、语文教师做"读书的种子"，成就每个人精彩的教育生命

我们都知道，要想教好语文，语文教师必须要多读书。但是，当下有很大一部分语文教师以生活节奏快、工作压力大为由，根本不去读书；很多语文教师也读书，但读的主要是与专业需要相关的实用的书，上课用得着了，就赶紧找有关材料来读，赶紧到网上查；很多教师一年到头除了读

几本备课用的书，其他书很少读；有的教师或者只读点畅销报刊，或者大部分时间都在网上、微信上进行"碎片化阅读"。

1. 语文教师做"读书的种子"，就是让读书成为我们的一种生活方式

宋朝黄庭坚曾说："士大夫三日不读书，则义理不交于胸中，对镜觉面目可憎，向人亦语言无味。"我们这些做语文教师的人虽然不是什么士大夫，但要在讲台上生动活泼地讲课，就必须或多或少有点情趣，有点知识储备，有点"干货"才行。而"面目可憎"地面对自己的学生，只能招来学生、家长的厌恶，最终会被"赶下"讲台。所以，教师，尤其是语文教师，肚子里没有一点书撑着是不行的。

"茶亦醉人何必酒，书能香我不需花。"读书能够让我们站在更高的高度来看问题，从而少犯错误，少走弯路；读书开阔我们的视野；读书有助于我们树立正确的人生观；读书可以养性，可以练脑。读书不仅是能力，读书也是一种涵养，是语文教师必备的素质，更是一种高雅的生活方式。所以我们要支持并倡导读书，读万卷书，行万里路，做一个称职的语文教师，以推动教育事业蓬勃健康地发展。

2. 语文教师做"读书的种子"，就是会读书，让读书更好地服务语文教学，成就我们精彩的教育生命

读书要有定力。

读书不同于看电视、玩游戏，更没有打扑克、喝酒的热闹。读书需要静，更需要定力。读书要有"咬定青山不放松"的耐力；对于书籍要有"书似青山常乱叠，灯如红豆最相思"般的柔情；读书要有"万卷古今消永日，一窗昏晓送流年"的定力；读书还要有"书味本长宜细索，砚田可种勿抛荒"的细心。唯有如此，我们才能坐得住，读得下，钻得深。

读书还要有计划。

我们每个语文教师都应该有一个读书计划，有一份自己的书单，设定自己在几年内，应当读哪些书，让读书有系统性。书单的制定要考虑时间的安排，有可行性。

我认为语文教师有三类书必读。第一类书是通识的部分，主要是中外文化经典，是最基本的书。阅读的目的，是接触中外文化经典，感受人类智慧的结晶。这是一部分，量不一定很多。第二类是与自己职业相关的部分，语文教师读书的面应当比其他学科更宽一些。这样做的目的是打基础，拓宽专业视野，触类旁通，活跃思维。第三类书是核心部分。这一部分的书目主要围绕自己的专业，或者自己特别感兴趣，希望有所研究、有发言权的那些专业的书，比如《中国教育报》向广大语文教师推荐的顾颉刚《中国史学入门》、夏承焘《唐宋词欣赏》、王力《诗词格律概要》、李长之《孔子的故事》《鲁迅批判》、朱光潜《谈美书简》、朱自清《经典常谈》《论雅俗共赏》等。

当然，除了这三类书之外，还可以是一些消遣的、娱乐的书，但不应当是主体，也不必计划性太强。

读书还要会写读书笔记和读后感。

读书要有好的效果，思考是最重要的。把思考的结果整理出来，写成笔记和感想，既有助于思考，也能够帮我们记忆思考的结果，便于日后比较、综合、分析。

读书，犹如春日扁舟里的放歌；读书，好像夏季烈日下的间苗；读书，也似金秋田野里的收割；读书，就是隆冬炉火旁的倾谈。"做读书的种子"，是语文教师游刃有余地工作的需要；更是与学生共同成长，绽放精彩生命之花的需要。盼望每个语文教师都愉快地拿起书本来，多读书，多思考，多积累，用自己的教育智慧，在语文教学这条幸福的大路上，走得更坚实，走得更激情，走得更幸福。

在"语文主题学习"中实现海量阅读

——"语文主题学习"实验探究

撑"语文主题学习"之长篙，在大量阅读的长河里漫溯

——广饶县"语文主题学习"实验纪实

大力培养学生的阅读能力和阅读兴趣，是语文教学的"牛鼻子"。但是，我们语文教学的现状依旧令人担心。40 多年前吕叔湘先生批评语文教学存在"少、慢、差、费"的状况，这种状况至今未有根本的改变。为提升学生的语文素养，我们选择了"语文主题学习"实验。

2017 年 8 月 19 日，我们召开了全县中小学语文教师及学校教学负责人专题会议，统一思想，认识到大量阅读的必要性和重要性；然后观摩了华樾教育带来的部编教材与"语文主题学习"丛书整合的课堂，初步接触了"1+X"的课堂教学模式。

一、出台政策，让实验起步

实验之初，部分教师过去的教学观念难以改变，为了消除这部分教师甚至教学管理者的疑惑、抵触情绪，我们出台一系列政策、规定，明确课堂教学模式、评价方法，将主题阅读教学纳入学校的教育教学常规，将各单位实施主题阅读教学情况纳入对学校的教学视导、办学督导评价中。

将"语文主题学习"活动纳入学校工作计划和教学常规管理中，包括以下几点：

将"语文主题学习"活动纳入学校工作计划及语文教研组教学工作计划，要求各年级语文备课组根据年级特点制订相应实施方案并安排专门的丛书阅读课，保证学生阅读的时间，促进学生大量阅读。

将"语文主题学习"活动纳入学校教学常规检查之中，依据县教研中心下发的"语文主题学习评价表"对教师的个人教学计划、课文与"语文主题学习"丛书（以下简称"丛书"）阅读整合教案的数量等提出明确要求，规定每册语文教材每一个单元至少有一篇课文与丛书相整合，要在教案中体现是与哪篇（哪几篇）文章整合的，整合点在哪里。

重视集体备课、研讨，将丛书中的部分篇目与教材精准对接，确定教学内容及重点、难点，做好读（课本阅读）读（丛书阅读）结合和读（课本阅读）写（课堂练笔）结合。

要求各年级语文教师利用假期认真阅读自己所教年级的"语文主题学习"丛书，将丛书读透，为开学后将丛书与教材进行整合做好准备。为检验阅读效果，学校会在开学后的丛书阅读展示月活动中组织测试，了解语文教师阅读丛书的情况。

借助考查评比学校、期中期末教学质量检测、各种讲课比赛等指挥棒，在检测内容及各种讲课比赛中增加丛书阅读的分量，来促使学校师生改变观念。

期中、期末教学质量检测部分内容来自丛书，同时，语文学科讲课比赛也明确要求与丛书结合，如：语文优质课要求课堂上要有读读结合或者读写结合的内容；在课程资源评选中，专设"语文主题学习"研究项目。

出台《广饶县中小学语文"写好字，读好书，作好文，多积累"活动实施方案》（我们称之为"三好一多"方案），将"写好字，读好书，作好文，多积累"的语文教学目标，纳入学校课程建设和教学常规管理中。

针对"三好一多"方案，各个学校均采取了多种方式来拉动学好语文的"四驾马车"，如：大王镇中心初中的班级文化栏，专门开辟了"语文主题学习"丛书栏目，针对这四个专题，分别设置了"文苑撷英"（好书推介）、"妙手偶得"（作文园地）、"笔墨飘香"（书法阵地）、"背诵擂台"（记忆积累）等栏目，时时更新内容，极大地提高了学生学习语文的兴趣。各个小学都为学生准备了统一的日记本，便于要求、检查。每月都会利用升旗仪式表扬阅读明星、习作小能手……

在全县范围内检查方案落实情况，为了保证"三好一多"方案的落实，县教研中心制订了检查量表。学期末，名师工作室全体成员分成几个小组，奔赴全县所有中小学，对照量表逐一检查各个学校的方案落实情况，将检查结果纳入对学校的教学工作评价中。

二、搭建平台，确保实验工作平稳运行

"语文主题学习"实验工作开始后，我们又为教师搭建了许多交流、成长的平台，引导师生在活动中爱上阅读，在阅读中成长。

1.成立"语文主题学习"名师工作室，引导骨干发挥引领作用

选拔各学校骨干教师成立"语文主题学习"名师工作室，认真摸索实践课堂模式，然后以一带十，对整个学校的语文教学起到指导作用。各个工作室根据县教研中心统一安排，利用各自固定的研讨时间（每周三次，一次一小时），研究"语文主题学习"实验中遇到的问题，制订解决的方案并先行实践。实践一段时间后，县教研中心就组织工作室成员讨论、汇报指导学生读书的方式方法，如：如何指导学生阅读留痕，如何培养学生的读书兴趣，如何根据课文体裁的不同与丛书整合，整合的课型可以有哪些，等等。这样的活动常态化，隔上一段时间，布置一个专题来研究实践，再进行总结。就在这样的反复研讨中，工作室成员的水平在不断提高，这自然带动了所在学校的课堂阅读教学，使学生在课堂上读有方法、读有效果。

2.每学期召开一次现场会

为了确保"语文主题学习"实验工作稳步推进，发挥身边榜样的作用，县教研中心每学期都会召开一次"语文主题学习"实验工作现场会，全县

所有学校的教学管理人员和大部分语文教师参加现场会。现场会一般分三个环节：首先，在主会场集中展示两节丛书阅读指导课；然后，参加人员参观承办学校的"语文主题学习"实验成果（每个班都将学生的主题丛书、日记、阅读记录、班级检查记录等放到走廊上，备参观者查阅），随意观摩承办学校的丛书阅读课（全校所有班级都上丛书阅读指导课，对观摩者开放）；最后环节是所有与会人员回到主会场，总结一学期"语文主题学习"实验的成果，指出存在的问题及今后努力的方向。

3.有计划地进行课堂教学模式研究

课堂教学始终是语文教学的主阵地，为了发挥集体备课的作用，迅速帮助教师适应"语文主题学习"实验的课堂教学模式，县教研中心依托名师工作室，每学期每个年级规定2篇课文为各个工作室集中研讨的内容，一般分为工作室成员独立感悟文本、工作室成员群（微信群）内感悟文本、教学设计（课件制作）、磨课、录课五个步骤，然后将录制的课堂教学视频发送至广饶县教研网，供全县语文教师借鉴学习。

三、"语文主题学习"实验让语文教学回归原点

1."语文主题学习"实验切切实实让学生的语文学习回归原点

周国平先生说："事实上每个人天性中都蕴含着好奇心和求知欲，因而都有可能依靠自己去发现和领略阅读的快乐。""语文主题学习"实验遵循教育教学规律，强调让学生自主地进行大量阅读，为语文素养的提升打下坚实的基础。

2."语文主题学习"让学生学习语文的方式回归原点

李希贵校长说"语文是学出来的，不是讲出来的"。多年来，我们在课堂上对课文进行支离破碎的条分缕析，并反复训练。这种舍本逐末的做法"高耗低效"，导致语文教学举步维艰。"语文主题学习"实验引导老师不要讲得太多，主要让学生自己去学习，把属于学生的阅读权重新还给他们。实验不是倡导"举一反三"，而是"反三归一"；不是

分析训练，而是质从量出。"胸藏万汇凭吞吐""腹有诗书气自华"，有了一定数量的阅读和体验，就有了视野和见识的拓展，也就有了语文能力的提升。

3."语文主题学习"让学生语文素养培养回归原点

语文主题学习"从抓学生的阅读开始，通过课堂教学扩大学生的阅读量，增加学生的感悟和体验"，收效比较明显。经过一段时间的课堂大量阅读实验，我们的学生在课堂上表现出来的理解能力、口头表达能力明显增强。

教育的全部问题都可以归结为阅读的问题。"语文主题学习"实验使学生的阅读量不断增加的同时，学生的综合素质也得到了不同程度的提升。开展实验工作三年来，当看到学生在课堂上恰当地表达自己对语句的理解，你就知道了什么叫厚积薄发；当看到学生自如地交流彼此的见解，你就会明白什么叫"腹有诗书气自华"。

"语文主题学习"实验，让我们从固有的语文教学思维中走出来，就如从一潭死水中走进了"问渠那得清如许，为有源头活水来"的半亩方塘中，看到了"天光云影共徘徊"的美丽情形。在今后的语文教学实践中，我们将以学生为本，以教材为舟，以新课标为舵，以提升学生核心素养为帆，以中高考改革为风，撑"语文主题学习"之篙，引领学生在阅读之河里漫溯，让我们的语文课堂更加美好，让我们的语文教学更有魅力！

用语文主题阅读开启语文学习的幸福之门

几年来，语文主题阅读已经走进几千所学校。一路走来，我们领略了阅读路上的美景万千，在这条用绚丽铺就的路上，我们将继续砥砺前行。针对个人的教学实践和主题阅读经历，我谈一谈粗浅的感受和认识。

举一个例子：一个由不同身份的人组成的旅游团，他们之所以能聚在一起，是因为有人想去看美景，有人喜欢出来呼吸新鲜的空气，有人是因为迷恋景区的美味，有人是因为情侣的陪伴……一样的旅行，不同的需求，却能达到相同的效果，只要他们幸福、开心就行。可是，如果你让每个旅行者都去看蓝天白云，都去吃相同的美味，他们也许会怨声载道。

我们的语文课，不就是挖空心思地想让每个学生成为完美的角色吗？都会说、都会写。可是学生的学习兴趣却被忽视了，没有兴趣的学习只能被动、机械接受。实践证明，任何有创造性、对学生发展有长远意义的学习都具有游戏性、让人感兴趣的特点，当然语文课堂也不例外。我们为什么不能把语文课堂变成学生感兴趣的阵地呢？语文主题阅读活动正好填补了这一空白，来得正是时候。

实践中发现，语文主题阅读就像是一个喜欢读书的老师带领一群喜欢读书的学生在文字和思想情感的世界里旅行一样。钱梦龙先生说过："若能让学生爱上阅读，你便居功至伟。"北京大学陈平原教授在《一辈子的路，取决于语文》一文中谈道："中学语文课及大学人文学科，就是培养擅长阅读、思考与表达的读书人。"叶圣陶先生也说过："教是为了不教，教材无非是个例子，教师应该'用教材教'而不是'教教材'。"传统的语文教学大多是教师的一言堂，根本无法激发学生的阅读兴趣。教师精疲力竭，学生味同嚼蜡，因为教师讲的东西太深奥、太完美了，学生吃不消这顿"知识大餐"，我们需要变标准餐为自助餐。

我认为，语文主题阅读，应该围绕人文或者语用主题，把多篇文章、多种信息多角度地组合在一起，借助一篇精读课文，找准训练点，从而迁移到其他文章，运用学到的方法去阅读和写作，从而实现"一课一得"。这就要求教师在备课的时候找准切入点，提前熟悉主题阅读的内容，找准联系点、训练点、引导的方法等。

阅读，兴趣是第一位的，教师想办法运用多种方式，让孩子们手不释卷，乐于交流，乐于表达。不能用学习自然科学的方式去学习复杂多变、赋予情感、强调个人感受的语文学科，要让学生在书中遨游，读得多了，积累多了，沉淀多了，感受和认识自然深刻。

搭乘语文主题学习这艘大船，我们是幸运的。虽然对语文主题学习的认识还不够深入，但经过几年的实践，也有些许心得。以下是我采用的一些具体操作方法。

1. 文本与阅读丛书的结合

如果保守一点，可以运用"1+X+Y"（"1"是指每单元精选一篇讲读课文，对知识点、训练点进行深层次挖掘。"X"是指师生合作再找另外一篇课文学习。"Y"是指从丛书中选择在主题、写法、情感等方面类似的几篇文章来读，在阅读中感悟、联系、训练提升）的方法。

如果大胆一些，可以采用"1+Y"的样式，只精选一篇讲读课文，剩下的时间都用来阅读丛书。

2. 坚持"不动笔不读书"的原则

写读书心得。指导学生摘抄好词佳句，并在佳句后适当加上个人阅读的感受和体会，或对整篇文章写读后感。（主要是对人物的评价、感情的抒发、疑问阐发、联想和想象、比较阅读、个人见解等。篇幅和内容可以由易到难、由短到长、由简到繁。）

写生活观察和感悟。内容、题材、长短不限，书写认真、语句通顺即可，鼓励自我表达。那些"小小文学家"都是在自由的天地里捕捉灵感，创作出精美文章的。

3.坚持"随文练笔"

用在讲读课文中学到的知识和方法指导自己的主题阅读，然后进行写作训练，包括仿写、补写、扩写、改写等，课上课下都可以选择进行。比如：学完《白杨礼赞》后，联系《窗前的树》写自己熟悉的一种植物，可托物言志、借景抒情、运用象征手法，利用文中出现的修辞和句子仿写小短文、进行口头作文等。这样可以更好地提高学生的写作水平，达到学以致用的目的。

4.用比赛活跃课堂，丰富阅读

课前坚持开展一分钟朗读比赛、一分钟演讲比赛，锻炼学生的语言表达能力。也可以进行背诵比赛，把精彩的句子背给大家听，对它们进行适当的评价，还可以进行摘录展示或口头表达。让读背常态化，比赛习惯化。

5.阅读后的沉淀，读写结合

如果说读书是收集幸福，那么写作就是展示幸福。要让学生有幸福感，可以通过写日记和个人作品的形式来实现，因为沉淀是需要思考、需要安静的，日记和创作是很好的方式。周国平说，所谓的作家就是坚持写了一辈子日记的人。让学生建立自己的"文学小册子"，与丛书中的好文章进行对比。可以对好作品进行展示，师生范读。坚持"一课一得"的读书学习原则，不求所谓的完美，只求自我的突破，我读、我说、我感悟、我创作。

6.语文老师首先是一位读者、作者

老师要先于学生，有计划地完成6~7本书或者更多的阅读，写读后感、写批注并和学生分享，也要写自己的文章，让学生见识一下老师的文采。

7.课内课文、综合实践、作文课的处理

课内讲读课文。不可能再重新讲一遍，重点部分必须再次强调。本着精讲加提问的原则，用学案上设计的问题复习重点、用手头上的资料巩固基础、用各类测试检测不足、用拓展活动提高能力。具体操作的方式：生字词通过自学默写的方式学习，课文重点通过问题设疑巩固，教师利用自命题测试查找不足，结合语文主题阅读拓展知识面、提高读写能力。

语文综合实践课。利用课内、课外相结合的方式完成，引导学生主动参与，小组合作，最后展示交流训练，提高学生参与的积极性和实践能力。

作文。两周进行一次大作文写作，另加小作文（每周一篇周记）写作。大作文教师精批一半，另外一半指导学生互相批改。小作文可以以丛书读后感和周记的形式，每周最少写一篇，多者不限。

名著导读。利用双休日、小假期布置阅读任务，教师合作出测试题，利用部分阅读课和自习课进行测试以巩固内容，并写读后感进行交流。

8. 让学生当老师

韩愈曾言："弟子不必不如师，师不必贤于弟子。"语文课最忌讳老师的"一言堂"，学生的语文水平不是老师讲出来的，而是在读中感悟、在训练中不断提高的。每学期我尝试着选出班内几名语文素养比较高的学生，让他们分别担任不同的角色，给他们适当分工。语文老师扮演好观众，对学生实时进行指导和评价，激发他们的学习积极性，让语文课飞扬着激情，充满"赞许声""质疑声"和"掌声"。

语文的味道是读出来的，绝不是老师讲出来的。总之，要时刻以学生的自主学习和课内大量阅读为主，激发兴趣，选取恰当的切合点，以阅读为手段，不断提高学生的理解和表达运用能力。

在主题阅读的路上，我们都是跋涉者，相信语文主题学习的天地会越来越广阔。

"语文主题学习"丛书与教材整合的几点思考与探索

2017 年 9 月，新的学期又开始了。在我县教研室大力支持与宣传下，语文主题阅读"1+X"学习模式（课内一篇课文带几篇甚至更多文章阅读的学习模式）正式在全县中小学语文课堂教学中拉开了序幕。作为语文教师，一开始，对此可能感到很难驾驭，认为这样学习无论如何都上不完教材内容，只能跑马观花地上。虽然有不少疑虑和问题，但各校的实践给了我们信心。就这样带着憧憬，带着迷茫，带着问题，在聆听了专家报告、观摩了实验教师送课后，渐渐地对"1+X"课堂模式有了具体的认知。

为了既学完教材，又读完"语文主题学习"丛书，我们不得不改变原先课堂的学习模式。在近两年不断地摸索与尝试中，我们总结了"语文主题学习"最基本的"1+X"模式的几种用法。

一、从"1"中学方法，到"X"中去体验，强化训练，提升能力，这也是最基本的学习模式

我们发现这种模式适合说明文或者写法大致相同的文章。例如，我们学习八年级上册说明文单元时，通过学前测试，发现学生对说明方法及作用、说明语言的特征这两个知识点掌握得较好，而文章、段落的概括能力却很差（其实这也是每个年级学生的阅读弱点），另外，对常见的逻辑顺序辨析不清。据此，我们把说明文单元的教学目标定为"能够准确概括文

章、段落的中心内容，抓住说明对象的特征，并理清全文与局部的说明顺序"。在研读课文《中国石拱桥》时，我们就重点训练了内容的概括与说明顺序的辨析，并引导学生从中发现规律与方法，然后再指导学生从配套的语文主题学习丛书中选择相关文章进行阅读，如《秦始皇陵兵马俑博物馆纪游》《晋祠》等，重点训练说明内容的概括和说明顺序的分析，从而培养学生阅读说明文的能力。再如，我们学习茅盾的《白杨礼赞》时，学习的重点是白杨树的象征意义、欲扬先抑的写法，难点是象征手法的运用。通过学习本课，引导学生以该课为例学习理解象征手法、欲扬先抑手法的表现及作用，然后再由学生自学运用象征手法或欲扬先抑手法的文章——八年级上册配套"语文主题学习"丛书第4册中"善待生命"与"自然物语"单元的文章。学生们读了这些文章，对象征、欲扬先抑这种手法有了更深的感悟，进一步理解了"象征手法的运用要有所选择，要找准两种事物之间的共同点""欲扬先抑是感情的变化，来突出所写事物的特征及精神"这两个知识点的关键。这样的阅读，以"1"带"X"，通过学生对文本资源的挖掘，把它们联系起来加以思考，便能悟得文本的真谛和写法的奥妙，在扩大阅读量的同时，践行语文方法，形成学习能力。

二、从"1"中感悟主题情感，到"X"中体验同一主题的表达可以有不同的方式方法

如在学习《背影》时，体会到父爱的深沉与情感的表达方式。然后读八年级下册"语文主题学习"丛书第4册中"读懂父爱"这一单元中的几篇文章，并上一节"父爱深深深几许"的总结课，使学生明白同样的父爱深沉，可以选择不同的素材，可以有不同的写法，可以有不同的语言风格，等等。此时的"主题"学习是从多个层面、多个角度中选择出来的，可以是语言的品味、情感的探究、手法的鉴赏、写法的指导等。这一环节在提高学生的语文素养的同时，也要引导学生通过积极思维，理性地审视自己的精神世界，促进学生的个性发展。这不正是语文学习的一个终极目标吗？

三、从"X"的阅读中更好地学习"1"

在学习教材的"1"之前，根据教学目标和学生的实际，先阅读"语文主题学习"丛书中的"X"篇相关文章，了解相关知识，为学习教材中的"1"打下坚实的基础，加深对文本的理解。尤其学习文言文、古诗词时，涉及文本写作背景、作者生平的文章可提前阅读，从中找到走进文本的途径，加深对文本的理解。正如孟子所言："颂其诗，读其书，不知其人，可乎？是以论其世也。"比如学习李清照的《如梦令》《武陵春》《渔家傲》（虽然这几首词并不在一册教材中，但我们完全可以整合，对李清照的词进行集中鉴赏学习）之前，可读一读"语文主题学习"丛书中的《乱世中的美神》《从芬馨到神骏——谈李清照的三类不同风格的词》。读这类文章不是为了悟方法，而是为了了解人物，走进人物心灵，从而更好地理解作品。这比教师在课前或课上几分钟简单介绍写作背景及作者生平经历有用得多，并且也能提高学生学习的主动性。

在不断地学习与摸索中，我们的语文课堂在悄然发生变化——

课堂上，没有了教师对课文支离破碎的条分缕析、反复训练，有的是鼓励学生自主学习，不讲或少讲，把自由阅读的权利还给学生。我们还倡导随意任意地读，不拘一格地读，不知深浅地读，甚至是"连滚带爬"地读，从兴趣入手，慢慢积累。质从量出，有了一定的阅读量和阅读体验，就有了视野和见识的拓展，也就有了语文能力的提升。伴随着能力的提升，学生在课堂上的表现常常给我们以惊喜。

把课堂还给学生，并没有削弱教师的作用，教师的作用反而更大了，"1+X"课堂模式对教师提出了更高的要求。

1.需要教师更加精心地整合课堂

首先，确定教材中的"1"（这个"1"有时并非一篇文章，而是一类文章）要学什么，定好目标（切不可面面俱到，而要抓住最主要的训练点）；其次，教师先要广泛阅读"语文主题学习"丛书中的文章，挑选相关的

"X"篇目并提出阅读要求，找准找好契合点。这样才能触发学生思维的火花、灵感，使之碰撞产生最佳的阅读效果。其实"语文主题学习"丛书在编排上基本是教材的一单元对应一册，每一课对应几篇文章。文章的选择，有的是从人文角度选文，有的是从语用角度选文，有的是从情感角度选文，有的是从写作角度选文，有的互相交叉，有的契合度也不太高，这就需要我们广泛阅读，精心备课，需精读或泛读的文章，找准契合点、训练点。

2. 采用多种手段，抓住诵读这一"法宝"

我县在进行课改的同时，延续了往年"百篇美文"诵读的计划，不过现在是从"语文主题学习"丛书中甄选出文质兼美的文章或片段，要求全县各年级学生统一背诵。作为语文老师，我们都知道，"读过"与"背过"可不是一回事儿，所谓"腹有诗书气自华""熟读唐诗三百首，不会作诗也会吟"，都并不仅仅是"读"，而是"熟读"，"熟读"就是"记住"，只有记住的，才是自己的。一开始，大部分老师认为，这样做可能吗？学习教材就够难了，再加上这六本书的阅读，还得背诵，怎么可能？但事实证明，这是可能的！并且背着背着，学生学习语文的兴趣就上来啦。当然，我们在课堂上进行了多方面的尝试，和学生一起探讨不同的诵忆方法，如分层记忆法、想象记忆法、理解记忆法、猜想记忆法、填空记忆法、师生比拼记忆法、接龙游戏法，等等。总之，各种形式的读背没有消解掉学生的学习积极性，反而极大地激发了学生学习语文的兴趣，这应该是他们在诵读中感受到祖国语言文字尤其是古诗文的魅力了吧！通过这两年的努力，学生的整体诵读能力大大提高。以前一篇文章到手，读起来经常出现添字、漏字、错字，现在只要没有生字障碍，基本都能够顺畅地朗读。背诵能力也大大增强，一篇文章到手，不急不慌，有板有眼、有分有合地背诵。阅读速度也大大提高，以前讲的速读、精读、泛读、有选择性地读等方法在阅读中都得到了训练。因为能力不是讲出来的，而是练出来的，"读起来是没有错的"，现在看来，没有阅读的课堂是多么乏味呀！

3. 及时抓住时机，进行写作训练

我们的写作训练，根据单元训练点，结合"语文主题学习"丛书的选文进行，使学生有话说，有事写，有情发。如学习《白杨礼赞》这一课后，学生阅读了大量运用象征手法的文章，对这类文章的写法非常熟悉，我们再进行象征类文章的写作。再如，进行完《背影》引发的"父爱"这一主题的阅读之后，我们就写了关于"父爱"的文章，等等。通过一个阶段的训练，我们发现了一个可喜的变化，写作不再是令学生们头疼的事。学生"见多"自然"识广"，在写作章法上、文字表达上都有了一定程度的提高。冰心曾说："积累词语，像银行折子一样，存得越多，支取才会越多。"掌握大量的口语与书面语材料（包括词语、句子、诗词文章），应是语文教学的主要任务之一。离开了积累，说、写就成了无本之木、无源之水，要学好语文必须强调"积累学习"，积累到一定的量，学生自然会产生动笔写一点东西的冲动。

教师做好引导，助力学生阅读

　　"语文主题学习"在我县推广，是我县语文课堂教学改革的大事、幸事，是契合当前教育模式改革的功德无量的好事，更是改变教师教学理念、促进语文教师自我发展的有力推手。它很好地落实了以学生为主体、教师为主导，还语文课堂本真，在阅读中把握文章温度、了解作者情感的最初定位。

　　翻开某一年级某一学生的"语文主题学习"丛书，看到的是学生密密麻麻的红笔勾画和圈点批注内容，那红红的字迹几乎要将原文淹没。但仔细阅读，内容无非是"使用了动词，表达更准确""运用比喻，生动形象""总结全文，照应了开头"这类不咸不淡、无关痛痒的套话、假话，至于文章讲了什么内容，表达了作者什么情感，运用了什么写法的标注甚少；哪些是重点学习内容，与课内学习内容有什么异同，分别有什么表达作用之类的勾画、批注甚少。这样的批注完全是语文教师领着学生在应付检查。缺乏教师的有效指导，不能对丛书内容做有效的勾画和学习，不仅浪费了学生的时间，也消磨了学生阅读的兴趣，有百害而无一益，这也违背了我县引进"语文主题学习"的初衷。

　　用好丛书，应该从语文教师引导批注入手，从教材与丛书的契合点入手，整合课堂教学内容。在教好教材这个"1"的前提下，拓展延伸丛书多篇文章学习这个"X"，让学生在丛书上能够恰当留痕，从而让学生在教材学习与丛书阅读中穿梭自如……

一、教师的正确组织引导是主题阅读的根本

丛书的学习，关键在于语文教师的正确引导，让学生有兴趣学、想学，学得有想法。

1. 教师的自我阅读鉴赏引领很关键

想要激发学生的学习兴趣，课堂上的旁征博引不可或缺。当你在课堂上围绕课文，激扬文字，拓展课外知识的时候，可曾看到那一双双惊讶而又佩服的眼睛！他们惊讶于老师懂得真多，佩服老师见多识广，进而因佩服激发学习语文的兴趣，成功地迈出想阅读的关键一步！比如教学《白杨礼赞》，当学到"难道你就觉得它只是树？……难道你竟一点也不联想到，在敌后的广大土地上，到处有坚强不屈，就像这白杨树一样傲然挺立的守卫他们家乡的哨兵"时，我话题一转，著名歌唱家阎维文演唱的歌曲《小白杨》就是这样一位戍守边疆的战士的化身。我给学生讲解《小白杨》这首歌的由来，用其背后的故事让学生明白文中白杨树的象征意义，当时课堂上静寂一片，学生眼中满是羡慕与钦佩，那种感觉真的很好！

当然，要做到这一点，老师平时除了阅读期刊、文学名著外，更要对丛书进行细致的阅读，了解丛书的架构、编写意图、文章呈现方式，文章内容、主题写法，然后架设与课内文本内容的内在联系，将丛书内容融合到日常的备课中，融合到自己的课堂语言中，融合到对课堂教学环节和可能出现的问题的预设中，让自己的每一句话都不会脱离课堂、脱离教学重难点，做到有的放矢。

2. 课堂整合、比较归纳很关键

语文学习的关键就是学会阅读技能，提高阅读鉴赏水平。课内文本仅仅是掌握这种技能的一种工具，所以，放开手脚，大胆拓展迁移势在必行。日常学案备课中，课堂教学内容要按照单元教学要求有序进行，每节课训练点不要超过两个，然后在教师教读引领下，对丛书相关文章进行关联学习，让学生在对比中进行总结、反思，完成人文和语用知识的学习。

3. 各种评价机制很关键

学生按照老师的要求进行丛书的学习，最渴望的就是得到老师的一点点鼓励和表扬，使学生在肯定中保持高昂的兴致，获得前进的动力、克服困难的勇气……个人认为，这种评价还是以激励为好，读书不同于做数学题，做完一道数学难题还想做其他的数学题。读书是一个长期的过程，学生读一篇文章、两篇文章可能没什么感觉，更别说什么兴趣，甚至读上百篇文章也不一定有兴趣，因为要让每一篇文章都走进学生的内心不现实，让每篇文章都打动学生也不现实，它需要学生坚持不懈、持之以恒地去做、去思考，更需要老师不断的鼓励与引导。所以，这种评价应建立在学生自身的纵向比较上，而不是学生之间的横向对比上，要引导、激励学生培养学习习惯，增强信心，融入主题学习的大环境中。比如名著阅读中的"读书储蓄卡""丛书背诵内容通过人员一览表""丛书批注英雄榜"等系列评价一直在坚持，取得了很好的督促效果。

二、合理有效的阅读留痕是检验学生主题阅读效果的关键

圈点批注，是语文学习的重要手段，它能直观地呈现学习者的学习思路、学习习惯、学习收获和疑问，要想圈点批注取得较好的效果，可以采取以下办法。

1. 要教会学生留痕的正确方法

让学生接受读书留痕的习惯是一个艰难的过程。学生读书往往是走马观花，为此教师要在课堂上不断强调动笔、动脑、动手。要教会学生用不同的符号、正确的方式进行相关内容的圈点批注，批注内容包括标题、开篇段落、结尾段落、语言、结构等，批注的符号可以为横线、双横线、波浪线、方框、圆圈等。要统一批注的模式，比如比喻句的赏析、开头结尾作用的理解、人物形象的总结等，让学生统一在什么位置用什么颜色的笔进行批注，这样统一的好处，除了方便检查督促、学生之间便于交流之外，更能在教师的统一安排下培养一种解读的整体观念。这样进行一段时间

后，在坚持大框架不变的情况下，再让学生自由发挥。这样，既统一又有个性，整体与部分能够较好地协调推进。

2. 要将课上训练内容和丛书内容结合起来

要合理规划课堂内容，将课堂学习内容和丛书内容紧密结合起来，做到课堂知识的迁移，对丛书对应内容进行留痕学习。一方面能更好实现课堂效率的最大化，另一方面实现了学以致用的语文教学目的，同时也化解了学生嫌内容多不愿读、拿到文章不会读的尴尬。比如，在《三峡》的教学中，我将本课设计为三个课时，第一个课时为疏通文意，背诵课文，结合译文学习丛书中的《孟门山》《黄牛滩》《西陵峡》三篇文章中的写景部分。因为这几篇文章内容高度相似，学生运用在课文学到的方法可以快速理解丛书的文章。第二课时为赏析《三峡》的写景方法，体会作者情感。赏析写景方法主要从抓事物特征、正侧面描写、多角度描写展开，学习课文后，与《孟门山》《黄牛滩》《西陵峡》三篇文章在景物特点、写法赏析、主题情感等方面比较分析，寻找课文与丛书文章的异同点，让学生在类文阅读、分析中掌握写景方法及其表达作用。第三课时为学生的主题阅读，放手让学生阅读丛书中的文章。在阅读中对与课文有关的比如景物描写、正侧面描写、作者情感等句子进行圈点勾画，并总结文章主题、写法，让学生在自主学习中消化、吸收，从而提高学习能力。

3. 要让学生的读书有所得

俗语说，好记性不如烂笔头，做读书笔记势在必行。笔记可以设计为书名、作者、内容简介、精彩内容摘抄、我的感悟几个部分，让学生对读书内容进行理解留痕；同时为每个学生建立读书储蓄卡，让他们统计每周所读篇目、字数，然后由教师对记录情况定期作出评价与引导。通过摘抄、练笔、评价等留下阅读的痕迹，学生通过日积月累，聚沙成塔，从而提高课外阅读的质量。

4. 让活动为阅读留痕

读的是别人的书，学的是别人的经验知识，想要内化成为自己的东西，就需要在实际应用中融合。而最好的融合方式莫过于举办活动，比如读书交流会、演讲会、故事会，好书推荐、美文鉴赏、亲子阅读等读书展示活动，以此激发学生的阅读兴趣，培养阅读习惯。

教师对学生的学习起引领作用。让学生在主题学习中受益、收获的关键是教师思想的转变、行动的转变。这就需要教师勇担重责，激流勇进，积极地借鉴学习、交流沟通、融合创新，以自己的华丽转身赢取学生的改变、提高，换取语文课堂"读"的核心，领略中华语言文字的精髓。

语文教学中的"批注式阅读"探微

语文课程是一门学习语言文字运用的综合性、实践性课程，其作为一门重要的人文性与工具性学科，对学生的发展起着至关重要的作用。而阅读，是学生培养语感、提高思维能力与情感体悟的一条重要途径。没有阅读的语文是不完整的，也不能称之为真正的语文。

阅读是一件美好的事情，更是一件科学的事。"不动笔墨不读书"，不同阶段学生的阅读承载着不一样的任务，其所需的阅读方法也是不一样的。

一、"批注式阅读"的教学现状分析

在传统语文教学过程中，我们的语文教师急功近利，常把好的文章进行肢解，嚼碎了喂给学生。长此以往，学生的语感得不到锻炼，审美体验得不到提升。教师只是高高在上，对教学的把控处于一个僵硬的、机械化的状态之下，知识的传授存在着较为明显的单向输出的特点。试想，我们的学生没有对文章主题进行初步的感知，教师就按照自己对文本的解读或者是按照教学参考书的观点对学生进行灌输，学生能听得懂吗？这不是缘木求鱼又是什么？用这种方式来教学语文，是不利于培养学生的学习兴趣的。学生在学习的过程中没有自主思考的机会，这是导致当前阅读教学成效不尽如人意的重要原因之一。新课改要求教学活动突出学生的主体地位。在具体的实践过程中，我们每一位语文教师要设身处地替学生着想，努力提高学生学习的主体地位，让学生积极参与，真正地融入课堂教学的活动当中。带有灵性的语言如同天空的白云，随时在变化着，所以阅读文章要有自己的思考和想法，才能读有所获。为此，一篇精读文章，我要求学生至少做三处批注，每处不少于 50 字。批注的内容有对句子的赏析，也有对情感的分析，更有对文章主旨的理解。开始时学生是硬着头皮在做，随着时间的推移，习惯成自然，他们批注的内容越来越精彩。

批注式阅读教学尊重学生学习的主体地位，让学生自主批注，成为学习的主人。我们的教师则通过一些科学有效的指导，帮助学生感知文章的语言、内容，让他们明确文章的写作方法、主题、层次、结构等。这种阅读方式对于培养学生良好的阅读习惯有着至关重要的作用，对于潜移默化地提升学生的写作能力也是大有裨益的。

二、"批注式阅读"的应用思路

对于初中生来说，培养他们的阅读兴趣是非常重要的，因为兴趣是最好的老师。只有让学生对阅读产生兴趣，他们才能坚持阅读，假以时日，他们的阅读能力必将得到提升。在实际教学中，语文教师要让学生对于批注式阅读的形式有清晰的认识，教师可以在教学的过程中展示优秀的批注，给学生以启发。

低年级学生阅读留痕的方法以圈点勾画和简单批注为主，辅之以情感感悟。第一，圈点勾画法。如在教读六年级课文《草原》时，可让学生先自己阅读，用黑色笔画出自己喜欢的语句，在旁边写上自己喜欢的原因；随后，可在教师的指导下，用红色直线画出环境描写的句子，红色波浪线画出表达蒙汉情深的句子。让学生学会用不同颜色、不同形状的符号表示不同的含义，以便再次阅读时辨认。第二，简单批注法。在阅读时，让学生发现自己喜欢的字词、句子、段落，并进行标注、简析，如在《草原》中，找到环境描写的句子，在旁边批注上"环境描写"，以及运用了什么修辞手法或者表达方式等。第三，思维导图法。让学生在读懂文章的基础上，画制简单的思维导图，以帮助他们更深入地理解文章。

对于八、九年级的学生，阅读要求更高，所需阅读留痕方法也不同于低年级，要让他们学会深入阅读与使用规范、专业的语言进行批注。如阅读《故乡》这样篇幅较长的小说，即便对九年级的学生来说，也是有难度的。阅读这篇小说时，要在六、七年级学到的留痕方法基础上，批注得深入一些。第一，使用专业术语进行批注，如找到第一段的环境描写，不仅要写上"环境描写"，还要思考环境描写在此处有何作用，更要将自己的思考用规范的语言写出来。第二，学会跳读留痕，如在探究闰土变化时可用相同的符号将闰土的变化标记出来，并做成对比表附在文章中，便于查看。第三，有情感体悟与阅读总结。在每篇文章的最后，写下自己的情感体悟、阅读收获或者阅读反思，让精读每一篇文章都有自身的见解与收获。第四，探究写作思路，尤其阅读议论文时，探究作者的行文思路非常重要，这有助于学生理解文章，同时提高逻辑推理能力。

三、要给予学生充分的阅读时间

在"批注式阅读"教学应用的过程中，教师也要给予学生足够的阅读时间。学生有充足的时间阅读文本，才能熟悉文章内容，才能有真正的阅读体会。每一次阅读，都是读者与作者对话。读者只有沉浸在文本中，与作者同呼吸，才能体会到作者的情感，这样的阅读才是有效的。而在实际的教学中，教师为了提高所谓的课堂效率，没有结合学生的实际情况留出充分的阅读时间和独立的思考空间，导致部分阅读能力不佳的学生还没有完成阅读，就被老师带进教学思考环节。这样学生的阅读效果很难得到保障，当然，学生也不可能很好地对阅读体会进行反馈。只有让学生走进文本，在充分感知文本的基础上，才可能对其进行理解和思考，才能对其层次进行更好的体验和感受。一杯好茶，只有会品味，才能感受到其不同寻常，对于一篇文章也是如此。

在倡导学生阅读的今天，只有教师广泛涉猎，提升了阅读水平，有丰厚的文化底蕴，才有能力与水平教学生，在言传身教、潜移默化中，给学生树立榜样。阅读留痕是一种习惯，我们要做的是将这种习惯根植于学生的心田，让他们爱上阅读，激发他们的阅读热情，真正成为"腹有诗书气自华"的读书人！

只有让学生在文学的天地里驰骋，才能成为智者、勇者，将来的人生才不会迷茫。希望学生们多读书、多积累，扎实推进语文素养提升，博采众长，在文学的天地里快乐成长。

引导学生海量阅读，提高语文核心素养

语文学科的核心素养体现在四个方面，那就是"语言建构与运用""思维发展与提升""审美鉴赏与创造""文化传承与理解"。这四个核心素养层层递进，体现了语文学科由工具性到人文性的升华。教师是只教会了学生做题，还是教会了学生发现美、欣赏美、创造美，两种境界高下立判，而其区别的关键就是能否教会学生阅读。

一、中学生阅读现状调查

我从事初中语文教学近三十年，担任语文教研工作十多年，每年深入基层学校长达 150 余天，对学生的阅读情况了然于胸。虽然现在中学生的阅读无论从质还是从量上都有了很大的进步，但也存在不少问题。

（一）阅读的兴趣不够浓厚

兴趣是点燃智慧的火花，是克服一切困难的内在因素，是学习知识的动力。造成中学生阅读兴趣不浓厚的原因是复杂的：一是应试教育环境下，中考压力大，学业负担重，用于阅读的时间比较少。东营市的中考是分散进行的，所以每个年级都有中考任务。特别是考前会占用大量阅读时间来突击中考的科目。二是大众传媒极具诱惑性，手机、电脑、平板等现代化的电子工具，具有形象性、趣味性、生动性的特点，对中学生有极大的吸引力，客观上导致中学生对阅读产生了抵触情绪。三是家长提供给中学生的读物，总是以各种作文和学习相关的练习册为主，中学生真正喜爱的优秀作品很难走进他们的世界。四是传统的语文教学，大部分以分析为主，在不经意间破坏作品的美感，使学生对阅读逐渐失去兴趣。

（二）阅读的功利性太强

阅读本是一件令人愉悦的事情，它能丰富我们的精神世界，增强我们的精神力量，促进我们全面发展：丰富语言，创新思维，创造审美，传承文化。通过阅读优秀书籍，中学生可以受到高尚情操与趣味的熏陶，从而获得积极的情感体验，发展个性，丰富自己。然而目前老师和家长在为孩子们选择书籍时，目的性、功利性太强，经常用世俗的功利心态来看待作品，动不动就要与考试挂钩，一些优秀的作品却被当成"闲书"，被排除在阅读书目之外。这种短视行为没有看到阅读对中学生情感和人格发展的巨大作用，最后的结果是就算开展了课外阅读，学生也只能被迫去阅读一些与提高成绩直接相关的书籍，课外阅读也就成了一个空壳。

（三）忽视阅读方法的指导

教师培养学生的阅读习惯，应该引导学生使用正确的阅读方法。一些中学语文教师对新课改的目标内容和方法理解不够深入，即使有语文阅读教学时间，也不注重阅读方法的传授，导致中学生阅读的效果与预期有较大的差距。

二、中学生海量阅读的实现途径探索

（一）激发中学生对读书的兴趣

苏霍姆林斯基说："把每一个学生都领进书籍的世界，培养起对书的酷爱，使书籍成为智力生活中的指路明星。"《课程标准》也明确指出，要培养学生广泛的阅读兴趣。笔者认为培养学生们的阅读兴趣，应在教学中做到如下几点：

1.以身示范，做一个"腹有诗书气自华"的老师

要想让学生热爱读书，老师首先要热爱读书。让学生看到一个博览群

书的老师，学生产生敬仰之情，会自觉地向老师学习，产生阅读的兴趣。

2. 创设良好的阅读环境，激发学生的阅读兴趣

要想让学生爱上读书，就不能把读书当成一项任务，应该创设比较宽松的阅读环境，让学生觉得读书是放松，是一种精神享受。"读书破万卷，下笔如有神"，没有必要在每次读书时都布置很多任务，比如做读书笔记、写读后感之类。很多学生不喜欢读书，笔者认为和这些强加给他们的任务有极大的关系。

3. 用作品本身的美来激发学生阅读的动力

要让学生真正对阅读产生兴趣，并且能够发自内心地阅读，还要解决学生的内部动力问题，那就是靠作品本身的魅力去打动和吸引学生。当学生从大量的课外阅读中逐步品味到作品的形象美、意境美、思想美，感悟到中华文化的博大精深，他们就会对阅读产生兴趣。

（二）从课内到课外

阅读教学要立足于教材，但绝不能局限于教材，要从教材出发，把教材中隐藏的课程全部挖掘出来，做到"得法于课内、得益于课外"，要以教材为中心，向课外辐射，以点带面，以篇带本，以本带部，以精讲到博读，不断拓宽学生视野，有效地提升学生的阅读量，扩大知识面，增强文化底蕴。比如在讲《从百草园到三味书屋》这一课时，首先要讲到鲁迅先生。这个地方完全可以围绕鲁迅先生展开讲，讲鲁迅先生的其他作品，比如《故乡》《阿Q正传》等。也可以引出一些关于鲁迅的有趣的小故事，讲一讲在民国时期和鲁迅有过"恩怨"的文化大师，如蔡元培、胡适、梁实秋、林语堂等，可以把描写这些大师的《南渡北归》介绍给学生去阅读，学生通过阅读《南渡北归》，又会了解到梁启超、傅斯年、林徽因、徐志摩、金岳霖、陈寅恪等文化名人，从而找他们的书来读，这样学生的阅读视野就大大拓宽了。

（三）让学生"连滚带爬"地读

让中小学生学会"连滚带爬"地读，是北京大学语文教育研究所所长

温儒敏先生对中小学生阅读的看法。在谈到海量阅读时，温儒敏先生特别强调不要每本书都去抠字眼，不一定都去精读，要容许有相当部分的书是"连滚带爬"地读。比如说可以浏览、快读、猜读、跳读，否则就很难有阅读面。就像我们小时候读《西游记》，即使有很多字不认识也不去管它，看到妖怪、看到打斗的地方就仔细看看，到描写风景的地方就跳过去，看到诗词也跳过去。那时竟然读得津津有味，很快就看完了，对读书的兴趣也有信心了。后来读《水浒传》《三国演义》等，都是这样不求甚解，但阅读的乐趣有了，阅读的习惯也形成了，阅读的量也上去了。如果每本书都一个字一个字地读，遇到不认识的字就查字典，遇到不明白的地方都要搞明白，那大概很快就读不下去了。

（四）开卷有益，博览群书

开卷有益，我认为只要是正规出版物都可以涉猎。阅读不要只读某一类书，比如有的学生只喜欢看言情小说，有的学生只喜欢看武侠小说，有的学生只喜欢看杂志等，这样即使读得再多也不叫海量阅读，不叫博览群书。海量阅读必须多元，人文社科、天文地理、艺术历史、哲学宗教、政治法律等都要涉及。只有这样学生们才会发现在所见之外还有其他可能——眼界更广些，生活更有趣些；了解世界在所想之外，还有其他不同——心胸更宽些，对差异性更包容些。

（五）因材施教

在中学生中，有个别学生虽然不爱学习，但喜欢读书。如果老师不让他读课外书，他宁肯趴在桌子上睡觉。我就曾遇到过这样的学生，但是我没有批评他，而是因势利导和他谈读书的乐趣。我经常把自己的书借给他看，有时他会把自己想读的书告诉我，我就会想办法借或者买给他看。后来，我成了他的好朋友。再和他谈学习的事，他就听进去了。因为读书多，知识面广，理解能力强，他后来发愤努力考上了重点高中，现在已经大学毕业多年了，依旧喜欢阅读，也经常写点文章发表。

（六）开展多种形式的读书活动

对大多数学生而言，调动其一时的读书积极性容易，但要把这份积极性保持下去就要下一番功夫了。开展形式多样的阅读活动是不错的办法。比如"好书分享交流会""假期读书比赛""读书留痕展览""读书明星家庭""校园朗读者"等这些活动能保持阅读的新鲜感、趣味性，能激发学生的阅读热情。

提高中学生的阅读能力，提升学生的语文核心素养是每个中学语文教师的神圣使命。我们应不遗余力地把这一使命肩负起来，既为孩子们的成绩负责，又为孩子们的一生负责。

让丛书阅读充满花香

　　《课程标准》对七至九年级语文课外阅读做了明确的规定："学会制订自己的阅读计划，广泛阅读各种类型的读物，课外阅读总量不少于260万字，每学年阅读两三部名著。背诵优秀诗文80篇（段）。"可见课外阅读在语文教学中起着举足轻重的作用。事实证明，学生通过大量的阅读，的确能增强语言的感悟，增加语言积累，提高学生的理解能力。课外阅读不仅可以让学生增长知识，开阔视野，还能培养良好的自学和阅读习惯，更重要的是，它对于提高写作能力乃至于所有学科的学习都起着极大的推动作用。

　　作为一线语文教师，我们知道每个年级每册书都配有相关的单元主题阅读内容，在平时的语文教学活动中，我们要把主题相同的课文放在一起，归纳出其重难点以及主要的知识点，然后对学生进行学法引导，让学生先学习链接里的内容，这样文本的基本知识点就掌握了。比如单元里的某些精读课文和略读课文可以放在一起讲，首先要切中每个单元的主题，针对学生掌握的实际情况，让学生明白从这些文章中，"要学什么"和"怎样提高效率"，注重培养学生串联知识的本领。如何把课内文章切入"语文主题学习"丛书中来，确实是我们语文教师备课的一个难点，我结合专家讲座及我们学校语文教研组在教学中的体会，就如何把课内文章切入"语文主题学习"丛书的感悟，谈谈自己的看法。

　　2018年10月，我们组织几个语文老师去潍坊参观学习，听了潍坊王老师执教的综合阅读课。王老师把《跨越海峡的生命桥》和《卡罗纳》结合在一起教学，从杭州和台湾两个场景去理解文章的题目，让学生感受"无私的奉献就是爱"这一主题。王老师在《卡罗纳》一文的教学过程中，把"读"贯穿了全文的始终，让学生自读自悟，并学会了换位思考。一堂课结束后，我结合自己的教学实际，做了深刻的反思，认为王老师的综合阅读课文的教学设计思路是这样的：

①"形"的感知——阅读课文，让学生了解文章的主要内容及相关的人、事；②"情"的共鸣——在读的过程中，学生与文本产生共鸣，学生融入自己的感情进行阅读，两者思维产生碰撞；③"意"的揣摩——对学生自己喜欢的人物、故事情节，感悟最深的地方反复品味，引领学生进行赏析；④"疑"的思考——读的过程中，让学生探究文本的难点，提出自己的疑问，设计思考题目等；⑤"想"的迁移——运用自己掌握的其他学科的知识，由文中内容联想到相关的内容来解释；⑥"境"的升华——阅读时完全沉醉在作品中。也就是说，让学生通过读来感悟课文所塑造的形象，进而明白作者所表达的写作意图。而这些感受都需要教师认真钻研教材，精心备课，巧妙设计，才能确定好本课行之有效的"主问题"。教师除了在课堂上这样引导学生读书之外，还有很重要的一点，把"语文主题学习"丛书的阅读落到实处，从而引领学生阅读更多的书籍，以拓宽他们的视野，那么，这种行之有效的途径又有哪些呢？

一、树立榜样，培养学生的阅读兴趣

教师首先要阅读。对于学生来说，教师是他们的榜样，教师的阅读行为对学生起着潜移默化的作用。在阅读课上，教师要和学生一起读书，与作者在情感上产生共鸣，与文中的人物同喜共悲。教师既要通过声情并茂的阅读为学生做表率，又要让学生有感情地朗读，慢慢体会，让学生学会与文本对话，与作者对话，从而体会到读书的乐趣。在课堂教学中，教师给学生创设学习的情境，让他们分角色朗读课文，并根据课文的内容，让他们搜集素材，自编自导自演情景剧，在课堂上表演，其他同学对他们进行点评。这样，就激起了学生学习的欲望，并且能深入文本，感受到作者的写作情感，真正点燃起阅读的欲望。"星星之火，可以燎原"，教师的这种阅读情感对于学生有重要的指导作用。

二、合理引导，教会学生阅读的策略

1.精读与略读相结合

由于语文教学任务繁重，不可能对所有篇目进行教读。因此，在平时的教学中，我们应注重培养学生精读与略读相结合的能力，指导学生读书时先读前言、目录，读报先看栏目、标题等，先在浏览中形成粗略的印象，也可以看到题目以后，先猜想文章的主要内容，看自己猜想的内容与作者写的内容是否吻合。在语文课堂的自主学习中，也可采取快速阅读的方式，对不重要的篇目，让学生一目十行，把握文章大意即可。对一些经典的文章，特别是名家大作，要做研究性阅读，不仅要了解作品的写作背景，还要字斟句酌，深入到关键词、关键句子，掌握作者表达的思想感情，真正实现读者与作者的对话。

2.读书与批注相结合

徐特立说过："不动笔墨不读书。"记读书笔记的方式多种多样，比如：概括文章的主要内容，摘录文中的好词好句，还有直接在文中圈点勾画、写出自己的感受，或写写读后感等多种形式。课堂阅读丛书时，也要让学生养成记笔记的习惯，并根据自己的爱好选择笔记形式，不要对学生做统一的要求，拘泥于同一种模式。做批注本身就是一种再创作的过程，它是一种高级的思维活动，让学生感受到记读书笔记是他们展示个性的一条路径。长此以往，就为他们的写作打下了坚实的基础，有助于提高学生的写作水平，又能为阅读增添乐趣。

三、开展活动，激发学生阅读的兴趣

为调动学生阅读的积极性，让学生享受阅读的乐趣，在平时的语文教学活动中，我们发现很多学校经常开展"手抄报""讲故事""诗歌朗诵比赛""读书汇报会""演讲比赛""优秀读书笔记展评""知识竞赛"等生动活泼、形式多样的课外活动。这些活动能有效地督促学生阅读，巩固阅读成果，推动课堂丛书阅读深入，让学生真正爱上阅读。通过开展这样的活动，学生对阅读产生兴趣，就会千方百计地寻找感兴趣的课外书，从而爱上阅读。

四、激发动力，唤起内心学习的欲望

要让学生对阅读真正产生兴趣，并且能够发自内心、主动地去阅读，就要激发学生阅读的欲望，就需要教师帮助学生发现文本本身的魅力。在教学中，教师要在课堂丛书阅读中引导学生品味文章的形象美、思想美、意境美，从而感受到文学的魅力，感悟到中华文化的博大精深。与此同时，教师还应该教给学生一些阅读方法，比如：抓住人物的动作、神态和心理活动用心去体会人物形象；抓环境描写，让学生发挥想象，把自己置身于故事中，感受到主人公的情感变化；再抓精彩重点语段细细品味语言……在教师的引导下，学生逐渐养成良好的阅读习惯，产生热爱祖国语言文字，热爱中华优秀文化的思想感情。

五、亲子阅读，共同提高

学生阅读兴趣的培养，离不开家长的理解与支持。家长支持学生阅读，最简单的方法就是在空闲时间与他们一起读书，做他们阅读的榜样。同时，家长应经常与孩子在一起交流读书的心得，共同探讨文章中的故事情节、人物形象、蕴含的哲理等。家长鼓励孩子把自己的看法和观点讲出来，然后家人一起分析、讨论。在这讨论的过程中，潜移默化地培养了孩子的阅读兴趣与能力，与此同时，还有助于提高他们的口头表达能力，拓宽孩子

们思维的广度和深度。坚持这样做的家庭，孩子的阅读兴趣一定会变得更加浓厚，阅读水平一定会上一个新的台阶。

　　高尔基说过："书籍是人类进步的阶梯。"为了让学生们在知识的滋润下更好地成长，为了让他们在阅读中提高鉴赏水平，在创新中发展他们的思维，健全他们的人格，我们要为他们营造良好的阅读环境。

阅读留痕，化情于文

教育老前辈叶圣陶先生曾说："阅读方法不仅是机械地解释字义，记诵文句，研究文法修辞的法则，最紧要的还是多比较、多归纳、多揣摩、多体会，一字一句都不轻轻放过，务必发现它的特性。"语文主题学习的教学，是依托文本素材开展的联系课内与课外的"1+X"学习模式的系列学习活动，是学生提升语文综合素养的有效途径。

一、"阅读留痕"的"1＋X"学习模式现状分析

所谓留痕，即留下痕迹。阅读留痕，指学生在阅读文本之后，要在心底留下痕迹，即有所感、有所悟。在日常语文教学中，我发现语文主题学习"1+X"学习模式（课内"1"篇文章带丛书多篇"X"的学习）在实际操作中存在以下问题。

1. 丛书阅读只追求故事情节的趣味性，课内"1"掌握的知识点在丛书"X"中没得到充分的拓展和延伸

大部分学生只满足于从丛书的阅读材料中获得故事性强的情节内容，对文章的理解只停留在内容把握层面，很少有学生能够从课内文本"1"本身出发，归纳和整理语文要素。这种错误的做法之所以存在，与教师的个人教学能力有很大关系。对丛书的钻研不够，比如阅读目标设置假大空，缺少对语言的赏析感悟，缺少对同类知识点的串联整合。如人教版统编教材六下第一单元课文《北京的春节》《腊八粥》《藏戏》，在内容上是家乡风俗，要求学生感悟文化之美；在语言运用上《北京的春节》侧重于对

文中"京味儿"语言的把握，《腊八粥》则是强调对人物描写方法的赏析；在叙事上都引导学生学习作者如何抓住事物特点，详写主要部分，突出重点内容。明确了课内教材的单元学习目标，再引导学生联系到丛书，会发现"语文主题学习"丛书在编排上基本上是课内教材的一单元，对应一册丛书，其中，课内教材单元中的每一课，又对应着相同的主题丛书的模块。教材第一单元的人文主题是家乡的风俗，对应丛书是《民俗风情》，特别是其中"节日情思"板块中的《北京的春节》(舒乙)、《闹元宵》(秦牧)，"民间风味"板块的《腊八粥》(冰心)、《端午的鸭蛋》(汪曾祺)等文章，都与教材中文本有异曲同工之妙。这样在实际教学中，通过教师教学目标的设定，学生有的放矢地去阅读，用课内所学的重难点"1"，在丛书的"X"中得到锻炼和拓展，才能既扩大学生的阅读量，又让学生阅读留痕。

2.文本阅读中对学生的自我探究过程不够重视，在"X"的量的阅读中，缺乏对"1"的写作教学的积累补充

在传统中学语文阅读教学过程中，我们常常发现，教师往往只是单纯地拿出时间让学生阅读，而在阅读方式的把控上，还处在一个简单机械化的模式，知识的传输带有单向性。阅读本应承担的拓宽学生视野、培养学生阅读能力、积累作文写作技巧和写作素材等作用消失殆尽。更有甚者，为了迎合应试教育，要求在阅读过程中死记硬背，这就导致学生原本高涨的阅读热情消失殆尽。

《课程标准》中明确提出："阅读是运用语言文字获取信息、认识世界、发展思维、获得审美体验的重要途径。""在理解课文的基础上，提倡多角度、有创意地阅读，利用阅读期待、阅读反思和批判等环节，拓展思维空间，提高阅读质量。"

如何打破机械化批注模式，跳出批注的简单重复和画面回放的怪圈，将丛书中的单元重点高效地整合起来，把学生头脑中的零散的"珍珠"串联起来，就需要教师巧妙的"引导"。

二、"阅读留痕"的方法探索

1. "巧为径,乐为舟",引导学生在阅读中获得感悟,在批注中得到启迪

新课改要求在教学活动中,突出学生的主体地位,满足学生自主学习的需求。在主题丛书阅读中,教师真正实现让学生成为课堂的"主人",让学生真正融入课堂教学活动当中。阅读过程就是思考过程、批注过程,就是积淀、学习过程。在丛书阅读教学中,必须培养学生独立阅读、谨慎思考的习惯,纠正那种"蜻蜓点水式"敷衍应付的不良阅读习惯。这就需要教师在学生阅读批注时,引导学生自主发问:"为什么这样写?"教师在阅读指导中,用问题引导学生由表及里地深入思考。

根据课标要求,《丰碑》一课是一篇精读课文,教师先为学生布置了阅读的预习任务,动员学生先通过阅读,扫清文字障碍,了解文本大意,利用圈点勾画的方式,学会分类,如:精彩语段用"﹏﹏"标画,四字成语用"○或△"标画等,使批注的内容有条理,便于学生归纳分类、整合知识。找出优美句子,特别是运用修辞手法(比喻、拟人等)的句子,环境描写、人物描写的句子,利用旁批的方式,在文本中写下阅读感受。

培根说过:"讨论犹如砺石,思想好比锋刃,两相砥砺将使思想锐利。"阅读教学中可以让学生以小组为单位展开讨论,在教师的引导下进行比较、优选,找到最佳答案,或把几种答案综合成最佳答案,通过多媒体投影仪的形式,进行生生传播展示,教师根据展示内容进行具体指导,师生多重互动。在学习《丰碑》时,教师给出提示:文章在人物的形象塑造方面十分成功,引导学生找出典型的描写片段并进行批注赏析。学生根据教师的指导,有的放矢,对文本进行了更加深刻地批注阅读,有的学生标记环境描写句子,"红军队伍在冰天雪地里艰难地前进。严寒把云中山冻成了一个大冰坨。狂风呼啸,大雪纷飞,似乎要吞掉这支装备很差的队伍"这句话十分关键,是文本的开篇句,"冰天雪地""冰坨""大雪纷飞"等词

描绘出环境的恶劣，也为下文叙述军需处长牺牲埋下伏笔。教师根据学生此处批注，引导学生进行知识点串联，让学生速读《一袋干粮》、《娄山关前后》（节选），找出描写环境的句子，仔细品读，思考这些句子对人物的形象塑造起了什么作用。调动小组合作积极性，选出三个批注精准、全面的小组，进行优胜评价，采取小组擂台赛、批注展评台、个人批注小博士等形式，鼓励学生积极参与到留痕阅读中来。这样，学生阅读兴趣高涨，在"一篇带多篇"的"1+X"教学模式下，学生通过批注，使主题阅读同题材下的具备共性的多篇文本，零散的知识点得到串联、整合。

教师对学生批注阅读情况进行总结，对学生提出的问题给予合理解读。教师为学生布设具体的批注阅读任务，让学生有明确的学习方向，对培养学生良好的预习意识发挥重要作用。

2."不动笔墨不读书。"鼓励学生多读书、勤写作

中学生已日渐对阅读产生兴趣，也明白"不动笔墨不读书"的道理，但是往往还处在阅读的表层。可以准备专门的书海拾贝本，摘抄名篇名段，记录心得感悟。在阅读积累到一定量之后，教师要指导学生仿写、续写或者写出阅读感受。内容可以涵盖对文本人物的形象塑造、情感抒发、联想和想象、比较阅读等，形成200字左右小作文或者周记。在字词句的积累下，再灵活应用到大作文乃至应试作文中，真正实现写作的"润物细无声"。阅读留痕不仅仅局限于对文本的批注，要拓展"留痕"范畴，在教学实践中，开辟阅读与写作完美结合的模式是众望所归。

在学完《桥》（人教版）之后，本着课标要求，学生在阅读中自主阅读，品味文中描写老汉的动作、语言、神态的句子，感知人物形象。在教学实践中，进行阅读延伸，丛书链接到《交接》《母亲和书》，分析三篇文章的叙事手法中有何相同之处，学生很容易就得出答案：设置悬念，前后照应，人物之间的关系都在结尾有了交代，让人感到"意料之外"；但是联系前文，早已做好铺垫，又在"情理之中"。当学生对文本中的叙事手法有了深刻认识之后，教师可以适时引导学生思考："老汉似乎要喊什么？"

对于这个题目，老汉是中共党员，是身兼重担的村支部书记，同时他也是一位平凡的父亲，他爱自己的孩子，在大家与小家的面前，他毅然选择的是'舍己为人'！所以，在生命即将消逝的最后一刻，他想说的话一定太多太多……老汉如果能喊，要喊的是什么？学生们纷纷举手，将自己从文本中找出的细节描写分享出来。

教师应抓住学生渴望交流的时机，引导他们写下来。残忍的洪水退去了，村民们都获救了，但老汉和自己的儿子却永远地在洪水尽头消失。村民们一定有千言万语想对老支书说，以不同的身份，写个作文片段。可参考题目：《老支书，慢走》《挥泪送别老支书》《洪水退后……》。拓展到丛书《母亲和书》，结尾作者发现，原本对"我"写作嗤之以鼻的母亲，竟然一直都是"我"的"忠实粉丝"，"我"的内心必然波涛汹涌，如果你是文中的"我"，会说什么呢？学生们一改往日作文写作抓耳挠腮、费劲凑字数之态，纷纷奋笔疾书，进入角色，写下心中所感，阅读在作文中"留痕"。

3. "以情贯之"，诵读领悟

我县一直贯彻省里要求，延续往年的"百篇美文"诵读计划，现在是在此基础上，甄选出主题丛书的精彩选文，让学生一同背诵。学生虽然对文章能够记熟，却对字词间流露出来的情感感悟不到，真正能引起学生情感共鸣的句子少之又少。时代不同，学生对与自己生活息息相关的精彩文段可以有感而发，但是对于古诗词却很少能触发其思维的火花。

叶圣陶先生说过："教师之为教，不在全盘授予，而在相机诱导。必令学生运其才智，勤其练习，领悟之源广开，纯熟之功弥深，乃为善教者也。"他立足于中学生学习语文的实际，在学生有意识的学中，即"学中"阶段实施点拨，激发课堂兴趣，达到让学生自主学习的目的。孟子曾言："颂其诗，读其书，不知其人，可乎？是以论其世也。是尚友也。"为了丰富学生的情感体验，在诵读中能与古人的思维发生碰撞，很多学校的语文教师组织学生来到了广饶县的孙武祠。在手持兵书、腰挎宝剑、睿目远眺的孙武的汉白玉雕像下，学生对大将的形象有了初步的感受，再读"齐国乐安育兵圣"，让学生站在红墙青瓦之下，感受孙武当年的意气风发，想象自己就是那个高绾发髻，头扎纶巾，双目炯炯，用自己一片丹心，于万人敌营中斩杀敌寇，为国为家不惜性命的大将，找到了情感相通之处。再诵苏轼所作的《江城子·密州出猎》，学生对于"鬓微霜，又何妨！""会挽雕弓如满月，西北望，射天狼"各抒己见。教师在此及时引导学生将丛书类似"主题"的古诗词摘取出来，以求学生从有感情的诵读中，加深对文本的情感体验，深入文本。

文章的字里行间，流淌着丰富的人文因素。任何教育模式的推广都需要土壤和环境，阅读留痕也是如此。做好主题学习模式与课内教学实践的衔接，让学生真正成为阅读的主体。阅读留痕，化情于文，让学生融入作品之中，充分展现阅读教学的特殊魅力，必将为语文教学带来无限广阔的前景。

整本书阅读"三部曲"
——以《朝花夕拾》为例谈整本书阅读

"多读书，好读书，读好书，读整本的书"，是《课程标准》中的一句话，也是温儒敏先生最欣赏的一句话。如何引导学生读整本的书，统编教材也做了一些积极的改变和新的尝试，统编教材构建"教读—自读—课外阅读"三位一体阅读教学结构，将课外阅读纳入教学体制，整本书教学成为阅读教学的重要组成部分。那么如何通过整本书导读的设计，调动学生阅读的兴趣，拓展学生阅读的广度和深度呢？我以《朝花夕拾》为例，谈谈自己在整本书教学中的实践和探索。

一、读前引导课：激发兴趣，消除隔膜

《朝花夕拾》是鲁迅先生的散文集，是统编教材七年级上册规定的必读书目，名著导读的主题为"消除与经典的隔膜"。《朝花夕拾》成书于20世纪20年代，由于社会背景、语言习惯都和现在有较大不同，加上七年级学生对鲁迅的生平了解不多，学生的阅历也较少，如果读前不点燃学生的阅读期待，并扫除学生阅读的心理障碍，高质量地阅读完整本书就几乎不可能。

《从百草园到三味书屋》是《朝花夕拾》中的经典名篇，被选入统编教材七年级下册第三单元。文章记叙的是鲁迅对童年生活的美好回忆，表现了儿童天真烂漫、热爱自然、好奇心强的共同特点，和学生的生活比较近，加上语言比较浅显易懂，所以他们对《从百草园到三味书屋》比较容易理解，

也能产生共鸣。在学习《从百草园到三味书屋》时，先让学生查找鲁迅的相关资料或者他的奇闻逸事，尤其是《朝花夕拾》的成书背景和主要篇章。这样学生就对鲁迅和《朝花夕拾》有了一个基本的了解。学生对《朝花夕拾》就不会有陌生感和恐惧感，再从这一课顺势导入会起到事半功倍的效果。总之可以打乱选文顺序，先易后难。像《狗·猫·鼠》这样比较难理解的，可以先向学生介绍一下文章的写作背景。比如我们可以这样阅读和引导：

在《从百草园到三味书屋》中写到"长妈妈讲美女蛇"的故事，那你猜想一下阿长是什么样的人？鲁迅对她是什么样的态度？请去读《阿长与〈山海经〉》。

鲁迅对离开百草园去三味书屋是什么态度，从文章中猜测鲁迅家长对他的管教是怎样的。再读《五猖会》看看鲁迅对父母的管教是怎样的态度。

《从百草园到三味书屋》中的寿镜吾老先生是怎样一位老师？那么鲁迅心中最难忘的是哪一位老师？请同学们阅读《藤野先生》。

你知道了阿长对鲁迅的影响，《朝花夕拾》中还描写了一位女性——衍太太，你想知道她是什么样的人吗？那就读《琐记》来了解一下吧。

二、读中推进课：学会批注，关注细节

解决了学生喜欢读的问题，那如何才能读好呢？或者怎样才能更好地检验学生呢？这就要引导学生学会批注，关注细节。批注不仅是对作品的理解，更是对自己思想的记录。所以教师可以根据自己教学的需要，每天布置一篇文章阅读，要求学生在阅读的过程中做好批注。教师每天上课前简单翻看学生对文章的批注情况。

1.感想式批注

学生在阅读过程中记录自己的所思所想，可以是对某一个细节的感想，也可以是对整篇文章的阅读感受。

我忐忑着，拿了书来了。他使我同坐在堂中央的桌子前，教我一句一句地读下去。我担着心，一句一句地读下去。

两句一行，大约读了二三十行罢，他说：

"给我读熟。背不出，就不准去看会。"（《五猖会》）

批注：这一幕多么熟悉，我爸爸有时候不就这样吗？父亲是不是都这么霸道？

2.鉴赏式批注

让学生从语言文字中感受人物形象、语言风格、写作手法。

"哥儿，有画儿的'三哼经'，我给你买来了！"（《阿长与〈山海经〉》）

批注：这段文字既写出了阿长没有知识和文化，又写出了她对"我"的关心。是"我"对她态度改变的重要原因。

3.质疑式批注

学生对不理解的现象或者内容提出质疑，质疑能让我们从矛盾或者看似不合理的地方发现问题，从而引导我们向更深处思考。有问题才有思考，精读就要精思，然后回到原著，或者查找材料，解决问题。

其中最使我不解，甚至于发生反感的，是"老莱娱亲"和"郭巨埋儿"两件事。（《二十四孝图》）

批注："老莱娱亲"和"郭巨埋儿"是怎么回事？鲁迅为什么反感？

三、读后提升课：分享成果，深化认识

读后提升主要通过活动展示学生学习的成果。这是调动学生阅读兴趣，全面深入了解整本书的重要一步。相互交流才能取长补短，共同提升。同时也是教师对整本书的阅读做评价和总结的重要一步。教师应根据学生的分享或者疑问，从一个引领者的角度答疑解惑，归纳提升。

那如何运用教学归纳思维呢？具体来说就是引导学生深入阅读文本，从文本中所写的事件、人物、景物等内容，分析文章所要表达的思想或者情感，从而学会分析文本的主旨和情感。对于作品中人物形象的分析，就要引导学生分析与人物相关的外貌描写、动作描写、语言描写、神态描写、心理描写等。思考为什么会有这样的言行举止，进而把握人物的形象特征。

1. 总览全局式

比如，请根据自己所读的《朝花夕拾》这本书，说说你感受最深的人（或物、事）。示例：我感受最深的人是藤野先生，他作为日本人，能对于从中国这个弱国来的人一视同仁，并给予热情帮助，我感到了藤野先生人格的伟大。

这个问题是让学生回忆自己读过的内容，归纳表达，涉及整本书。

教师根据学生的回答，引导学生归纳出以下几种：

最喜欢的动物是……原因是……

最喜欢的读物是……原因是……

最讨厌的读物是……原因是……

最敬佩的人是……原因是……

最喜欢的鬼是……原因是……

最喜欢的会是……原因是……

最尊重的老师是……原因是……

最不愿意交往的人是……原因是……

最悔恨的事是……原因是……

最想不明白的事是……原因是……

最怀念的人是……原因是……

最怀念的地方是……原因是……

几个问题基本上涵盖了《朝花夕拾》的主要内容，只要认真阅读的学生对这几个问题都不会陌生。

2. 线索人物式

比如，阿长在很多文章中都出现过，据此可以设置这样一个题目：阿长是对鲁迅先生的童年生活有着较大影响的人，找出《朝花夕拾》中描写阿长的内容或者语言，说说阿长是一个怎样的人，鲁迅对她有着怎样的态度。请找出描写阿长的段落，找出你喜欢的一处做批注。

学生最容易找到的就是《阿长与〈山海经〉》这篇文章。

阿长是鲁迅小时候的保姆，她身份低微，粗俗、没有文化，迷信、好事等缺点，但是她却又有一颗理解"我"、帮助"我"、关心"我"的心。

引导学生找其他文章中写阿长的句子，看看和《阿长与〈山海经〉》塑造的形象一样吗？

长妈妈，一个一向带领着我的女工，也许是以为我等得太苦了罢，轻轻地来告诉我一句话。这即刻使我愤怒而且悲哀，决心和猫们为敌。（《狗·猫·鼠》）

这里"轻轻"体现了阿长的提心吊胆，同时也说明她有撒谎的不良记录，表达了"我"对她的憎恨之情。但也看出阿长对"我"的疼爱。

那里面的故事，似乎是谁都知道的；便是不识字的人，例如阿长，也只要一看图画便能够滔滔地讲出这一段的事迹。（《二十四孝图》）

这里写阿长的无知，没有文化，字里行间充满着"我"对她的不屑。

长妈妈曾经讲给我一个故事听：……（《从百草园到三味书屋》）

长妈妈所讲的美女蛇的故事增加了百草园的神秘感，给"我"带来无限的乐趣。是长妈妈陪"我"度过美好的时光。

其实阿长早已在"我"心目中成了长妈妈，在某些方面阿长代替着鲁迅母亲的职责。

3.比较阅读式

比如，同样是老师，寿镜吾先生和藤野先生的对比；同样是熟悉的女性，阿长和衍太太的对比。

例：找出对寿镜吾先生和藤野先生的外貌、语言、神态、动作描写，分析作者对两人的情感态度。

寿镜吾先生和藤野先生，一个是作者的启蒙老师，一个是作者大学的恩师；一个是自己家乡的，一个是外国的。寿镜吾先生虽然在鲁迅笔下看似比较严厉，迂腐可笑，但是在文字的背后我们可以读出鲁迅对他的理解和尊重。藤野先生对工作认真负责，对"我"要求严格，更重要的是公正公平，支持、理解、尊重"我"，这对于一个从弱国来的人来说，是莫大的荣幸。字里行间充满了鲁迅对藤野先生的感激。

阿长——身份低微，连个名字都不被别人记起，她没有文化、粗俗、迷信，"我"一开始对她是讨厌的，尤其是得知是她谋害了"我"的隐鼠的时候。但就是这样一个人，办了别人办不到的事，给"我"送来了渴慕已久的《山海经》。这就使"我"改变了对她的态度。文中透露出"我"对她的怀念和感激。当然在很多的地方也可以看到阿长对"我"的关爱。

衍太太——表面上对孩子们非常友好，说话非常客气，但实际上却是一直在怂恿孩子做坏事，自己躲在背后看笑话。比如怂恿小孩子在大冷天吃冰，鼓励小孩吃糖，让小孩子看不健康的东西。鲁迅表面上赞扬她，实际上却是鄙视她、憎恶她的。

当然也可以设计其他的专题。

整本书阅读是现代语文教学的一个方向，很多语文教师都在努力实践着，引导广大学生从经典中汲取营养，养成终生阅读的习惯，为学生的终生发展奠基。

第三辑

生活无处不语文

——做时代需要的教育管理者

多拿自己当镜子

周二下午，我正在办公室办公，突然，室外传来学生上楼梯那熟悉的震耳欲聋的"咚咚"声和令人发疯的打闹声。我知道，这是学生们来实验楼上音乐或信息课。前一天下午，我刚讲了养成良好习惯的问题，其中就有单独讲到这个问题。24 小时还没有过，他们又忘了！顿时，我火冒三丈，扔下笔记本，蹿到二楼，将学生们截住，开腔猛训。看着脸色铁青、气得发抖的我，学生们慌作一团，近 50 个学生站在那里鸦雀无声。那天，我讲了一番道理，却耽误了他们半节音乐课时间。

回到办公室，怒气已消的我仔细回想这件事，突然间，我猛地打了个冷战：我一而再再而三地强调要培养学生的良好品德、良好习惯，刚才，我的修养哪里去了？我的宽容、和蔼、诲人不倦等涵养又哪里去了？对于一些问题的处理，我也有理论支撑，其中在习惯养成方面，我十分推崇"习惯重在反复"这句名言。这句名言不就是说孩子的好习惯是在不断"犯错""纠错"，不断反复中养成的意思吗？

于是，一则关于照镜子的小故事又浮现在我眼前：

有两只猫在屋顶上玩耍，一不小心，两只猫掉到烟囱里。

当两只猫从烟囱里爬出来时，一只猫的脸上沾满了黑灰，而另一只猫的脸上却干干净净。干净的猫看见满脸黑灰的猫，以为自己的脸也又脏又丑，便跑到河边去洗了脸；而脏脸猫，看见干净的猫后，以为自己的脸也是干净的，就大摇大摆地到街上闲逛去了，结果吓得其他猫四下躲避，以为见到了妖怪！

故事很简单，寓意却非常深刻：我们要多用镜子照自己！

在伴随新课程成长的过程中，我们离不开自我学习、专家引领、同伴互助和自我反思。专家好比手电，专家引领是说我们在他们的亮光指引下前进；同伴互助是把同伴当镜子，让我们看见自己的得失；自我反思则是把自己当镜子，准确地审视自己，对自己的学习、教学、管理以及个人的专业成长做出准确的选择。

随着新课程改革的不断深入，自我反思要成为培训重要的一环，它是我们教师专业成长的必由之路。看来，我们既要学会用手电，又要学会照镜子，而且要尽量多地把自己当镜子。

"附耳细说"的启示

据说，朝鲜的宰相黄喜曾微服私访。一天，他路过田间，见一农夫驾着两头牛在耕地，便大声问："这两头牛哪头最棒？"农夫充耳不闻。等到了地头，牛到一旁吃草，农夫附在黄喜耳边轻声说："靠边的那头牛最棒。"黄喜奇怪地问："你干吗这么小声说话？"农夫说："牛虽畜类，也通人性。如果大声说这头牛好，那头牛不好，它们就能从我的手势、语音、眼神中分辨出我的评论，而那头虽然尽了力但仍不够优秀的牛心里就会难过，从而不再用劲……"这就是《附耳细说》的故事。读完这个故事，我感触颇深：一头牛尚且注意人们对自己的评价，注意"自我形象"，那么，作为人，特别是处在长身体、长知识的青少年就会更注意自己的形象了。

所谓自我形象，是指学生所形成的对自己形象的整体评价，在心目中认为自己是怎样的一个人。随着教育改革的不断深化，越来越多的教师、家长发现，学生成绩的提高，动脑、动手等能力的加强，都与其自我形象的认知有关。许多研究表明，一个良好的自我形象使学生更有信心，更有创造力，在学习上更容易进步。

学生的自我形象的确立，自身大脑活动是"加工车间"，而"原材料"则来自社会、家长、同学、教师等，其中教师的评价尤其重要，即教师给学生贴的"标签"。那么，我们在教育实践中，应该通过何种方式来提高学生的自我形象，以促进他们的发展呢？我们不妨看一下心理学家克莱特的著名实验——"标签效应"。

实验是这样的：一次，克莱特要求人们为慈善事业捐款。而后，根据他们是否有捐献，对一部分被试者给予"慈善的"或"不慈善的"的评语，另一些被试者则没有任何评语。后来，等再次要求他们捐款时，那些被评为"慈善的"人捐款比那些不做任何评价的多，而被评为"不慈善的"人捐款最少。这就是著名的"标签效应"——当一个人被做出某种评价，被贴上标签时，它往往会使自己的行为与标签的内容一致。因此，教师如果给学生以鼓励性的评价，多给他们贴正面的标签，就会提高学生自我形象，从而推动他们各方面的进步。

由此，"附耳细说"和"标签效应"至少给我们以下启示。

1.对待学生应一视同仁，不能当众指摘、评论学生，尤其是后进生

教师对待学生应一视同仁，对成绩好、成绩差的，表现好、表现差的，不能有偏向。特别是不当众指摘、评论后进生存在的缺点，不能用"真笨""榆木疙瘩""太调皮""不可救药"等给学生贴"标签"。要学会"附耳细说"。对待表现差的学生，要给予他们更多的关心、鼓励和引导，要当众多表扬其长处和闪光点，私下附耳细说其存在的问题，并帮助他们改正。教师的正面表扬和鼓励，私下的指导和善意批评会使学生拥有自信，树立起良好的自我形象。

2.多贴正面标签，尤其是对各方面表现差的学生

苏霍姆林斯基曾说："如果我们能让儿童的各种优点像幼苗分蘖似的迅速分枝，那么，他们身上的缺点就会自然而然地连根除掉。"给优秀学生贴正面标签好贴，表现差的学生怎么办？其实，"后进生"与"好学生"间只隔着一道藩篱而不是一道鸿沟。我们教师应善于发现，善于发现后进生身上哪怕微弱的一丝光亮，给予他们表扬、鼓励，就能起到帮助他们树立起自信心、自我形象的作用。因此，平时给那些表现不算好的学生多贴一些诸如劳动最积极、来得最早、体育比赛最能给班级挣分、最爱帮助人等正面标签，不仅能满足其心理需求，而且还能使学生另眼看待自己的长处，克服自身缺点，就像苏霍姆林斯基说的那样：他们身上的缺点就会自然而

然地被连根除掉。

3."附耳细说"并不是对学生姑息迁就

其实，对一些学生存在的"顽固"的缺点，只要注意方法、策略，当众指出和批评会起到更好的效果，这是辩证的统一。当然，我们提倡多给学生贴正面标签，不过，要注意贴标签的时机，更要摸准学生脾性，较全面地了解学生优缺点后再贴。注意把标签贴准、贴稳定，不滥贴，否则会闹出笑话，反而达不到提高学生自我形象的目的。

总之，教师在教育活动中如果能准确运用"附耳细说"，恰当使用"标签效应"，学生的自我形象就会得到提高，从而促进学生学习成绩的提高和各种能力的提升。

从童言无忌到"沉锚效应"

　　春节期间，远在阿尔及利亚务工的大连襟携家人来岳父家探亲。已经八年没回山东的大连襟及三年没回家的大姐受到了大家的盛情款待。有一天晚上，邻居大嫂指着大姐和我妻子问仅两周岁的妻侄女："璇璇，你大姑好，还是你二姑好？"正喝着酸奶的璇璇不假思索地用稚嫩的声音说："大姑好！"大家哄堂大笑。邻居大嫂感慨地说："亲戚就是亲戚，璇璇这是第一次见大姑就说大姑好，这是血脉里连着啊……"大姐非常激动，连声说："快快赏钱，快快赏钱……"这时，平时对侄女疼爱有加的妻子有点挂不住了，抱起她又问："璇璇，你再想想，大姑好还是二姑好？"璇璇还是不假思索地说："大姑好！"大家又是一阵大笑……

　　晚上回到家，妻子对此事仍旧耿耿于怀，一个劲地说白疼了孩子一场。我安慰她："童言无忌，孩子的话能说明什么？明天，我保准让璇璇说你好！"妻子将信将疑。

　　第二天，我们又到了岳父家。我趁大家一边看电视一边唠嗑的工夫，抱着璇璇问："璇璇，告诉二姑父，二姑好还是大姑好？"璇璇一边摆弄着手里的玩具一边说："二姑好！"我又问："到底是二姑好，还是大姑好？""二姑好！"大姐一听装作生气的模样说："你这'小白眼狼'，领了赏就变心了！你再想想，到底是二姑好还是大姑好？"璇璇仍不假思索地说："二姑好！"大家又笑成一片……

　　回到家，妻子大惑不解，连问我是什么原因。我慢条斯理地给她解释：

"第一天邻居大嫂是怎么问孩子的？'大姑好还是二姑好'，请注意，她把'大姑'放在了前面，把'二姑'放在了后面；今天我是这样问的，'二姑好还是大姑好'，请注意，我把'二姑'放在了前面，把'大姑'放在了后面。孩子和我们大人一样，考虑问题时，总是特别重视得到的第一信息，第一信息就像沉入海底的锚，牢固地把我们的思维固定在第一信息上，心理学上称之为'沉锚效应'……"

"沉锚效应"能影响人的思维，使我们对一些美丽"缺陷"产生"错觉"，甚至形成偏见。

有两家亲兄弟俩开的油条摊子，生意都很红火，但哥哥小店的营业额总比弟弟小店的多出几十元钱来。弟弟百思不得其解。一天清晨，他到哥哥的油条摊子边暗访发现，哥哥的摊子前每来一个顾客，服务员都会问："本店的煎鸡蛋，外黄内嫩，很好吃，配上油条、豆汁，味道更好，您要一个还是两个？"愿意吃煎鸡蛋的大部分要了两个，不愿吃煎鸡蛋的绝大部分要了一个，不要的极少。弟弟的摊子，也兼营煎鸡蛋，顾客一进门，服务员是这样问的："本店的煎鸡蛋，外黄内嫩，很好吃，配上油条、豆汁，味道更好，您要不要尝尝？"结果，有的说要，有的说不要，概率各半。

"沉锚效应"使人们在决策时，往往被第一个信息所左右，哥哥店里的服务员给顾客的提示是"要一个还是两个"，而弟弟店里的服务员给人的提示是"要还是不要"，他们所给的第一信息不同，顾客的决策自然不同，两个小店的利润自然也就不一样。

"沉锚效应"在教学中也普遍存在，教师在教学中既要充分利用这种效应，又要学会规避这种效应。

如在讲课中，教师必须把本节课的重点、难点，作为第一信息先讲、重点讲。同时，在学生做题遇到困难时，要借"锚"给学生，也就是给学生与这道难题相似或相近且稍微容易的题目，让学生找到正确的解题思路；所谓规避"沉锚效应"，就是在教学中给学生找的"锚"要有代表性，且不宜过多，如作文教学中的范文推荐——把过多的范文塞给学生，就会禁锢学生的思维，造成作文的千人一面，等等。

生活、工作和学习中，我们既要充分利用"沉锚效应"，如教学中重点内容要先讲、重点讲，非重点内容后讲、一带而过；同时，也要学会规避"沉锚"陷阱。要规避之，就要善于思考，多方位思考；同时，还要集思广益，借他山之石，不断拓宽自己的思维，打破思维僵化。

从挚友弃汤到表扬疲软

俄国著名作家克雷洛夫有一篇著名的寓言叫《杰米扬的汤》，读来令人沉思。

杰米扬十分好客。一天，有一个非常要好的挚友远道而来，受到了杰米扬热情接待。杰米扬亲自下厨，为挚友烧了最拿手的好菜——鲜美的鱼汤。朋友喝了第一盆，不禁啧啧称赞。杰米扬劝他喝第二盆。第二盆下肚，朋友嫌有点多了，可杰米扬仍旧不停地"劝汤"，朋友实在忍无可忍，丢下碗，留下目瞪口呆的杰米扬，拂袖而去。

汤尽管是好东西，但如果给予的量过多了，反而会给喝汤者造成心理负担，以致出现不耐烦。杰米扬的失败在于热情过"度"，或者说处理事情没把握好度。

由此，我想到了心理学中的"超限效应"。

日常的工作学习生活中，我们对于领导、妻子（丈夫）的唠叨或"不辞辛苦"的劝说、批评，会产生反感，进而想要对抗，甚至顶撞，这也是"超限效应"在起作用。

新课程提倡激励性评价，鼓励教师多用欣赏的眼光看待每一位学生，于是，课堂上"你真棒！""你是最聪明（能干、听话、进步）的孩子！"等不断从老师的口中飞出。期末总结，几乎100%的学生都可以捧到鲜红的奖状，那些平时表现不怎么好的也被老师绞尽脑汁，冠以"最守法的学生""最能坐得住学生"等称号。有的学校除了奖状，奖品有书包、MP3、大部头的精品图书……

但是，当老师们把无数的溢美之词送给学生，把能"普及"全班同学的奖状和大宗"贵重"物品发到学生们手上时，他们的掌声却变得稀稀拉拉，他们领奖品的状态也是懒懒散散，他们不再因受到老师的表扬而兴奋，不再因手捧奖状站在领奖台而激动。于是老师惊呼：我们的表扬和奖励不起作用了！

古希腊著名的哲学家德谟克里特曾说过："当人过度的时候，最适意的东西也会变成最不适意的东西。"因此，我们在鼓励和表扬学生时，也一定要讲求个"度"，千万不能让我们的表扬和奖励变得"廉价"。

我们可以赞美学生，但不可用溢美之词。一节课，小A最棒（聪明、勤奋等），过会儿，小B也最棒（聪明、勤奋等），久而久之，学生们就知道老师是在糊弄他们，以后听到老师的表扬也兴奋不起来；奖状不是不可以多发，但如果人人都有份了，孩子们就不再觉得它珍贵，更何况有些奖状的名称也是"莫须有"的（有些奖状让我们看了都脸红），给孩子创设一个"跳一跳"才能得到奖状的机会，我想更能激励孩子。

其实，我不反对进行物质奖励，但在物质奖励上过于"豪华"甚至"名堂翻新"，除了引导孩子追求一种更高的物质刺激以外，很难满足孩子们胃口。

因此，随着新课程改革的不断深入，教师既要拿起表扬这个工具，又一定要注意"度"，如果"过度"就会产生"超限效应"，如果"不及"，又达不到既定目的。为了不再使杰米扬的挚友弃汤而去，不再使我们的表扬变得"廉价"，我们一定要掌握好"度"——把握好"分寸"和"火候"。唯有如此，才能恰如其分，才能避免"超限效应"。

略谈精细化管理

从粗放式向精细化转变，是企业管理方式的进步，也是人类思想文明发展的飞跃。实践证明，精细化管理是企业追逐高效益、获取高利润的保障，也是眼下学校提高教学质量的重要保障。

1. 精细化管理，首先是让制度管理"到边到沿"

精细化管理应当是以制度管理（相对于所谓的"人治"）为基础的。管理的约束力来自团队共同制定的规章制度而不是来自哪一个人。当制度约束成为一种习惯，团队的管理就会上升为文化的引领。学校精细化管理要求教职员工对教学、学生、后勤、工会、团队等方面进行思考和分析，制定出一套符合实际、科学细致、操作性强，能不断完善且人人必须认真执行的规章制度。如常规教学管理，要从备课、上课、辅导、考试、作业布置、教师理论学习、教师专业成长以及办公、常规评价等方方面面进行规划，在认真论证的基础上，形成相应的管理办法，以确保教职员工在具体工作中有章可循。

2. 精细化管理，其次是让管理落实"到边到沿"

各项管理制度可以很快、很好地制定出来，但对它们的落实却有一定的难度。要让管理制度落到实处，实现精细化，一是要求学校全体教职员工熟悉各种规章、制度，并认真遵守；二是要求学校的每一名教职员工都参与到管理中来。校长要敢于、善于"放权"，分管校长、各部门主任甚至班主任也要敢于和善于"放权"，只有这样，才能形成"人人有事干，事事有人管"的大好局面。但是，现实中，有些学校制度一大筐，执行时往往因"人"而异，毫无原则地变通执行，导致制度落不到实处，教职员工不拿制度当回事。如有些学校为了强调活动、工作的重要性，往往强调"任何人不准请假"，最后却加上一句："确实有事请找校长请假。"同样一件事，既然分管领导不能准假，校长为什么就能变通准假？管理中，这种管理"塔尖"最终"拍板"的事越多，分管领导、教师就会慢慢失去对制度的敬畏，管理就不能真正"到边到沿"，也就不能实现真正的精细化管理。

3. 精细化管理，再次是注重关注体验的"过程管理"

有人曾说管理犹如登山览景。登山过程中，对登山方式的选择大抵有三种：第一种是自辟蹊径，到达终点后，既能体会到"无限风光在险峰"的妙处，又能体会到个性化带来的享受。第二种是走最好走的路，大家一窝蜂挤在"预设"好的路面上，这样的登山，确有过程，但少了个性化的体验。第三种是坐缆车上山，结果是登上山了，个性化感受却基本没有了。新课程改革洪波涌起，要求我们不能仅仅关注分数，还要关注学生的个体体验、个体感悟。新课改提到"过程与方法"，意味着教育必须关注学生的发展过程；同时，作为学生发展进步的指引者，教师专业成长、职业幸福感、业绩评价，同样离不开性化，同样要关注其个性化的发展过程。因此，我们的管理必须跟上这一变化。在管理中，关注每一个师生，关注师生每一个行动（如上课、听课、笔记、考试、教师生活、教师专业成长、心理健康等），关注师生的每一天；同时，要在过程管理中不断思索，不断修正，不断完善，使过程管理更细化、更科学。

同样，对教学质量的追求，其实最终看的是结果，但在漫长的教育教学过程中，如果忽略了过程管理，"抓质量"到最后仍是句空话。

4. 精细化管理，最后是制度管理下的人本化管理

精细化管理要求把人本主义思想真正落实到管理的每一个细节上，而不仅仅停留在文件上、口头上。人本化管理，需要把关注点放在学校的发

展进步上，还要把关注点放在师生的成长与进步上；人本管理，需要把关注点放在学校的荣辱兴衰上，还要把关注点放在师生的喜怒哀乐上。学校需要高质量的教学成绩，但不能以牺牲学生的健康为代价，还要给学生创造可持续发展的空间；学校需要培养"尖子生"，也要给所谓的"差生"提供"另起一行"的机会；学校需要有一支敢打、敢拼、敢于争先的教师团队，还要时刻关心团队成员的需要，关心他们的家庭，关心他们的健康，寻找每一名成员的职业幸福感并帮助他们去实现。但在实际的学校管理中，诸如教师上厕所都要向值班领导解释说明，学生犯了错误就罚抄课文100遍等做法，看上去就不人文，怎么算得上精细化管理？

老子说："天下大事，必作于细。"一粒沙里看世界，半瓣花上说人情。精细化管理是提高教育教学质量的根本途径，我们应科学、准确地运用它。

别样的雷夫，别样的教育启示

——读《第56号教室的故事》有感

在《第56号教室的故事》里，我认识了雷夫。一见"面"，我就被这个别样的美国人打动：他一身黑色西装，打着领带，脚上却穿着"一双白色球鞋"；"全美年度教师奖"，一年只有一个获奖人，而1992年他获得此项殊荣时，却沉浸在巨大的"沮丧中"；雷夫在美国非常有名，以至好莱坞电影公司要拍摄关于他和第56号教室的电影，他却断然拒绝；他拒绝分数，自己安排课程；他是美国教育界最优秀的教师，但他说"追随我脚步的人很少"……

别样的雷夫，别样的56号教室故事，给了我别样的教育启示。

1. 信任远远超出爱的力量

20多年的小学教学生涯，让雷夫赢得了无数学生的爱。不少学生毕业后，自动返校帮他建班级网站，编排戏剧。开学伊始，他就与学生建立起一种伙伴关系，他的开场白常常是"请你们相信我"。

许多教育行为效果甚微，不是没有因材施教，或者缺乏爱，而是失去了最基本的东西——在雷夫看来，就是信任。

第56号教室之所以与众不同，是因为师生之间建立了深厚的信任感。"这间教室里什么都有，唯独没有害怕"，就是很好的佐证。

"教育之没有爱，犹如池塘之没有水"，爱能让学生感到温暖，找到归属感，受到尊重，但也会让人品味到"怜悯""施舍"，享受不到平等和自由。只有相互信任，学生才会非常自觉地遵守规则，自觉地照着老师的计划去完成各项任务。就像雷夫对学生们说的："有时你们可能在课堂上犯错误，有时可能会不及格，这都是可以解决的问题，只是有一点，一旦我们之间的信任关系被破坏了，就永远无法修复了。"

如何与学生建立信任，雷夫说："如果你希望孩子信任你，那你的言行必须一致。你希望学生成为什么样的人，你首先必须成为那样的人。你永远是学生不断校准自己行为的一根标杆。"而《一个棒球的故事》也恰好印证了他讲的这一点。

除此之外，我们还要不断提升自己的专业素养，让自己从师道尊严中走出来，真正"接地气"，从一言一行开始，平易近人，和蔼可亲，不讲套话、大话，真正地走进学生心田，就像雷夫那样"每天与学生共进午餐"，就像雷夫的学生写给雷夫的信中提到的那样："你开车5小时陪我们去旅行，给我们讲疯狂的笑话……"

建立师生之间深厚的信任，远远超出爱的力量。也许，这种信任要先从给孩子讲"疯狂的笑话"开始。

2. 让惩罚充满智慧

教育除了爱，还离不开惩罚。雷夫说"教育孩子不是想办法去控制他们，关键是教会他们怎么样自我控制"。当孩子还不能自我控制时，雷夫承认"有时我们确实要惩罚孩子"，但雷夫接着说，"惩罚一定要公平。"

惩罚一定要公平，就是说惩罚要有针对性，要有时效性，惩罚是为了防止"犯错"，更不能殃及无辜。

雷夫说："如果因为一个孩子在教室里捣乱，老师就惩罚全班学生都不准在下午打棒球，学生虽然默默地接受了你的决定，但他们心里在想什么？""学生这个时候恨死这个老师了，他们会很愤怒，很不满。他们会想，为什么别人抢了银行，坐牢的却是我！"

惩罚还要找准刺激点，雷夫十分重视惩罚能否找准学生的刺激点。比如说，约翰没有完成数学作业，对他的惩罚如果是下午不准上美术课，或者下课时间不准离开座位。"这种惩罚措施和学生过错有什么逻辑关系？难道约翰写数学作业就是为了上下午的美术课或者离开座位吗？"

几十年来，雷夫探索出惩罚的经验，找准学生的敏感区，找准学生的刺激点。比如约翰没有完成数学作业，而他又十分爱好打棒球，那么对约翰的惩罚就是不准打棒球。用雷夫的话就是："对不当行为最严厉的惩罚，就是不准该生参加他正在进行的活动。"

除了公平和找准刺激点，惩罚还需要耐心，要学会等待。《布莱恩的故事》讲述了雷夫惩罚布莱恩的经历：布莱恩是让其他老师束手无策的学生，来56号教室上课的第一天，他就用拳头殴打一个小女孩，而且还用各种脏话骂"我"。"我"对他的惩罚是，给他准备了"一套特殊的桌椅"，下课不准他去玩，不准他和同学们玩，只是每天中午替他把午餐拿来，然后跟他坐在一起吃饭。这样，从9月到10月结束，布莱恩在无游戏、无朋友的环境中思考着，直到11月份这一天，"孩子们围成了一圈，布莱恩问大家是不是愿意和他一起玩儿，这时所有的孩子都冲他喊起来……这些孩子冲他说会比我们教师的说教更有效，那时，这个孩子就开始哭了。"

布莱恩终于成了好孩子，但经历了一个非常漫长的时间，而雷夫似乎有足够的耐心和时间等待孩子自己思考决定。雷夫说："我们在教育孩子的时候，就不应该这么着急，孩子不是电脑，要想帮助孩子们，让他们成为更伟大的人，需要一个很长的时间。"让惩罚充满智慧，惩罚也变得如此有趣！

3. 提高学生学习兴趣，让课堂变成一个让人向往的地方

"兴趣是最好的老师"，对于教师来说，教学中最大的困难是怎样让学生产生学习兴趣。

读了《第56号教室的故事》后，我很受启发。要使学生对学习产生浓厚兴趣，除了教师要有过人的基本功，生动有趣的教学技巧，产生能够吸引学生的"场"外，雷夫说，"还要创造一种没有害怕的教育"。他极不

赞同"虎妈"的教育方式，也不赞同"鹰爸"的教育方法，雷夫理想中的教育是这样的：学生勤奋学习，每天都要参加体育运动，学习艺术；没有太多作业，但学生在学校里的时间会更长一些；所有学生都要演奏音乐；教师应该是和善和有耐心的；学校里没有恐惧，只有信任。

无论是在中国还是美国或其他地区，学生们可能都会问：为什么要学习？解决这个问题，就要激发学生学习的兴趣。

雷夫是怎样做的？他没有讲抱负，也没有讲理想，他只是向他们展示这个技能在生活中是怎样被应用的。雷夫说："我根本不在乎学期末的考试，也不在乎学生的考试成绩。我的学生之所以努力学习，是因为他们相信，他们所学的是生活中很有用的东西，因此他们有很强的学习动力。他们不是为我学习，他们是为自己学习。"

雷夫的实用主义思想，激发了学生的学习兴趣，而透过雷夫的这种实用主义思想也折射出了他的率真，他对教材和知识的真切理解。

当下，激发学生的学习兴趣不容易，但愿我们的教师，也像雷夫那样"接地气"，不断挖掘教材—知识—技能—生活之间的内在联系，就像雷夫所说的，"在教孩子们一项技能之前，我都会告诉他们，这项技能在生活中有什么用。比如说，棒球就不仅仅是一项体育运动，打棒球也不仅仅是为了得分，打棒球时，你必须集中注意力，如果你能养成集中注意力的习惯，你的生活会更好……"

激发学生的学习兴趣，理想教育固然不能少，但更需要教师与学生建立深厚的信任关系，需要教师深入生活，挖掘教材与生活的内在联系——让教材、知识更接近"地气"。

《第56号教室的故事》不仅仅是一个故事，更是一个传奇；雷夫不仅仅是一个教育家，更像是一本厚厚的充满了教育智慧的大部头书。雷夫对教育的坚守和执着，雷夫提出的"人格品质胜过能力""做孩子的榜样""提供机会，让孩子自己拯救自己""艺术教育比诺贝尔奖更重要""我对分数没有兴趣"等教育理念、教学理想，值得我们去体味、鉴赏并拿来武装自己的头脑。

读懂雷夫需要时间，但我不会停下追随的脚步。假以时日，通过我的不懈努力，我想在中国，在丁庄，在我学习、生活的这片沃土上，建立一所全新的"57号教室"。

透过雷夫看我们当下的教育，责任告诉我：我追求的脚步将永不止步！

我梦想，做一个充满魅力的教研员

随着新课程改革的不断深入，教研员的作用越来越重要。从一定层面上讲，教研员的水平体现的是其所在区域教育教学的水平。那么，教研员怎样才能更好地服务本地教育教学的发展？怎样做才更受教师欢迎？怎么做才更具魅力？

教研员应该是具有国际视野的课程"研究者"，是基于《课程标准》的教学"指导者"，是基于《课程标准》进行评价的"实践者"，是课程、教学、评价一致的"推进者"，是促进教师专业发展的"引领者"，是专业与素质并重的"经师"和"仁师"的结合体。

除此之外，我认为教研员还要不断从以下几方面加强个人修养，使自己更具魅力。

1.培养浓厚的学习意识，不断提高个人业务水平

只有对教学教研有深刻的认识，有深厚的理论基础，教研员在工作中才不会乱说话，瞎指挥，才会先教师一步，引领教师开展教研。许多教研员被事务性的工作束缚，少了学习的意识，少了教研的热情，工作周而复始，净是老套子，没有突破，没有创新。要推进区域性的教学教研工作深入健康发展，教研员必须加强学习，提升素养，由"杂家"向"专家"转变。一是要养成读书的习惯。读教育教学理论书籍，读课改理论书籍，增强自身底蕴。二是要培养反思意识。要经常对自己的工作进行反思，善于找出教研实践中的不足。三是要提高研究能力。要扎根于日常教学教研实践，

针对在推进教研进程中出现的问题和困惑进行研究，找出相关对策。

2.提高服务意识，放下身段，贴近教师，甘做绿叶

教研员一般是当地的"权威"，是一个让教师尊重的岗位。教研员必须有一个清醒的认识，必须进行自我革命，从"亦官亦民"的情结中彻底走出来，把自己当成教师中的一员。一是要学会宽容。不以个人意志支配教师，不把自己的意见强加给教师，鼓励教师展示不同的课例和教学风格，使教学研究成为一种坦诚无私的交流。二是尊重教师的主体地位。要把自己定位为教师专业发展的辅助者，先教师之忧而忧，后教师之乐而乐，创设科学民主、宽松和谐、合作负责、创造发展的学习研究环境，努力形成民主平等、合作和谐、相互尊重、乐于争鸣的教研氛围。

同时，教研员是帮助教师实现自我成长的助燃剂，是教师专业提升的良师益友。教研员既要有实现自我成功的愿望，也要有甘为他人作嫁衣、成就他人成功的美好品质，要以满腔的热情投入到教研工作中，毫无保留地把自己的思想、经验传授给教师。既要自身取得发展，也要惠及他人；既要让少数教师修成正果，也要广洒甘霖普度众生；既要以厚实的底蕴征服教师，也要以高尚的人格感染教师。

教研员要有服务意识，有成人之美的意识，同样也应该关注自身的发展。在推进教师专业成长的同时，不断成就自己，历练自己，在把教师渡过河的同时，也把自己送到河对岸。

3.深入一线，勇于实践，用实践指导实践

研究是教研员的天职。今天，我认为在理论与实践之间，教研员是桥梁与纽带。作为教育理论的诠释者，教研员研究的天地在学校、在课堂。教研员只有亲力亲为，参与学校教育教学实践，有了切身体会，才有发言权，教育理论才能更好地转化为教学生产力。因此，教研员要善于听。走进学校，走进课堂，多与一线教师交流探讨，倾听广大教师在课改实践中的收获与困惑。要善于思。思考和反思教育教学问题，为教师教研指明方向。要善于说。努力使自己成为校本培训的培训者。要善于评。用新课程理念

来分析教师的教学实践，评析课堂教学。要善于研。承担或参与课题研究。很多教研员多年脱离课堂，评课、指导课题等常常是纸上谈兵，隔山打牛。教研员要逼着自己每学期在一线课堂上课，为教师上几节示范课、研究课；逼着自己到一个班级挂职几个月的班主任，以便在亲身实践中提升自我反思的广度和深度。

4.树立大课程观，努力拓宽自己的教研视野

教研员自身应持开放的心态，拒绝闭门造车，要善于博取众家理论，不断丰富修正已有的教研经验；同时，也要不断拓宽教研工作的外延。作为教师，既要精通本学科的知识，也要知晓育人相关知识。作为教研人员，不能仅仅局限于本学段本学科的研究，要树立大教研观，建立科学、全程的教研理念；不仅要通晓教学规律，也要具备广博的教育视野。要站在全程育人的高度研究本学段本学科，站在为人类的发展谋幸福的制高点研究教育与教学。这既是一种能力，又是教研人员的历史责任。

教研员在推进素质教育不断深入的进程中充当着非常重要的角色。我们应具备高于教育专家的实践能力，高于校长的管理理论，精于教师的业务水平和研究能力，是"仁师"和"经师"的完美结合体，是有理想、有激情、有全局意识、有视野、乐意给教师作嫁衣的"绿叶"，是一线教师最信任、最依赖、最具魅力的导师、朋友。

我梦想，做一个充满魅力的教研员。

我愿意为此付出我的努力！

我愿同大家一起飞翔

经过一个漫长的暑假，临近开学几天，不料学校发生了重大变化，一院两校变成了九年一贯，而我"竟"成了两校之长！我诚惶诚恐，为顾全大局，只好勉为其难。经过一段难忘的调整期后，沉潜在我骨子里的心气又在不断提醒我：干就干好，干就干出样子来——哪怕是干一年，哪怕是干一天！老师们——那些曾经同我共同奋斗了七百个日日夜夜的同事，那些始终兢兢业业，为初中辉煌而殚精竭虑的同事，不是与我同在吗？

忘不了这批为新中心小学（现在应称为小学部了）奠基、崛起而奋斗了两年的"元老"：平淡而不乏味的人际交往，和而不同的人文关系，竞争而充满协作的工作氛围，"永争第一，永不服输"的团队精神，火热而充满情趣的校园生活，紧张而活泼的工作情调……让我们融洽，和谐而快乐！两年的新校，虽不能说已是展翅高飞，但我们已沉淀了蓄势待发的力量，这是多么令人自豪！

相对于初中部取得的成就，小学部还有很长的一段路要走。在这条通向辉煌的征途中，我愿与大家一起飞翔！

我愿与大家一起飞翔，让我们共同关注我们的孩子。

我愿与我们的老师共同为孩子支撑起没有恐惧，没有重压，有着创造与成功，有着快乐与个性张扬的童年！我们要关注学生的成绩，但不能以牺牲孩子的快乐为代价，我们必须把爱化作甘霖，时时去滋润孩子们的心田。

我愿与大家一起飞翔，让我们共同关注我们的专业成长。

有人说当教师很苦，在丁庄中心学校小学部当教师更苦。细细想来，苦过了，累过了，我们得到了什么？两年的相濡以沫，我们发现，我们找到了一条通向幸福的阳光大道——研究、反思、提炼、创作，所有这些，能使我们的大脑产生被唤作"愉快元素"的神经肽，这种神经肽不仅能让我们幸福，而且还能使我们更健康。关注专业成长，就是不做教书匠，就是同新课程改革同呼吸共命运，就是把研究当成我们教书育人的习惯。

我愿与大家一起飞翔，让我们拿起书本，让书籍成为我们生活中不可或缺的一部分。

读书，每天不间断地读书，跟书籍结下深厚的友谊，为我们的思想注入活水。读书不是为了应付工作，而是出自内心的需要和对知识的渴求。至今，我仍旧难忘我们的第一届读书论坛：从老师们的分享中流淌出那么多美丽的浪花，碰撞着我的灵魂，让我走进了一个丰富的世界，提升了我的生活品位！就像作家陈村所说的那样："就像饭和菜的关系，做人是饭，读书是菜。饭是根本，关系到生存；菜是情调也是营养，关系到生活的质量。"读书如同吃菜，多么绝妙的比喻啊！

我愿与大家一起飞翔，让我们不断提高我们的执行标准。

就像美国西点军校的校训一样："合理的要求是训练，不合理的要求是磨炼。"让我们将服从作为一种美德，服从大局，服从制度，服从命令，服从真理，让服从成为我们的一种能力，成为学校的一种文化，让我们的执行力、竞争力不可战胜！

我愿与大家一起飞翔，让我们用爱保持我们年轻的心灵。

爱我们的优等生，也爱我们的后进生；爱我们的搭档，也爱我们的竞争对手；爱我们的领导，也爱我们的下属；爱我们的团队，也爱我们的一草一木。因为"爱是生命的要素，它从我们的中央向我们的周身，向我们的一切思想和行动的涟漪浸透、流注。爱是人类福祉的护身符——它能叩开每一个人的心灵之门"（坦普尔顿）。

我愿与大家一起飞翔。我们的团队就是那个翱翔在天宇中的雁阵，我愿是这群大雁中毫不起眼的那一只，但正是我和大家共同的振翅，才使得天空中气流阵阵；正是我和大家共同的欢鸣，才使得苍穹不再孤独。

　　大豆摇铃，桂花飘香，冬枣红遍。在这个收获的季节里，我们迎来了小学部两周岁的生日。学子声朗，是为往圣继绝学，宵衣旰食，情足以欢；桃李天下，国之栋梁，是为后世开太平，呕心沥血，福足以知！

　　让我们以清澈的支脉河为琴，以一横、三纵、一高速的丁庄交通网为弦，穿过厚厚的日历，擂响唐王征东的大鼓，以秋天的丰硕果实和马跑泉的甘洌、清澈为音符，共同唱响我校各项事业大跨越发展的黄钟大吕！

　　我愿与大家一起飞翔……

老师，你为何变得如此胆小

　　随着课程改革的不断深入，绝大多数教师把应该属于学生的课堂还给了学生，课堂上学生的主体地位得到充分体现。然而，在听课过程中，我发现，很多老师的胆子变得越来越小了。面对学生的过错，面对学生对文本信息的曲解，老师不敢去批评，不敢理直气壮地纠错。这样做的理由是：担心伤了学生的自尊心，扼杀了他们的创造力、创新欲。许多老师认为："孩子有了错误，我们不应当面指出，应该引导和感化。这样，他们才能自觉地改正错误。"这种说法固然有它的道理，但我们经常地放弃对学生批评的权利和责任，就会失去很多教育的机会。久而久之，我们的课堂会由原来的"专制型"向"放任自流型"发展。这是对新课程的误解。

　　学生作为正在成长中的人，犯错误是很正常的。日常学习生活中，学生所犯的错误一般有三类：行为上的错误、知识理解及运用上的错误和对文本的曲解。

　　面对学生行为上的错误，如上课做小动作、打人等，我们应该及时指出来；屡教不改的，我们要进行适度、有分寸的批评。我们不但要让学生知道错了，还要帮助他们养成"闻过则喜"和"见贤思齐"的美好品质。学生在改错中获得"凤凰涅槃"般的体验，自身也会得到发展。经验告诉我们，能够承担错误并且勇于改正错误是优秀的品质，拥有这种品质的人将受益终身。

　　面对学生知识理解和运用上的错误，我们不仅不应回避，还应该捕捉这类错误，通过师生共同辨析、改正，加深对知识的理解。

心理学家盖耶认为："谁不愿意尝试错误，不允许学生犯错误，就将错过富有成效的学习时刻。"当一些关键性、有普遍意义的错误被我们及时捕捉并提炼成为学生新的学习材料时，学生的探究兴趣将会被大大激发。教师通过捕捉这类存在方法性错误却蕴含着创新思维的问题，并及时而适度地引导，就能帮助学生突破思维定式，获得"山重水复疑无路，柳暗花明又一村"的体验。对于老师及时帮助自己指出错误，改正错误，学生会从内心深处感激老师，佩服老师，自信心也会慢慢建立起来了。

新课程倡导自主探究，发展创新思维，强调尊重学生的独特体验和感悟。但课堂中，学生的"离经叛道"不全都是思维创新，有许多是对文本思想的曲解。如学习《马背小学》时，个别学生从文中升华出"计划生育"的话题；学习《观潮》和《浙江潮》时，学生们在对两文对比后，个别学生在深挖"社会主义优越性"上纠缠不清，等等，这都是对文本的曲解。

面对这样的错误，我们可千万别以抹杀了学生的创造性为借口，放弃对这类问题的辨析与批判。作为老师应该明确：尊重学生的个性差异和创造灵感，必须基于文本，不能任由学生脱离文本胡乱阐发，走向极端。

英国有句谚语："不犯错误就是最大的错误。"不管大人还是孩子，都会犯错误。面对学生的优点和进步，我们应大张旗鼓地表扬、肯定；面对学生的各种过错，我们也不能回避，而是积极且真诚地指出、批评，帮助他们改正。

其实，学生的错误可以看作是新课程理念下活生生的、动态的课程资源。我们不应该那么胆小。面对学生的种种过错，如果我们"会"诚心地帮他们纠错，"会"艺术地批评，把批评和鼓励完美地结合起来，我们的教学艺术就能达到一种很高的境界，学生会发自内心说："原来，犯错也是如此美丽！"

打破砂锅问到底

　　课堂上，严谨而认真的语文老师正在讲解《木兰辞》。

　　"花木兰真不愧是巾帼英雄。她跟战友们经过十年浴血奋战，最后凯旋。这就是课文中说的'壮士十年归'。"

　　"周小博，你托着腮直瞅天花板干嘛？"

　　一个叫周小博的学生站起来说："老师，我在想，木兰跟战友们一起作战，为什么没被识破是个女人呢？"老师一怔："啊，这个，是因为她作战很勇敢，跟男士兵一样，没有一点柔弱女子气，所以没被识破。你明白了吗？""明白了。可是她整天就不洗脚吗？她一洗脚不就露馅了？"

　　老师紧张起来，他从来没考虑这样的问题。"她可能是，可能是老躲着别人洗脚吧？对了，因为她心中有这个秘密，所以做事总是小心谨慎。比如她可以在别人睡熟了之后再洗脚，这样就不会被人发现了，你说对吧，李志强？"一个认真听讲的学生被叫了起来。

　　"对，老师。"

　　"那么，周小博，你明白了吧，请坐下。"语文老师如释重负地说。

　　"可是，老师，这是十年啊。十年间她老是躲着别人洗脚吗？"那个叫周小博的学生依旧不依不饶地问。

　　"嗯，十年间她老是躲着别人洗脚。这回，你总算明白了吧？"语文老师皱着眉头回应着。

　　"明白了，老师。可是，这十年间，她也老是躲着别人上厕所吗？"

166

课堂上一阵哄笑。

老师被问住了，一脸窘相。也许这是第一次遇到这场面，他显然很恼火："你怎么这么多'可是'，既然课本上写着木兰从军十二年没被认出来，那就是没被认出来，就你多事，你是不是有意捣乱？！"老师面红耳赤了。

"不是的，老师。可是，课本说的就都对吗？"

"可是什么？拿着课本到外边听去！"老师吼了起来。

周小博拿起书，委屈地走出了教室。

语文老师疲惫地扶了扶眼镜，沉默了几秒钟后，拿起了课本："没见过这样打破砂锅问到底的学生。好，同学们，咱们继续往下讲，'同行十二年，不知木兰是女郎'，这里还是因为木兰作战勇敢，跟男士兵一样……"

请给每一个孩子箍牢"桶底"

大家可能对"木桶理论"耳熟能详：人的各种知识就像木桶，桶板有长短，要有效增加桶的容积，就要增长桶板，特别是最短的那块。"木桶理论"有极其深刻的道理，对今天素质教育的实施有着很重要的指导意义，但是，我认为让"木桶理论"成立且必须具备的前提是，"木桶"要有一个十分牢固的桶底——一个人的道德水准。桶板再长，如果没有了桶底，这个桶也无法装东西，也就没有任何价值可言。因此，当今在不断强化智育的同时，一定要先给学生箍牢"桶底"，也就是将学生的道德培育切切实实抓实抓牢。

几个生活中的真实镜头，给我们带来的不仅仅是震惊：

镜头一：某班小Ａ祖父患有高血压。一天，他急匆匆送小Ａ上校车，突然晕倒，磕掉两颗门牙。小Ａ不但不去搀扶，反而学着祖父的样子大喊大笑。

镜头二：小Ｂ端着一杯水，想去室外倒掉，与匆匆进教室门的小Ｃ撞了个满怀，弄湿了小Ｃ的校服，小Ｂ连连道歉，小Ｃ不依不饶。当小Ｂ返回教室，认真做作业之际，小Ｃ将满满一杯水倒进了小Ｂ的后背里。

镜头三：小Ｄ是名双腿残疾的少年，为了让他安心上学，学校专门安排两名男孩子每日背他上下楼梯，进出厕所，平时班主任和其他同学也纷纷伸出援助之手，帮他解决学习生活中的困难。一天下午，小Ｄ所在班第一节上体育课，第二节上音乐课，可能是疏忽，负责背小Ｄ

上下楼梯的两个男孩直接从操场去了音乐室，导致十分喜欢音乐的小D无法按时上音乐课。音乐老师发现了小D没来，安排好学生自习，来教学楼背他，看到小D坐在地上号啕大哭，并指着音乐老师的鼻子，大喊着班主任的名字，大骂不止。

镜头四：期中考试结束后，数学老师对试卷进行讲评，并对小E的成绩下降提出委婉的批评。数学老师巡视的过程中，他的后背多了一摊小E怨恨的口水。

镜头五：餐厅里，咬了半截的包子扔得到处都是，刚打扫过的楼梯上被扔满了食品包装袋。

镜头六：小F在宿舍内偷偷抽烟，被分管主任发现。班主任对他进行了批评教育。不久，小F偷偷离校出走，学校租用了四辆车去寻找。

…………

著名教育家吕型伟曾说过："人类最大的危险也不在核云盖顶，而在于人类心灵的残缺，在于道德的坠落。"

因此，无论从哪个角度讲，我们都必须把"立德树人"放在心上，抓在手上，即必须把孩子的"桶底"箍牢。在当前说教难以奏效的情形下，加强学生的道德教育，一是给思想品德教育赋予时代内涵，紧跟时代脉搏；二是发挥传统美德的教化作用，使之与时俱进。

中华传统美德是今天德育工作的"根"，也应该是我们人格大厦中的"魂"，我们应该不断从中汲取养料。

首先，创设具有传统美德教育的育人氛围。从中华诗文诵读、"新童谣"传唱、"新三字经"诵吟做起，在学校的走廊、楼梯、院子围墙建设"传统美德长廊"，让几千年涌现的伟人、名人时时处处伴着学生，让"孝、悌、忠、信、礼、义、廉、耻"的传统美德每时每刻浸润着学生的内心。

其次，发挥课堂主阵地作用，让传统美德教育渗透到每个学科。中小学教材的编排渗透着编者的智慧，同时，也包含着"真善美"等传统美德。我们的教师应该研究教材，将教材中所渗透的传统美德与知识传授结合起来，让课堂成为传播知识和加强学生品德教育的主阵地。

再次，以活动为载体，不断深化传统美德教育的实效性。利用春节、清明、五一、五四、国庆等节日，通过丰富多彩的活动，对学生进行有针对性的美德教育，也可以把传统美德教育与日常生活结合起来，开展类似"今天我当家""我是全职妈妈（爸爸）""假若我是盲人"等体验性教育，让传统美德教育与日常生活密切联系在一起；同时，学校可开展诸如"美德格言大搜索"活动，让美德伴孩子成长；开展传统美德"故事大王"比赛活动，让学生在故事中不断接受传统美德的洗涤。

另外，要加强学生日常行为习惯的养成教育，让好习惯成为建设良好品德的催化剂。

最后，还要发挥家校共育的功能，请家长以身作则，配合学校搞好传统美德的教育。

随着信息社会的到来，学生获取信息的途径越来越多，他们对社会的了解远远超过前人，也更难管理。我们教师必须站在为孩子的前途负责的高度，在不断提高每个孩子知识"短板"的同时，切实箍牢孩子们的"桶底"。

我不准补上的窟窿
——实验楼上十四天

刚毕业的九年级学生中有几个非常调皮的，一次上信息课，他们在实验楼下进行踢腿比赛，竟把实验楼凸起的墙裙（距地1.5米左右）踢出个大窟窿。原来，这条凸起的腰线是用一层石膏塑制，内部是空的，仅起装饰作用。由于第二天有个检查，我让总务处抓紧时间找人补好。可三天不到，刚泥好的地方又出了窟窿，怪怪地张着大嘴，一块三合板在里面半悬着（总务处为加固后加上的）。我又气又恼。两天后，邹县教育局的领导要到校参观，我让总务处赶快找人补好。补好后，为了提醒学生注意，团总支书特意在旁边竖立了一块小黑板："内空洞无物，请勿再踢。"但就在参观团到校的当天早晨，腰线上的窟窿又张开了！没办法，我只好让人用厚白纸糊起来，先糊弄过去再说。但当参观人员离校不久，白纸又被学生弄破！我简直气炸了肺，站在二楼向下看着，想抓个"现行"，却发现一个六年级学生经过时，揭开那张早已被人撕破的白纸，好奇地向里张望⋯⋯

当总务处问我有什么办法解决这个问题时，我告诉他们先别堵窟窿了，等等再说。就这样，这个大窟窿张着"大嘴"，每天迎候上实验课、音乐课、微机课的学生们。两周后，当我再找人泥好这个窟窿后，却惊奇地发现：学生们已经不再关注这条普通的墙裙，再也没有人去弄破它了。

这件事让我想到了一个非常有趣的故事。有一群孩子，每天中午放学后都到一条巷子里踢足球，严重影响了居民的休息。大家采用了教育、劝说甚至吓唬的方式均不奏效，他们依然每天在那里踢球。后来，邻居们请一位退休老教师想想办法。第二天，当孩子们又来到小巷踢足球时，老教师笑眯眯地喊来他们的"头"，说："你们在这儿踢球我很高兴，为表达我对你们的谢意，从今天起，你们每天中午来踢一次球，我奖励每人五元钱。"说着，老教师给参加踢球的孩子每人五元钱。孩子们欣喜异常。第三天，他们早早来到这里踢球，等候老人的嘉奖。这次，老教师给了他们每人三元钱，他们很是失落。第四天，他们比平时晚一些才来小巷踢球，每人得到一元钱的奖励。第五天他们来得更晚，老教师告诉他们，由于自己资金紧张，已经无力支付奖励了。孩子们的"头"看着老教师，愤愤地说："没有钱谁给你踢球！"然后，领着伙伴们离开了，从此再没有回来过。

我们似乎都有过这种奇怪的心理：越是得不到的，越想得到；越不让干某件事，越想去干某件事；越是被禁止的，却越是禁而不止。这种现象在心理学上被称之为"禁果效应"。这是逆反心理的外在表现，它在正在成长的少年身上表现尤为明显。

人都有好奇心、求知欲和探究欲，这是"禁果效应"产生的原因。"禁果效应"是把双刃剑。一些不提倡的东西，如果被刻画成洪水猛兽，明令禁止，则会使这些不被提倡的东西变成"禁果"，反而会促使学生"以身试法"；而巧用这种心理效应，不仅能增加孩子的好奇心、求知欲，提高其探究的欲望和能力，而且还能出奇制胜，起到响槌惊醒梦中人的作用。

记得上高中时，我班来了一位复读的"高四"生，起初成绩还相当不错，但后来与班上一个女生早恋，成绩直线下降。班主任和老师们对这个复读生轮番轰炸教育，不但没让这个学生回头，反而让他离老师们的期望越来越远。后来，在一次班会上，班主任当着全班同学的面责骂他："等着瞧，你绝对是烂泥扶不上墙，你如果考上大学，我头朝下走给大家看……"老师的讽刺激起了那位同学的斗志，他痛改前非，最后，以优异的成绩考上山东经济学院。后来，他在校园里再次碰上班主任，班主任叫住他，解释当初为什么那样说他。我那位师兄听后泪流满面，哽咽着，连话也说不出来。后来，谈及此事，他由衷地说："要不是咱班主任对我的'挖苦'，我绝对进不了大学。"

利用"禁果效应"，还能有效地提高课堂效率。前几天学校"有效课堂展示"活动中的一节语文课和一节数学课印证了这一点。

语文教师在讲授《鸟的天堂》一课时，学生质疑："我认为文中'逼近'一词用在这儿不恰当。"教师装作一惊，说："不会吧，巴金是我国的文学大师，你能从他的文章中挑出毛病？但你敢于挑战权威，很不简单，你能说说你的理由吗？大家也帮他找找依据。"

结果，学生们都十分投入地阅读课文，十分积极地思考和讨论，对"逼近"一词在文中的作用有了一个很深的认识，课堂也是高潮迭起。

另一节是六年级数学课"比的化简"。师生在高效中探讨完三组数比的化简后，教师又在黑板上写出一道四组数比的化简题目。突然，教师边作擦掉状边说："这个题目难了点，我看大家够呛会做。"许多同学大声喊："别擦，让我们试试。"后来，通过同学们的努力，题目竟然解决了。教师由衷地说："同学们太厉害了，原本我认为大家不可能解决的问题，通过大家齐心协力，竟然解决了，佩服，佩服！"课堂氛围再一次高涨。

青少年正处在人生好奇心、求知欲最强烈的时期，也是逆反心理形成和外显的高潮期，出现心理上的"禁果效应"是非常正常的事。作为中小学教师和学校管理者，一定要运用好"禁果效应"，不要把不好的东西当成禁果，人为地增加孩子们对它的好奇心、吸引力；同时我们又要合理利用这种效应，把孩子不喜欢不愿做但又对他们成长有利的事情，人为强化成"禁果"，以吸引他们的注意力，正确引导他们，用他们身上不服输和不达目的不罢休的求知精神，解决好学习、生活中的一个个难题。

第三辑　生活无处不语文

春天，难忘的校园

又是一个崭新的春天到来了。春天是"万物复苏"；春天是"草长莺飞"；春天是"天街小雨润如酥，草色遥看近却无"；春天是"桃树、杏树、梨树，你不让我，我不让你，都开满了花赶趟儿"；春天是绿油油的田野里机器的轰鸣声，是空旷的场地上漫天飞舞的风筝；春天是我站在济南的街头，欣赏"花褪残红青杏小"时，发出"枝上柳绵吹又少，天涯何处无芳草"的感喟；春天是我心灵深处一件件让人不能释怀的小事……

一

早春。

心灵渴望飞翔，翅膀却带着沉重的雨滴。

一个求学在外的大男孩，总是抵不住回家的诱惑。济南的深冬，我在灰暗中一次一次畅想回家过年、亲人团聚的情形，尽管学习的时光很充实，但却不能弥补这种欠缺。而过了春节，在春寒料峭中，我将再次背上行囊走向远方。离家的前晚，我在月色朦胧中，带着无限的恋家情结，在脑海深处，轻轻拂响童年记忆的琴弦；在春夜里，一遍遍抚摸土坯老房的边边角角；我一次次踱步到屋后的老湾边，一遍遍梳理湾边那棵孤柳稀疏的发辫……

忧愁和留恋驱不走贫瘠和愚昧！

咬咬牙，挥挥手，在早春的陪伴下，我义无反顾地走进大学的殿堂，去播种梦想的诗行。

我知道，早春是留恋与希望的衣裳。

二

初春。

在辛勤中播种，秋天一定有丰硕的收获。

过了年不久，就是初四最紧张、最繁忙的时候了。春乏、春困丝毫不能阻止中考临近的脚步。李道初中深深的后院里，每晚都有我和我的老师们净校时发出的轻轻的脚步声。夜深时也是调皮学生爱捣乱之时，安排好老师休息后，我又独自一人，在白杨树轻柔的掌声里再次巡夜。学生们均匀的鼾声是多么令我欣慰，而西墙边那钩弯月和偶尔被夜风惊扰的猫头鹰的叫声，却每每让我倍感孤寂。

中考再一次丰收，赞美与荣耀又一次光临。

我知道，初春是沉重与辛劳，初春是盛秋的序幕。

三

仲春。

那夜，月亮很圆，校园很静。校园南边一公里外的二干河坝上槐花盛开，浓浓的槐香，沁人心脾，令人陶醉。净完校的我徜徉在充满花香和井然有序的校园里，一种成功感油然而生。

突然，从墙头上翻过三个矮矮的身影。怒火在我的心中燃烧："好小子，让我抓个现行！"我躲在他们去宿舍的必经之地，等着他们的到来。

"轻声点，别扰了别人！"一个黑影说。

知道就好！

当我从黑暗中转出来挡住他们的去路时，才发现打头的是九年级（3）班的班长。

"校长，王彬彬病了，我们送他回家，回来晚了……"

看着可爱的孩子们，我的眼角有些湿润。"夜很凉，快回去睡觉吧！"我拍着他们的肩头轻轻地说。

那夜，月亮很圆很圆，槐花很香很香。我暗自庆幸我没有发脾气，我暗暗为我有这样的学生而高兴。

我知道，仲春是浓浓的槐香，是等待。

四

暮春。

去年的暮春，我们成功举办了放飞风筝和风车比赛。

校园东北角空旷的田地里，到处是忙碌的孩子和牵线的老师。当漂亮的风筝飞上蓝天，亲手制作的风车在春风里呼呼飞转时，孩子们便发出无拘无束的笑声。孩子们兴奋了好几天，好多孩子不止一次地问我，何时再进行一次比赛？

置身他们中间，我们都感觉年轻了不少。

孩子们是快乐的，我们就是快乐的！

一苇可渡。自由才是创造的土壤啊！

我知道，暮春，属于自由，属于无拘无束，属于我们的创造。

今年的春天又如约而至了。那么，就让我们在这个令人憧憬的春光里，甩开膀子大干一场吧。也许，等明年春天到来的时候，我们会有更多更好的方式去回忆今年的春天！

浓浓的春夜里，我与曾国藩"邂逅"

晚上，我独坐窗前。

窗外，冬装未解，但已是春意浓浓：迎春花一片灿烂，紫叶李努起了酡红的嘴巴……

一本《曾国藩家书》伴随着我，让我与这位晚清重臣尽情神交着。

曾国藩，晚清重臣，湘军的创立者和统帅。清朝军事家、理学家、政治家、书法家、文学家，晚清散文"湘乡派"创立人。官至两江总督、直隶总督、内阁大学士，封一等毅勇侯。

恍惚间，我身长双翼，越过千山万水，一下子飞到了湖南省长沙府湘乡县（今湖南省湘乡市）的曾国藩府上……

初识曾国藩，从一个传说开始。

上中学的时候，老师为了鼓励我们勤奋学习，给我们讲了曾国藩小时候的故事。

有一天，曾国藩读一篇文章不知道读了多少遍，还是没有背下来。这个时候，他家来了一个盗贼，悄悄地潜伏在他家的房梁上。盗贼想，这个读书人要不了多久，就会去睡觉了，那个时候下来，就可以捞点好处。可是，这个盗贼左等右等，等了又等，就是不见这个读书人去睡觉。这个读书人，怎么回事呢？看来，这个读书人，已经下定了决心，如果背不下这篇文章，决不睡觉！这个盗贼等了很长时间，终于等得不耐烦了，不禁大怒起来，从房梁上跳下来，气愤地说："你这种水平，还配读什么书？"然后很不屑地将那篇文章背了一遍，扬长而去！

你们看，这个盗贼真聪明，而且是特别聪明。一篇文章，他不太在意地听了几遍，就能够背下来了。而曾国藩用了很长时间，反复读了不知多少遍，还没能够背下来。从这一点来看，他不知比曾国藩聪明了多少倍。可惜这个盗贼虽然很聪明，但他没有刻苦学习，而是游手好闲、懒懒散散，最终做了小偷。而曾国藩呢，他虽然没有盗贼那么聪明，但能够刻苦学习，而且坚持不断地学习，就算遇到别人嘲笑、挖苦，比如像小偷这样挖苦他，他都没有泄气，还能够坚持学习。他就这样脚踏实地，坚持不懈，最终成为一代名臣。

自信却不自傲的曾大人。

自信是成功的首要条件，追求理想需要自信，创造辉煌需要自信。日本作家村上春树在书中写道："要自信！只要自信就无所畏惧。"曾国藩在两次赴京会试都落第的情况下，依然发出了"竟将云梦吞如芥，未信君山铲不平"的豪言壮语。曾国藩是一个奇人，后人评价他"立德立功立言三不朽，为师为将为相一完人"。他农村出身，后又平步青云，十年七迁，连升十级。看起来一帆风顺，平步青云，然而，他时时处在朝廷的猜疑和同僚的攻讦之中。那么他是怎样凭借自己的谋略和胆识，在波谲云诡的朝堂中巧妙周旋的呢？

自信而不自傲。正是自信成就了他，也成就了他的非凡事业。

但是，自信过了头，就是自傲。

莎士比亚曾经说过："一个骄傲的人，结果总是在骄傲里毁灭了自己。"在曾国藩中进士、点翰林的那年，他的祖父就对他说："尔的官是做不尽的，尔的才是好的，但不可傲。'满招损，谦受益'，尔若不傲，便好全了。"

公元前 341 年，魏攻韩。第二年，韩求救于齐，齐派田忌为将、孙膑为军师，出兵营救。魏惠王派太子申和庞涓领兵迎战。当时孙膑只有一万人马，庞涓却有十万大军。在敌强我弱的情况之下，孙膑想出了减灶诱敌之计。他假装打不过，边打边退，退兵第一天齐军造了十万人吃饭用的灶台，第二天减少到五万，第三天减少到三万。庞涓见齐军连日撤退，丢盔弃灶，认为齐军败退，就急忙带少数精兵前去追赶，不料在马陵中了孙膑的埋伏，死于树下，一命呜呼。

曾国藩的学识、地位、才能在当时也算是出类拔萃，但他对自己的评价却是："自感秉质愚钝，舍'勤''勉'二字别无他处。"他还说："吾平生短于才……自问仅一愚人耳。"

正因为他一直能够平视自己，抱有谦虚谨慎的态度，才能使他孜孜不倦地学习，最终成为一代大家。

诚如杨绛先生所说："无论人生上到哪一层台阶，阶下有人在仰望你，阶上亦有人在俯视你。你抬头自卑，低头自得，唯有平视，才能看见真实的自己。"

求强而不逞强的晚清名臣。

曾国藩在日记中说："从古帝王将相，无人不由自立自强做出。即为圣贤者，亦各有自立自强之道。"然而，曾国藩又说："吾辈在自修处求强则可，在胜人处求强则不可。"

咸丰二年（1852）在长沙办团练时，他也犯了逞强斗狠的错误。他看不惯湖南官场昏庸无能的状况，恨不得一下就扭转局面，就单枪匹马开始蛮干，派人大肆搜集民间堂会组织成员或同太平天国有联系的嫌疑分子。抓到人后，不经过朝堂审理，随意处置，大开杀戒。搞得当时长沙百姓草木皆兵，人人自危。

在看到长沙绿营兵纪律涣散时，又主动将军队接揽过来，由他统一操练。结果呢？不但百姓不感恩戴德，将士更是怨声载道。湖南官场人人反感，长沙百姓人人唾骂，巴不得让他走。

后来，咸丰七年（1857），曾国藩因为父亲病逝在家守孝时，全面认真地研究老子的《道德经》，才大彻大悟，悔不当初。

唐浩明在《曾国藩》中写道："又如参清德、参陈启迈，越俎代庖、包揽干预种种情事，办理之时，固然痛快干脆，却没想到锋芒毕露、刚烈太甚，伤害了清德、陈启迈的上上下下、左左右右，无形中给自己设置了许多障碍……它们对事业的损害，大大地超过了一时的风光与快意！"

明智的人要善于藏锋显拙，该装傻的时候，一定不能太精明。司马懿一生赫赫功名，年老时却被皇帝授予太傅之职，名为太傅实则无权。狡猾如司马懿怎么会想不到曹氏的用心，但他不动声色，静静等候时机，故意装病让曹氏放松警惕。后来曹爽果然被骗，司马懿才有机会举兵反曹，为晋朝建立打下基础。

"水至清则无鱼，人至察则无徒"，任何事情都要适宜。"人不可无能，但也不能逞能。"有的时候，以退为进反而是最快的方法。

"木秀于林，风必摧之。"曾国藩还认为，藏锋的最好办法就是，少说话，多做事。曾国藩给弟弟的信中说："古来言凶德致败者约有二端：曰长傲，曰多言。"

为人应自信而不自傲，对自己的能力、潜质有正确的认识，不自卑不自傲。处事应求强而不逞强，尽人事听天命，用说话的时间来做事，你收获的会比想象中多得多。

夜深了。我从《曾国藩家书》中慢慢抬起头来。

恍惚间，我又回到了自己的书桌前。曾国藩的故事如一缕云烟，渐渐从我的眼前飘逝；而曾大人清瘦而亲切的面容，睿智而坚毅的目光，在这个浓浓夜色里愈发清晰起来，愈发亲切起来。曾国藩的过往和他的金玉良言，令我如痴如醉。就在我的沉思中，我猛然发现，曾大人在频频向我点头，絮絮地向我诉说着什么……

多踩了两脚泥

制约学校教学质量的因素很多：制度、机制、办学条件、教师等。我认为，这其中起着关键作用的，是包含了学校领导、科任教师、后勤人员等在内的教师群体。而在教师诸项素质中，"激情、热情、实干、拼搏"等非智力因素，在工作中起着非常重要的作用。很难想象，一支虽然教学基本功过硬，教学经验丰富但整日浑浑噩噩、无所事事、对任何事情都抱"无所谓"态度的教师队伍，能创造出优异的成绩来！

在丁庄镇中心初中工作的日子里，我经常被一些"幸福的烦恼"困扰着。

自 2008 年元旦始，省教育厅要求学校实行双休，晚自习不能分到学科，教师不准到校辅导晚自习。为了保证学生安全，提高学生自习效率，丁庄镇中心初中采取了班主任轮流值班制，要求每名班主任一周最多执勤两晚上，其余时间不准到校。刚开始，班主任、科任教师虽然接受不了，但还能坚持；后来，我们发现，绝大多数班主任和科任教师几乎每晚都到校。学校明察暗访，教师们也确实不偷着进教室，不私下搞辅导。跟部分班主任私下交谈，他们表示在家真的坐不住："轮不到我值班，我就是到俺班门口转两圈，回去才能睡个踏实觉。"跟科任教师访谈，他们很多人说："我即使到办公室备备课或者什么也不做，心里也感觉充实，而且这期间我在办公室里也许会等来一个问问题的学生……"晚上校园内教师过多的现象被上级教育主管部门发现过几次，我也被领导们"熊"过好几遍。于是，我们大、小会都要讲，严令非值班教师进校园，但仍屡禁不止，你说"苦恼"

不"苦恼"？都听说丁庄教师特能干，但只有在这个环境中工作过的人才有深刻的体会。而正是丁庄教师的这种永不枯竭的工作热情和工作干劲，才使得丁庄的教育教学工作成绩斐然。

还有一个真实的故事令人深思。

1949 年 9 月，新中国即将成立，百废待兴。许多工厂、企业大量招工，有一个偏远山村的两个葛姓同龄青年被挑中。厂里要求他们月底前必须报到。不料，9 月 29 日夜晚，当地下了一场很大的秋雨，山路变得异常泥泞，出行十分困难。第二天，葛 A 踩着泥泞的山路，冒着山体滑坡的危险，带着满身的泥水和疲倦，直到夜里 8 点多才赶到厂里报了到。另一个葛 B 青年在两天后的晴日才到厂里报到。

时光如水，白驹过隙。葛 A、葛 B 两师傅把他们大好的韶华献给了厂里。直到退休时，他们才吃惊地发现彼此"身份"的差异：葛 A 老师傅是"离休"，月工资四千余元；葛 B 老师傅是"退休"，月工资不足两千元。"退休"的葛 B 老师傅曾几次到单位申请宽容两天。但是，1949 年 10 月 1 日始终如一座横亘在那儿的高山。没办法，他只有慨叹命运不公的同时向市里的领导诉苦：葛 A 占了厂里的大便宜，而厂里实实在在地亏待了他！市领导听了没做过多的解释，只是对他说："人家比你多踩了两脚泥啊！"他听后哑口无言。

据说，西方有一个哲人将人类所有的励志故事、成功格言浓缩成了一句话："天下没有免费的午餐。"成长与成功的征途中，离不开抓住机遇，离不开热情和激情，更离不开瞄准目标后的埋头苦干和拼命硬干！人生如此，我想抓教学质量也大抵如此。

对世界好一点，并不浪费
——四川"5·12"大地震反思录

没有任何东西比你自己的身体值钱。对自己好一点，并不浪费。

——吴淡如

2008 年 5 月 12 日发生在四川汶川的大地震给当地人民带来的巨大伤害是无法用数字来评估的。直到今天想起当时的情景来，我们仍然会不寒而栗。在举国悲恸的日子里，每一个中华儿女的心灵都受到了一次洗礼。逝者长已矣，但愿遥远的天国里不再有黑暗，不再有惊恐，不再有骨肉分离。对我们生者来说，汶川大地震带来的思考是深远的。

一

对自己好一点，并不浪费。

这是一次生命的教育。

没有劫后余生，就无法体会到生命的珍贵；没有亲人、朋友突然的去世——像水被蒸发，瞬间消失得无影无踪，就无法体会到生命是如此的脆弱。

昨天还在一块吃饭谈心的朋友，今天还在通电话、开玩笑的同学，早晨还在互相道别的母子，随着地壳的运动、房舍的倒塌，转眼间就阴阳相隔；快得让人无法相信，快得让人无法接受，快得让人肝肠寸断！

泪眼中，我们会真切体味到，这就是现实，这就是生命。

那么，就让我们学会珍惜吧。

珍惜每个清晨：睁开眼后，我们还能见到如火的太阳，闻到美丽的花香，听到鸟儿的欢唱。就让我们学会珍惜吧，珍惜每天我们还能背着书包走向校园，珍惜我们还有改正错误的机会，珍惜老师、长辈善意的批评，珍惜晚上教室内明亮的灯光，甚至珍惜夫妻间的争吵，珍惜同事间的一次误会……

因为我们活着，就要学会珍惜生命，就要学会对自己好一点。

真的，对自己好一点，并不浪费。

二

对别人好一点，并不浪费。

这是一次情感教育。

2008 年 5 月 19 日至 21 日，中国首次以国家的名义，向灾区遇难民众降半旗致哀。全国哀悼 3 日，其间停止一切公共娱乐活动。

降半旗，为普通民众，这在中国是首次。五星红旗缓缓而降，中国人的生命价值却冉冉上升。国家是在用实际行动告诉我们：每一个生命都应该受到尊重，每一个生命都值得敬畏！因为，没有对逝者的哀悼，就没有对生者的珍惜；没有对生命的敬畏，就没有对生命的尊重！

那个已经获救的女童宋馨懿，等你懂事时，请你记住，你曾拥有世界上最无私的父母。在地震发生的一瞬间，你年轻的父母脸对脸，胳膊搭着胳膊，用他们的身体搭成拱形，挡住倒塌下来的沉重墙体，用血肉之躯为你构筑了一道"生命之墙"。

那四个已获救的同学，请你们牢牢记住，你们曾拥有世界上最伟大的老师。当房梁下坠的刹那，你们的老师把你们四人"塞"进了桌下那个能够躲避灾难的狭小空间，而他却用自己单薄的身体为你们搭建了世界上最厚实的"生命围栏"。

那个饱受丧妻之痛的无名中年农民，不忍将亡妻弃之野外，将其尸体与自己绑在一起，用摩托载着她前往当地太平间。即使不能救妻子的生命，也要给她些许死后的尊严。

那些埋在废墟中被挖出的幸存者，请你们记住来自全世界的救助。在震后三天不到的时间里，不同肤色、不同种族的救援队和志愿者就踏上了余震频发的汶川大地。

那些虽受地震惊吓，但已脱离危险的人们，让我们共同记住中华人民共和国13亿人口的总理：几千里的辗转，十几个不眠之夜和数十次的潸然泪下……

6万余人的逝去，13亿人却获得了感情的重生。你身边的问候短信与电话多了起来，陌生人也开始变得可亲可信，你也开始了回忆，回忆家人、亲朋、同学，回忆逝去了的岁月；那些因贫困、劳累、误解、不公而引发愤懑、抱怨的人们也轻易找到了自己的幸福感：回到亲人身边，回到家庭中去……

感谢灾区那些虽失去亲人，但仍强忍悲痛奋战在重建家园的灾民们；感谢全国人民不同方式的救助和支持；感谢子弟兵、各级政府大难来临时快速的反应，镇定自若的自救；感谢来自日本、韩国、俄罗斯等国的救援队；感谢来自世界各国与人道机构的金钱与物资援助……

汶川地震坚挺了"一方有难，八方支援"的老理儿，昭示了只有人人奉献爱心，文明才能发展，人性才能升华的真理。

汶川大地震向我们昭示：没有任何东西能比爱更温暖！

的确，对别人好一点，并不浪费！

三

对自然好一点，并不浪费。

这是一次灾难教育。

过去我们常讲人定胜天，但汶川大地震再次显示人类在大自然面前是多么渺小。灾难再次提醒我们：环境友好型社会的意义不在于环境对我们友好，而在于我们对环境的友好。

　　早几年，我们关注黄河断流，当黄河慢慢恢复了元气，我们又忘记这次警告；后来，滇池的水质恶化，苏州、杭州等城市无饮用水，我们又一次次被"吓一跳"。之后，我们又遗忘了。接下来是南方的雪灾，然后是地震，这一切都是自然给予我们的警告。当我们看到漫天的沙尘暴，恶臭的河水，那些只能在图片中才能看到的濒危物种……我们真的是把自然看作我们的朋友、家人吗？人类只是自然不经意的创造，是自然的一部分。我们应该与自然和谐共处，而不能无休无止地索取。否则，长此以往，我们的下一代，下一代的下一代，可能看不到一条清澈的河流……

　　生活在这片土地上，我们要处理的关系千千万万，归纳起来不过两条：人和自然的关系、人和人的关系。在这个非常时期，似乎每个人都成了亲人、邻居、朋友。那么，人与自然呢？但愿也能通过这次灾难，让我们重新看待人和自然的关系，尊重自然，敬畏自然，让自然成为我们的家人、朋友、伙伴。

　　没有任何东西比人与大自然和谐相处更让我们感到踏实和安宁！

　　真真切切的，对自然好一点，并不浪费！

　　那么，就让我们从身边事做起，从细小事情做起，对自己好一点，对别人好一点，对自然好一点，对世界好一点！让我们生活的世界不再有寒冷，不再有冷淡，不再有倾轧，不再有骨肉分离……

　　真的，对世界好一点，并不浪费！

做一株智慧的芦苇

就在早饭后遛弯儿的雪野湖边，我遇到了它。

它就是普通而又平凡的芦苇，亭亭玉立于每天我散步必经的湖边。

高过人头的茎，一根根，站成密密的篱笆；剑状的叶，青翠欲滴，人字形，拱卫在茎的两边。随着吹过的微风，它起伏着身躯，和着此起彼伏的"沙沙"声，凝结成一片令人遐思的风景……

在乡下老家，芦苇是最常见的植物。对于它，我有着非常复杂的情愫。

初春的田野，万物还一片肃杀。最早冲破寒冷向春天报到的，就是这芦苇了。田地里、沟渠边、河畔上、盐碱滩里……芦苇像一把把绿色的利剑破土而出，迎着春寒料峭，直指阴晴不定的天空。春风很快让人们脱去冬装，芦苇也如拔节的竹子，噌噌疯长着，很快就染绿了田野。一骨节、一骨节的叶子，绿了整个春天。被枯草委屈了一个冬天的瘦牛、瘦羊、瘦马们，狼吞虎咽地将这些嫩嫩的苇叶卷进各自的胃里，芦苇成了家畜们可口的面包、香肠和甜点。

盛夏，芦苇已经蹿得可与玉米、高粱比肩了。苇叶翠绿，苇茎粗壮、柔韧。尤其是河滩里、沟渠旁的芦苇，密密实实，围成一条条绿色的长城，夏风吹过，犹如碧波万顷的海洋，煞是壮观。狂风暴雨来临，芦苇如绿色的浪潮，排山倒海般，一会儿涌向岸边，一会儿又涌向天边，呼呼的风声伴着千万枝芦苇被风折断的咔嚓声……

秋天来临，苇叶枯黄，毛茸茸的芦花给芦苇戴上了一顶护士帽。洁白的芦花纷纷扬扬，如同漫天飞雪，飘到很远、很远的天涯……

冬日里，成熟的芦苇被农人收割，编成苇席、苇箔、锅盖；纤细不成器的芦苇则烧熟了农家的粗茶淡饭，化成袅袅的炊烟，编织着我们童年的梦。冬日里农闲时，成熟的芦苇被父亲冒着严寒收割卖掉后，延续着我与弟弟安然读书的那些岁月……

芦苇随处可长，但生长在庄稼地里的最不受待见。你今天把它深深割掉、锄掉，不出三天，它就钻出粗粗的芽来；你再把它深深割掉、锄掉，不出三天，它依旧钻出粗粗的芽来；它不像其他野草轻易就会被连根拔起，若想连根将它拔掉，你会发现这是徒劳的——因为它的根深不可测，而且盘根错节！人们终于对它失去了耐心，听其自然。于是谁家摊上一块长着芦苇的地，谁家就只能自认倒霉……

芦苇随处可见，但给人的感觉却不同。上大学的第一学期，当想家的我在校园北墙下见到它，我竟激动得流泪，如同见到家乡老友；夏日游览阳澄湖，沙家浜那漫天遍野的芦苇，让我感到自身的渺小；《孤独之旅》里，我窥见了主人公的孤独和成长；《芦花荡》中，我看到的是它的坚韧和刚强；而飘零在三叔坟头的那一缕芦苇，则让我想到了生命的脆弱和无常……

芦苇，这一普通得无法再普通的草，曾让我伴着"离离原上草，一岁一枯荣"的诗句，思考着人生的盛衰；芦苇，这一普通得无法再普通的草，曾让我苦吟着"孤舟蓑笠翁，独钓寒江雪"的诗句，舐尝着孤苦的味道；芦苇，这一普通得无法再普通的草，曾让我高唱着"千磨万击还坚劲，任尔东西南北风"的诗句，鼓励自己要学会坚强；也正是这一普通得无法再普通的芦苇，曾让我玩味着"秋阴不散霜飞晚，留得枯荷听雨声"的诗句，感喟着人生的孤寂……

在海逸山庄的每一个清晨，在与命题组成员每一次遛弯儿的时候，在每一次与芦苇邂逅在湖边，我都仔细地打量着它，看它婆娑起舞，听它"沙沙"歌唱，而我的思绪会飞得很远，很远……

2018年参与中考命题回家后，突然听到了我的高中老师侯光效病逝的消息。老师在一年前已经做了心脏支架手术，去世前的下午还和老友们一起打扑克，晚上十点突然去世。听到恩师去世的消息后，生离死别的阴影久久笼罩着我。是啊，生命脆弱得如锅台上的一只塑料袋，哪怕点点微风就能将它吹落。

死，说起来简单一个字，让人接受却是很难。这个字，这几年，像苍蝇一样在我的脑海盘旋，挥之不去。

人的生命真的就如秋风中的芦苇般脆弱，一滴水、一阵风就能将之夺去？

唏嘘别人的不幸，实际上我是在抚慰自己的伤痛，梳理自己的感情。

2019年5月，就在我即将踏上中考命题的专车，开始我热爱的命题工作时，心脏的不适让我不得不停下手头工作，输液静养。我知道心源性高血压的危害已开始波及我身体的脏器，年轻时的身体优势已经不复存在；那些停留在口头上的"这个注意""那个注意"必须引起我的重视，而且必须付诸实施了！如果连自己的生命都没有了，还奢谈什么教育？奢谈什么孝道？奢谈什么人生呢？

我当然知道，自己的不幸自有其复杂的原因。不幸中的大幸，我恢复得很好。人对疾病的恐惧正是源于对死亡的恐惧。康复之后，我仍然小心谨慎。因为，我见到太多貌似"康复"，并开始"享受"生活的病友，当不幸再次降临时，已措手不及。

对此，再超脱的哲人胸中都应该藏着悲观的情绪，这才是对生命珍视和敬畏的态度。一面彻悟生命的本质，一面满怀生活的热情，带着生命的忧患意识享受人生。萧伯纳说过："人生有两出悲剧：一是万念俱灰，另一是踌躇满志。"

苏格拉底在狱中遵照判决将饮毒酒，克里托问他对后事有何嘱托，他说只希望克里托照顾好自己，智慧地生活。

如果能够重来，我相信，苏格拉底一定会坚持自己的哲学道路能让自己全身而退。只可惜，人生不售返程票，一旦动身，就不能返回。

　　于是我又想到了芦苇。芦苇扎根四野，柔韧时，它能对抗狂风暴雨，电闪雷鸣；而脆弱时却经不起轻轻地一折，经不起薄薄的刀片。看到它，我想起帕斯卡尔说过的一句话："人是能够思想的芦苇。"

　　命题间隙，从我居住的208房间透过窗户向东望去，越过几座小楼，一处矮山，碧波荡漾的雪野湖就横亘在那里。黛色的远山和平静的湖水给了我无限的惬意。而生长在湖边的芦苇，却给我生命的启迪。芦苇，既能长在水边，也能长在陆地，不择地而居；根系发达，保持生命的韧性，更利于保存自己。秋末冬初，芦花随风飘散，将生命的希望播向远方。

　　我越来越欣赏这个柔弱的生命生存的智慧！

　　生命中的责任很多，诱惑也很多；但人来到世上真的不容易，我们应该用心思索，好好度过。

第四辑

教育，把心叫醒

——留心之处皆教育

走马观花新加坡之一

位于马来半岛的新加坡，因其市容清洁美丽，环境优雅，空气清新怡人，被誉为"花园城市"。漫步在这座美丽的花园城市，徜徉于这座东西方文化交汇融合的现代都市，你既为她高度发达的科技所倾倒，也会被她的宽容、理性、文雅、谦让等文明市风所折服。

在新加坡北区的后港中学，我们同学校的老师和领导进行了愉快的交流。我问该校科学学科组组长陈老师为什么新加坡能保持高度的精神文明。他想了想，回答说："文明使文明更文明。"怕我听不懂，他又补充："我们有高度的物质文明，通过各种渠道提倡和推行文明，建立起文明的行为规范体系，建立起文明的道德体系，建立起文明的价值体系，那么，即使不文明的人进入我们这个环境，也能很快文明起来。"

在返回住处的路上，我仔细体味陈老师的这句话，突然感悟到，他所说的"文明使文明更文明"不就是我们所说的"环境育人"的要义吗？

环境心理学把环境分为自然环境和社会环境，从广义上讲，所有作用于人的心理和行为的客观存在都是育人环境的范畴。从这个意义上讲，我认为，我们的校园（包括餐厅、宿舍、操场、实验室、班级）、社区、家庭、村落都是育人环境，就连教师、家长，甚至连我们身边的文艺活动、电视新闻等媒介也是育人环境的组成部分。

我国自古就非常注重环境育人的作用，战国的荀子有"蓬生麻中，不扶而直；白沙在涅，与之俱黑"，所以有君子"居必择乡"之说。"孟母三迁"也是中国古代重视环境育人的典型事例。

纵观我们今天的育人环境,政府、教育行政部门和学校做了大量卓有成效的工作:创设美丽、洁净、高雅的校园环境;封杀色情电影、电视和恶意网站等。尽管如此,我们的育人环境还有进一步完善的地方。

忧思其一:道德环境

中国是文明古国,历来推崇"天下为公""舍生取义""孝悌恭俭""礼义廉耻"等道德准则。反观现在的孩子,有人总结说我们的孩子有"四不",即"对物不爱惜,对己不克制,对人不感恩,对事不尽力"。这话确是片面,但也说明了一定的问题。而这些问题的出现,岂能用"独生子女"以蔽之?

忧思其二:人格环境

孩子的成长需要用高尚、健全的人格形象去影响,孩子们的周围需要崇高的灵魂。

要求孩子们说真话,成年人自己却有时会说假话,面临检查,要求孩子们讲文明语言,成年人却有时会忍不住爆粗口;要求孩子们讲究卫生,要有环保意识,成年人有时会乱扔垃圾;要求孩子们正直,成年人有些时候在大是大非面前却不敢直言……

忧思其三:社区环境

生活即教育,社会即学校。建设高度发达的文明,需要全社会努力。建设文明的环境,政府要从方方面面努力,而制定相应的法律法规,做到有法可依和违法必究,是贯彻和落实的关键。

学校肩负着传播文明、建设文明、培育文明公民的重任,除了为学生创设优秀文明的自然环境外,还要发挥好教师队伍的文明示范作用,要让教师"立真、立善、立美",成为文明的使者。同时,要加强家长学校建设,让广大家长也加入传递文明、培育文明的行列中。唯有如此,一片片小树林必然能改变我们周边的环境,进而起到调节、净化我们生活的大气候的作用。

　　"文明使文明更文明"，既简单而又富有哲理的话语，给了我们深刻的启迪。建设高度文明的国度，培育高度文明的国民有非常漫长的路要走，对我们教师来说，就要从自身做起，从现在做起。

走马观花新加坡之二

美丽的新加坡是一个热带岛国，由新加坡岛和60多个小岛组成。新加坡地处世界航运要道，得天独厚的地理条件使之发展成为东南亚的商业明珠，并成为亚洲重要的金融、电子、旅游、贸易、航空及海事货运中心。高度发达、繁荣的经济，促进了该国教育、卫生、医保、社会福利等各项事业发展。通过同当地教师、校长座谈，我们对新加坡教师的工资、福利有了一个大致的了解。

在新加坡，工作3～5年的教师月薪在5 000元新币（一元新币折合5.13元人民币左右）以上，中小学校长的月薪大约在8 000～12 000元新币左右。其他职务补贴、岗位补贴也相对丰厚，而新加坡产业工人月薪一般在1 500元新币以上。在新加坡，一人从事教师行业，其配偶、子女都可享受免费医保。从工资和福利看，新加坡的教师待遇真是相当不错了。

这样高的工资，这样好的待遇，新加坡的教师肯定非常有干劲，教师肯定是让人羡慕的职业。当我与后港中学的年轻学科组长陈老师交流自己的想法时，他告诉我："尽管如此，我们新加坡教师仍感觉心累，仍然有许多人跳槽，我们仍然在为解决职业倦怠而努力。"

新加坡教师也有"职业倦怠"问题？这正是我想问而没来得及问的问题。

"那么，你们是如何解决职业倦怠的？如何培养教师的职业幸福感的呢？"我急切地询问陈老师。

陈老师说："我们也时常搞点小福利。"

我追问："是否经常组织外出旅游？"

"我们也组织老师们出国观光，但不多，一两年一次，——其实面积仅有 719.9 平方千米的岛国新加坡，抬脚便能出国。"陈老师笑着说，"新加坡教育部规定要把 30% 的工作时间留给老师，他们可以利用这些时间在校本研究、学生课外活动、学团组织等方面发挥自己的优势，获得成功的快乐。"

我见过他们师生创作的精美校本教材，也通过学校的宣传图片，了解到他们所开展的"科学之旅""文化之旅"以及开展的射击比赛、跆拳道比赛、中华武术比赛等活动。

但仅仅这些就能够使老师们克服职业倦怠？

陈老师指着自己的胸口，用生涩的普通话补充说："最关键还是这里，平衡心理，自我调节心态。"

新加坡教师有如此高的工资待遇，竟然也有职业倦怠，这是我没有想到的。我更没想到的是他们培养教师职业幸福感的手段、方式也和我们国内采取的措施有着异曲同工之妙。

看来，对职业幸福感的培养，除了提高相应的福利待遇外，最关键的还是要靠教师对自己的职业产生认同感，靠教师自己调整在生活实践中由于各种原因而产生的心理波动。

教师的职业认同感就是教师对自己职业的热爱，以及由自己的专业成长，包括学生的成长进步，而产生由衷的幸福感和归属感。

其次，一个人幸福不幸福，在本质上和财富、地位、权力没关系，幸福由思想、心态决定，心可以造天堂，也可以造地狱。

一个收废品的男人骑着一辆三轮车，车上装满了破烂，今天他的收获颇丰。车上坐着一个女人，两人相背而坐却谈笑风生，那种幸福不比别人差。

什么是天堂？什么是地狱？人们把良好的心态定义为天堂，把糟糕的心境定义成地狱，有良好心境的人更幸福。

我们的生命就像电光石火一样转瞬即逝。在有限的生命里，不管你是贫穷还是富贵，不论你过的是什么样的人生，最不该扔掉的就是欢乐。

有人问佛祖："什么叫佛？"

佛祖的回答是："无忧是佛。"

禅言："眼内有尘三界窄，心头无事一床宽。"

所谓"眼内有尘"，表现为我们给自己设置种种障碍，如这山看着那山高等。

由此，培养教师的职业幸福感，对学校来说，除了尽可能为教师提升待遇、福利外，还要想方设法为教师的专业成长创造条件，让教师在自己的成长、学生的成长过程中，提升幸福指数。

对教师自身来说，关键要调整自己的心态。老师们，我们面对着生机勃勃的孩子们，面对着春有鲜花夏有风，面对着秋有硕果冬有雪，快乐是一天，不快乐也是一天，我们有什么理由不调整好心态，让自己快乐起来呢？

英国有句谚语："山坡上开满了鲜花，在牛羊的眼中，它只是饲料。"如果一天，我们的双眼为名利所累，我们看见的鲜花也会是饲料。教师幸福指数提高，靠的还是自己心态的调整。"我的地盘我做主"，我们每位老师都应用纯净的心态，用阳光的生活态度，用我们积极的心理，灿烂地面对花开花落，阳光地面对云卷云舒，带着愉悦的心情，同孩子们一起享受成长的快乐。

到那时，我们每个人都会由衷地说："做一名教师真好！"

走马观花新加坡之三

　　美丽、富足、高度文明的新加坡，国土面积有719.9多平方千米，人口561万。新加坡有廉洁高效的政府，文化多元，种族和谐，人民安居乐业。虽然新加坡地处世界航运要道，并且凭借地理优势成为亚洲重要的金融、服务和航运中心之一，但是这个国家缺乏自然资源。因此，新加坡政府非常重视教育，通过发展初、高等教育和职业教育，造就了一代代勤劳、乐观、宽容、有良好文化素养的人民，从而弥补了这个天然的短板。

　　新加坡教育制度灵活多样，而且在不断完善，为年轻人提供了多种选择。新加坡人必须接受至少十年的常规教育，其中包括六年的小学和四至五年的中学教育，之后，他们可以进入初级学院或大学（学制二年），也可以进入专业学校（如师范、医护等，三年学制）。

　　新加坡非常重视基础教育，小学课程主要有英文、母语、数学、科学、体育、音乐、道德教育等；中学课程主要有英文、母语、数学、科学、文学、历史、地理、家政、音乐、体育和公民与道德教育等。与此同时，新加坡教育注重学生的实践活动，鼓励他们通过自主选择，参加学校的活动和社会活动，以扩大其视野，培养其能力。

　　在新加坡学习期间，我们重点考察了后港中学、依布拉欣小学和永青小学。每到一处，我们感叹新加坡良好的教育环境、先进的教学设施；感叹他们有一支自信、乐观、向上的教师团队；同时，更为他们别出心裁的活动设计、活动场所所折服。虽然新加坡寸土寸金，但在每一所学校，几乎所有的角落都有学生益智、益趣的活动场所。楼梯口就有画室、雕塑室、阅览室；走廊拐角处就有电脑设计室、舞蹈室……而所谓的"室"，只是有相应的活动用品，没有安装房门，它们是开放式的，学生可以随时进来活动。

新加坡学校的活动教育分为校内活动（亦称课外活动）和社区活动（相当于我国的社会实践活动）。学校的活动教育渗透着国民教育（包括民族文化教育、爱国教育、爱心教育、责任感教育等）、艺术教育、文学教育、强身健体教育，以及其他特长方面（如服装设计等）的教育。

新加坡学校的活动教育，不管课外活动还是社区活动，均具有新颖、独特、贴近生活的特点。

新加坡是一个多民族国家，华人、马来人、印度人、欧亚混血人和睦相处，互相尊重。在依布拉欣小学，我们参观了"校内文化之旅"图片展。每逢中国年、马来年、印度年，学校不仅组织同学、师生间相互拜年，还组织他们走进社区给老年人拜年，帮助老年人打扫卫生；中秋节，学校会组织学生看灯会，猜灯谜；端午节（新加坡的稻米节），学校会组织学生到学校包粽子，品粽子；每年7月21日是新加坡的"种族和谐日"，学校会组织不同种族的学生们相互串门，互赠礼品，如华人小朋友会联合起来，让"妈妈团"到学校，邀请马来小朋友一起包水饺。那种欢乐和融合的气氛，让孩子们一辈子都忘不了。

新加坡社会实践活动和课外活动教育处处彰显着因材施教、尊重学生个性和成长规律的特点。

尽管新加坡是一个以英语为行政用语的国家，但各民族在融入新加坡的同时，均保留了本民族的文化。在新加坡，各学校均开设有适合每个民族特点的民族文化寻根之旅活动。在依布拉欣小学，民俗文化展厅布置有华人、印度人、马来人等各族文化展。老师们让各族学生通过上网、查阅图书等方式亲手搜集从老祖先刀耕火种时期到现在的工具、生活用品，包括服饰、礼仪、婚俗用品等。在华人民俗文化展厅，我们看到了老祖先用的陶器、瓷器、罗盘针、算盘、古筝及结婚用的脸盆、毛巾、盖头等，他

第四辑　教育，把心叫醒

199

们搜集的"三书""六礼"等婚俗信息，让我们这些地地道道的中国人也倍感新鲜。这些东西均是孩子们在老师指导下搜集整理的，有些物品是学生手工制作的。

为了开展适合不同年龄学生的活动，新加坡的老师们可谓费尽心思。如在小学一年级的华人学生中，他们开展"看华医，学华语"活动，让华人孩子在真实的语言环境中学习华语；对二年级学生进行饮食保健教育时，让学生认识大豆、苦瓜等植物，了解其生长过程，掌握其价值，同时还培养了学生爱惜粮食的情感；在三、四年级，老师们让学生从网上搜集中药知识，同时组织学生到野外采集中草药。在动手实践中，孩子们既学习到了保健知识，也加深了对博大精深的中华文化的了解。到了中学，学校会组织开展多种多样的异国文化寻根活动，如针对华人学生开展的"北京文化交流之旅""大连文化交流之旅"等。既受到了华人学生的欢迎，又实实在在增长了他们的才智。

新加坡很多学校的活动教育也很注重校本课程的开发。如为了培育学生的环境保护意识，在依布拉欣小学，他们组织小学二、三年级的孩子们走进动物园，与动物饲养员对话，了解动物们的生活习性，了解动物的喜怒哀乐。回到学校后，同学们进行交流，在老师的帮助下，编成《动物园的故事》一书，并在校园内发行。我印象深刻的《大象的尾巴咋丢了》《金丝猴的月子》等均来自真实的动物生活，真实感人。其他还有许多，如让孩子们参与电视剧制作，参与电视主题曲创作，后港中学的学生领袖甚至去实习过国家议员等。这些成为学校校本课程开发的重要组成部分。

新加坡学校课外活动注重学生的特长培养。课外活动内容丰富，设置有拳击、武术（中华武术、希腊武术、跆拳道、柔道等）、射击、足球、篮球、网球、象棋、器乐等课程。学生可以根据自己的兴趣，参加这些课外活动。学校的课外活动也十分注重学团建设，如永青小学的华乐团，后港中学的龙舟队、舞狮团、学生警察队、男女童子军、学生红十字会等，均如火如荼地开展着活动。在学校、国家组织的艺术节和各类比赛中，这些团体摧城拔寨，一次次捧回奖杯。

新加坡的学校活动教育有专门的资金支持，也有社区、大学及科研部门的大力支持。学期初，老师们会对每个活动编制预算，经学校论证后，向国家申请拨付活动资金。在后港中学，我们了解了他们学校开展的科学之旅——"可可的改良试验"活动的全过程：资金申请—资料收集—专家讲授—种植园栽种（观察记录）—马来西亚种植山区考察—品种改良—专家论证—改良推广。整个过程得到了新加坡国立大学、种植园、国家旅游局、可可研究所等机构的大力协助。一个活动耗时三年，但学生的探索精神、科学态度、团队意识等均得到了相应的培养。

我们十分羡慕新加坡孩子们有如此好的教育环境，十分敬佩新加坡社会对教育的支持和关注，更十分感动新加坡社会、家长对教育的理解。新加坡学校组织如此多的活动，学生受到不可预料的伤害在所难免，即使出现这样的意外，他们的家长也不会和学校在这事上纠缠不清，更不用说对簿公堂了。

2008年1月，山东省中小学素质教育会议发出了"把时间还给学生，把健康还给学生，把能力还给学生"的号召，要求中小学发挥好校外社会实践活动基地的作用，开展"阳光体育"，充实半小时"大课间"；同时，又推出了改革评价办法，改革中考、高考办法等强力措施，这无疑是我们在落实素质教育征途中的一次革命，它受到了全社会的理解和支持，得到了老师、家长的拥护。

"好风凭借力，送我上青天。"能力来自活动，智慧在儿童的手指尖上跳舞。愿我们每一个教育工作者，都能从新加坡学校的活动教育中获得启发，立足实际，开动大脑，积极落实省中小学素质教育会议精神，劲舞春风，青云借力，在提高课堂教学效率的基础上，发挥好课外活动和社会实践活动的作用，给予学生更多发现知识、接触社会、亲近大自然的机会，努力培养更多身体健康、人格健全、个性张扬、能力突出的合格的社会公民，努力培养更多具有全球视野的社会主义事业的建设者和接班人。

走马观花新加坡之四

在新加坡大多数的中学，学生们每天上学只需要携带一个重量仅为2千克的笔记本电脑而无须再携带沉重的课本；同时，学生可以用笔记本电脑在校园内随时随地与老师进行交流，查阅教材和网上资源。学生可以利用电脑自由选修学校任何教师的任何课程，老师也可以利用电脑批改学生的作业，并对个别学生出现的问题进行单独指导（类似面批），同时也可针对学生布置个性化的作业。

在后港中学，校长谢俊杰先生讲述了新加坡学校信息技术创新的过程，华文教师小李（毕业于上海复旦大学）向我们演示了学校刚刚开发的"智能白板"和网上学习计划，令我们大开眼界。

例如，在数学课中，学生可以使用被称为 Fun with Construction 的一个应用程序解决几何问题。学生和教师可以使用无线基础结构和模拟教室应用软件在学校的不同位置参加数学测验，甚至可以在家中参加测验。这项新技术使学生们有更多的机会与教师进行一对一的接触，教师可以随时了解学生的学习进度和作业完成情况，并及时对学生进行指导。

由于使用了多媒体和协作应用软件，科学、英语和历史等课程的课堂更加生动。数字课本的界面方便操作，学生能够画线，快速记笔记，标记和注释。学生还可以通过数字课本直接访问互联网中的相关教学资源，帮助学生补充与学习课程相关的知识。

谢校长说："我们的老师和学生表示，课堂上使用笔记本电脑，让这些课程更加具有吸引力，更加具有趣味性。"

新加坡教育部注重对教师和学生信息素养的培训。教育部会分期分批安排师生学习诸如 Microsoft Movie Maker、Microsoft Office 等软件。这种量身定做的培训，有利于提升师生的 IT 技能。

联系我们的现状，在信息化教育进程中，虽然我们已经迈出了一大步，但机器购置与运用严重脱节，软件开发与软件应用、培训脱节，计算机知识普及与互联网中相关教学资源的使用，不同学校还存在很大差距，许多学校的多媒体仅相当于实物投影，大量教学软件被闲置，师生不能很好地利用电脑交流，不能充分运用网络资源等问题着实堪忧，对照新加坡的创新课堂，我们在教育现代化进程中还有很多的工作要做。

走马观花新加坡之五

到新加坡的学校参观，与教师、校长座谈交流的过程中，教师的专业成长和教师在职培训，是我们交流的主要话题。

新加坡教育部十分重视教师的在职培训，规定教师每年必须完成100个小时的培训。特别令我们感兴趣的是，他们在教师在职培训中，从组织到活动开始，到具体培训，到活动结束之后的反馈，都非常人性化。

一、培训安排细心贴切

为了搞好教师的在职培训，新加坡教育部每隔半年，就会通过课程信息手册和专业网站，下发培训信息，包括课程名称、内容简介、主讲人、课时时间安排和地点等。学校教师根据自身兴趣、专长等，向教育部申请培训课程。

教师培训大多数安排在工作日下午2：00后或周六，学校很少在长假期间安排培训课程。上培训课，学员一般很少记笔记，每人一进教室便领到一份装订成册、内容详尽、图文并茂的讲义，包括磁盘。培训过程中，讲授者通常讲得很少，大多是提纲挈领，然后把大部分时间留给学员，引导他们分组讨论问题，如如何处理课堂的突发事件，怎样才能做到"教师少讲一点，学生多学一点"，阅读训练怎样才更具时效性等。每个小组将讨论的结果写在一张事先准备好的、可以悬挂起来的大纸或幻灯片上，然后各小组派代表进行阐述。课堂结束后，每个学员以不记名方式填写一张表格，发表对本课程的意见。

新加坡大多数培训课程是免费的。培训前，主办单位会通知每个学员，内容包括上课地点、电话、传真、公交状况等，尽管他们的培训没有长期固定的地点，但主办单位都备有小吃、水果、饮料等，供学员课间休息时享用。

细致入微的安排，彰显了组织者的细心，体现了人文关怀。

二、培训形式不拘一格，培训内容量身定制

新加坡教师在职培训的内容，往往事先经过细致的调查，根据教师当前的需要、兴趣，量身定制，培训内容主要有以下几种：

1. 贴近课程的专业培训。如科学学科实验操作培训、华文作文、英文阅读效率提高策略等。

2. 与班级管理、学生管理相关的培训。如团队协作等，这些培训均具有实用性强的特点。

3. 与学生特长培养或与本专业无直接关系的个人爱好和兴趣培训。比如对辅导员（相当于国内的班主任）进行指导课外活动的培训等；同时，新加坡教育部门认为良好的个人修养是一名教师必备的素质，良好的兴趣爱好有助于提升教师的亲切感，所以唱歌、绘画、瑜伽、插花、武术等，也是新加坡教师重要的培训内容。

4. 教学"分享"（校本培训）也是教师培训的重要组成部分，因为这种"分享"是在教师个人总结的基础上进行的，故实效性更强。

另外，新加坡教育部门在选择教师在职培训的授课者上既严肃又灵活。学者、专家、教授、作家是授课者，那些拥有丰富实际教学经验，做出突出贡献的在职教师也可以是授课者，具有相关专业知识的专业人员（如IT人员）也可以是授课者。近年来，新加坡非常重视心理健康教育，因此，一些从事心理健康工作的专业人员也非常受教师的青睐。

对照国内教师的在职培训，新加坡的教师在职培训并不系统，教育理论体系也显得松散。但他们注重实践，尊重教师自主的人本观和变复杂理论培训为直观研讨的培训观，非常值得我们学习和借鉴。

走马观花新加坡之六

2008年4月30日上午，根据新加坡教育部安排，我们参观依布拉欣小学。校方非常热情，邀请我们先到二楼接待室吃茶点，然后参观，最后交流。

教室里，随处可见围成一圈席地而坐听课的学生，随处可见在自己座位和讲课老师争辩的学生。最吸引人的是许多教室里别具一格的学生的座次。站在门口或讲台上，你会感到仿佛在空中俯瞰海洋中星罗棋布的小岛：很多教室由六七个"小岛"构成，有"T"形、方形、"G"形、喇叭形、梅花形……每个小岛由五六张小桌组成，一个小岛就是一个学习小组，每个小岛与"大海"连接处有一台电脑。

学校的沈校长向我们介绍这种"小岛式"或"梅花式"座次排列的缘由。

2004年8月22日，新加坡总理李显龙在就教育问题谈话时指出："我们得少教一点，让学生多学一点。成绩诚然重要，考试一定要及格，但成绩不是生命的唯一大事，在学校里，还有许多生活上的事物，值得我们学习。"

新加坡教育部在随后组织校长与教师去美国参观访问后，基于对新加坡教育的远景——"重思考的学校，好学习的国民"的思考，提出了推行"教师少教一点，学生多学一点"的教学策略。于是，有助于学生交流思想、分享经验、合作学习的"小岛式""梅花式"座次便应运而生了。

新加坡"教师少教一点，学生多学一点"的教学策略，能否通过这种"小岛式""梅花式"座次实现呢？我们通过观察，通过与师生座谈了解到，以前课堂是以讲授为主，学生采用"一"字式课桌排列方式，端坐于教室内，每个学生的一举一动都在教师视力的范围中。随着"教师少教一点，学生多学一点"教学策略的提出，教师把大部分课堂时间还给学生，学生在这种"小岛"或"梅花"中围坐，使课堂讨论变得迅速有序，从而避免了学生们讨论过程中挪动桌椅，扭动身体、脑袋。

与此同时，教师还为班级的"小岛式""梅花式"座次排列起了好听的别致的名字，用图画的方式表达并设计出一张积分表，张贴于教室前的壁报栏中，随时进行积分。由于各组存在竞争，荣誉感促使优秀生自愿地帮助后进生，后进生也会在优秀生的带动下努力学习，无形中，整个班级的凝聚力加强了，也有利于教师驾驭课堂。

课堂上，老师在分解学习任务后便可以在"小岛式"和"梅花式"桌间穿行指导，学生则在其中进行自由交谈和分组实验、制作。学生静坐在桌前，听老师站在黑板前讲课的现象少了，学生不是动口就是动手，课堂效率之高，令人刮目相看。

新加坡课堂模式的重大改革，给我们这些习惯于"满堂灌""满堂问"的中国教师很大启发，把时间还给学生，把能力还给学生，不能仅仅停留在文件中、口头上，还要真正落实到行动中。

走马观花新加坡之七

  2008年4月30日上午，当参观新加坡依布拉欣小学的一所教室时，我们看到一个孩子独自一人坐在"梅花桌"外的地板上，手捧课本在听老师讲课。交流中，来自东营市垦利区的张校长问该校的沈校长是怎么回事时，她的回答令我们大跌眼镜："可能是这个孩子太调皮，他是在接受惩罚。"

  西方的教育模式，在我们印象中，应当是十分宽松的。这孩子不仅因调皮而被惩罚，而且还是我们国内教师谈之色变的"体罚"，真是不可思议！我们立刻把注意力转移到新加坡的教育惩戒上来。

  沈校长给我们读了新加坡关于体罚学生的《指导原则》，该原则规定："在辅导、留校的惩戒方式不能奏效时，校长、副校长和纪律事务长有权用藤条对违规学生进行体罚，但对象仅限于男生，部位限于手心和屁股，必须有见证人在场，体罚后写成书面报告，并立刻通知家长。"

  新加坡关于体罚学生的《指导原则》，让我联想到了前几天在教育杂志上读到的有关介绍韩国教育人力资源部公布的《学校生活规定预示案》的文章，其中明文规定教师可在规定范围内对违反学校纪律的学生进行体罚，对体罚的部位规定，男生只能打臀部，女生只能打大腿。实施体罚要避开其他学生，要有其他教师在场，体罚程度以不在学生身上留下伤疤为准。

  随着素质教育实施的不断深入和新课程标准的落实，我们的课堂氛围活跃、师生关系融洽、和谐，绝大多数学校已摒弃了体罚和变相体罚。毋庸置疑，许多教师在巨大的心理压力和社会压力之下，对教育中的重要手段——惩戒教育——也自动放弃了。因为即使教师对那些犯错的孩子采取一些经过深思熟虑才小心翼翼使用的惩戒措施，也会使家长、社会误认为是体罚或者是变相体罚。为此，很多家长找到学校理论，学校往往是让老师赔礼道歉了事。这导致老师不敢管学生，慢慢地就得出现在的学生越来越难管的结论。

2006 年 10 月 30 日，《中国教育报》的"新闻聚焦"栏目刊登的《教育惩戒：一个让教师尴尬的难题》一文，引起了我们久久的思考。一女学生经常抄袭作业，刚毕业的小张老师屡次劝说教育她都不改。后来，小张老师做出一项处罚规定，让这名女生"做一周值日"。结果这名女生哭着回了家，家长找到学校，要求学校辞退这名教师，最后小张老师被全校通报批评……

提到惩戒教育，人们往往会不自觉联想到棍棒、辱骂和暴力等反教育行为。其实，惩戒教育作为道德教育的有效途径之一，从行为习惯的层面规定人的行为，逐步把人的行为从道德他律向道德自律转化，最后形成一种习惯性的行为倾向。应当说，惩戒教育是很难企及的教育境界，是和体罚不可同日而语的教育手段。夸美纽斯主张：教育要适应自然法则，顺应儿童的天性，但是也不能排除使用惩罚。他还以"树木如果不经常修剪，就会回归野生状态，无法结出果实"做比喻，强调惩戒的重要性。教育家马卡连柯说过："如果教师的良心、教师的熟练技术、教师的信念说明他应当惩罚时，他就没有权利拒绝使用惩罚。"他还进一步指出："那种认为不使用惩罚的教师就是好教师的观点，只是那些不接触实际工作的'教育家'的看法，这会使教师无所适从，而且会使教师变得虚伪……"

列举新加坡、韩国等国家关于允许体罚学生的条文并不是要逆潮流而上，让体罚现象死灰复燃。的确，体罚和变相体罚作为一种变异的教育手段，被过度、过滥，甚至被令人发指地使用后，成了过街老鼠，应该人人喊打。但随着社会的发展，学生所接触的社会环境正在急剧变化，一些反教育行为思潮的出现，让我们不仅不能放弃"惩戒教育"，而且还要运用智慧，适度、科学地使用好它。

要让孩子有畏惧感。目前我国的孩子，说得夸张一点，就是要天上的星星，祖、父两代人都想爬上天给他摘下来。孩子撒泼、要赖、无任何畏惧感，会得到"有本事""有个性"的赞许。孩子的一切后果均由家长负责，都由家长去收拾残局。孩子的无知无畏，使得他们无所敬畏，在校内称王称霸，在社会上逞凶斗狠，学校和教师对他们毫无办法，只能说教，而那些说教就连教师自己也觉得可笑，无法信服。教师通过惩戒教育，起码能让学生产生畏惧感。

显然，没有惩戒的教育是不完整的教育，没有奖励，惩戒就不能发挥惩恶的作用；而没有惩戒，奖励就不能显示扬善的职能。

教育需要惩戒，教师不能摒弃惩戒，但要慎用惩戒。使用惩戒的出发点是治病救人，根本点是平等对待学生，立足点是不伤害孩子的自尊，着眼点是不激化矛盾，让学生堂堂正正地做人。运用惩戒，必须慎之又慎。

新加坡的惩戒教育给我们许多思考，但在"教育惩戒还没有立法"的情况下，我们一不能因噎废食，放弃了对教育惩戒的使用；二不能乱用，运用时还真得"以人为本"，运用时还真得"小心翼翼"。

走马观花新加坡之八

在国内就听说新加坡人做事特别认真，做事的流程规范。在新加坡生活的几天里，通过观察、了解，我们发现，新加坡人做事爱较真儿的程度，甚至可以用古板来形容。但正是这种较真劲儿，让新加坡社会变得快捷、严谨、高效。

新加坡是一个高度文明的法治国家，国民对法律的敬畏重于一切，有法必依得到充分落实，徇情枉法在这儿没有市场。据说一个美国青年在新加坡违了法。按照新加坡的法律，他必须受鞭刑的处罚。美国总统向新加坡政府求情，几经考虑，新加坡最高法院最后裁定：照打不误！听说此后新美两国关系曾一度受到影响。

在有法必依、违法必究的背景下，新加坡社会的犯罪率极低，公民也会自觉地恪守国家的法律、法规。

在新加坡的学校里，教师会用严格的校规校纪来管理学生。犯了严重错误的学生，会被校长或纪律主任鞭打，按照规定，该打几下打几下，谁求情也不管用。

在新加坡，学生在课堂上的时间只占在校时间的一半多一点，课堂教学之外的时间是实践课和活动课。对于这些课程，不管政府和教育主管部门要求、监督与否，学校总是一丝不苟地去开展。比如，每年都要举行两次消防演习；"全面防危日"这一天学生和老师不管是在家还是在学校只能吃土豆和面包，而无须别人提醒，以此来培养危机意识，锻炼面对灾难的能力；"卖旧货""筹款"等活动，学生学会经商生存的本领；野外露营，让孩子们积累野地生活经验；去敬老院大扫除，做义工，培育孩子们的责任感和奉献精神；"种族和谐日""国庆节"，师生均会穿上不同民族的服装或穿上跟国旗颜色一样的红白搭配的衣服到校庆祝。正是新加坡人一丝不苟地开展这些活动，才使得新加坡孩子具有较强的动手能力、道德责任意识、国家意识、生存能力等。

此外，在新加坡学校里，工作无论大小，都是有标准的。主考、监考、出试卷、阅卷有标准操作流程，上课、检查作业、考后反馈有标准操作流程，请假、报销费用甚至电教室的使用都有标准操作流程。更为可贵的是，这些标准操作流程全都形成了书面的文件，在执行时不可以随意更改。

新加坡学校向老师们布置一项工作时，不会只是口头传达，负责老师还会把工作的各项要求通过书面的形式交到有任务的老师手里，而且要他们签收。这样可以做到责任到人。

工作标准明确了，责任明确了，如果在运行过程中出错了怎么办？出错的老师会立刻被叫到校长室接受批评，而且年终的绩效也会受到影响。

新加坡人的较真儿劲给了我们许多启示。当前，我们的国家机关、企事业单位、学校，不缺规章制度和法律法规，不缺精密仪器、优秀人才，缺的是严格的执行力，坚决的贯彻力，高效的照章办事的能力。

随着教育改革的进一步深化，我们意识到我们的工作存在效率低、效益差等问题，向管理要质量，向改革要效益，我们还真得学学新加坡人的"较真儿劲"。

走马观花新加坡之九

当太阳刚出现在地平线，棕榈树上还笼罩着淡淡的雾岚时，新加坡就醒来了。公园里，便道中，到处是晨练的人，而此刻，那些躺在床上睡懒觉的大多是来新加坡的游客。

后港中学的谢俊杰校长告诉我们，新加坡政府鼓励市民每天要保证至少3小时的锻炼时间，并在小区、公园配备了专门的运动器械。学校每年都对那些积极锻炼、身体健康的老师进行奖励。其实，奖励仅仅是一种形式，因为每一位新加坡人知道：腾不出时间锻炼的人，早晚会腾出时间来生病……

女作家吴淡如说："没有任何东西比你自己的身体值钱。对自己好一点，并不浪费。"生命教育应该是学校教育的重要组成部分。新加坡从小学二年级就开始进行生命教育，内容涵盖生命起源、珍视生命、青春期教育、安全健康教育、情感态度等多方面。新加坡孩子从小就知道"生之不易，活之弥足珍惜"的道理。他们在尊重自己生命的同时，也关爱着周围的世界，关爱着世界上的一草一木，关爱着同伴、家人、世人的生命。

相对于新加坡，我国的生命教育还处在起步阶段。云南的马加爵命案，安徽太和县5名小学女生集体投河自杀事件，都是对自己、对别人生命漠视的体现。这些血淋淋的事件让我们思考：为什么会出现这么多视生命如"草芥"、如"儿戏"的事情？

四川汶川大地震的阴影仍笼罩在国人的心头。当我们迎着朝阳或散步，或遛弯儿，或走向工作岗位时，几万人的生命消失了，让人心痛。国家紧急安排心理医生奔赴灾区,对劫后余生的人们进行心理疏导。生命如此可贵，却又如此脆弱。

热爱生命，树立积极的人生观，应从孩子抓起，我们应尽早健全生命课程。

走马观花新加坡之十

在新加坡几天的教育考察，用"走马观花"概括是非常恰当的。我们对新加坡教育的了解，仅仅停留在感性认识上，真可谓是浮光掠影。但新加坡融合东西方文化，生动而充满灵性，人本化、规范化的教育给我们许多的启示。

1. 国家振兴，教育优先的战略眼光

新加坡是一个自然资源匮乏、人口密度大的城市国家。新加坡非常重视教育，其教育投入占 GDP（国内生产总值）的 3%～4%。新加坡确立了其长远的教育目标——"重思考的学校，好学习的国民"，采用了全世界独一无二的双语（英语为主，华语为辅）教育，以培养适合现代社会与市场经济的有用人才。短短的 30 年里，它成为"亚洲四小龙"之一。

国家重视教育，营造了全社会重教兴教的氛围，使得其社区、政府机构、科研部门等，均以重教兴教为荣。学校的活动能得到社会各方面的支持。国民重视教育，关注教育，理解教育，国民更为教育献计献策。

2. 富有灵性而注重实效的学制课程设置

新加坡义务教育的学制是六四制，但这个学制是弹性的，成绩差的学生可以适当延长学习时间。在六年的小学学习中，前四年为基础学习阶段，除双语外，着重接受数学和其他学科的学习，主要帮助学生夯实这些学科的根基。新加坡的课程设置分为主要学科和辅助学科，主要学科是英文、母语和数学；至于辅助学科，小学设有科学、道德教育和社会学等，中学还有人文科学、家政、设计与工艺、美术与劳工、公民与道德教育、体育和音乐，还必修电脑。在新加坡，不管是主要学科还是辅助学科均需要进行学业考试，其课程方案均能得到落实。

3.富有挑战性的社会实践活动锤炼着新加坡未来的公民

与中国的大多数学校不敢进行社会实践活动形成鲜明对比的是，新加坡学校的社会实践活动丰富多彩，有的甚至充满了挑战意味。新加坡学校的课外活动涉及音、体、美、国民教育等方方面面，它的社会实践活动的设计，更是别具一格。男女童子军街道执勤、兼职国会议员施政辩论会、龙舟比赛、山涧漂流、深山郊游等，这些富有挑战性的社会实践活动，锤炼着新加坡学生的挑战精神、动手能力、创新精神、团队意识。

新加坡学校之所以敢开展这些富有挑战性的社会实践活动，一是得益于完整、科学的保险体系，二是得益于全社会对教育的理解。

4.因材施教的人本教育

新加坡从小学就开始采取分流教育体制，其目的是让能力不同的学生走不同的路，发挥自己的专长，这真正体现了以人为本的教育理念。这种教育体制充分考虑到了学生学习的能力、兴趣等多种因素，有利于循序渐进地发展学生独特的天赋和个性。这种分流是动态的，以充分尊重学生选择为前提，学生可根据能力、兴趣做出选择。如小学毕业生根据成绩分两类进入中学；快班课程学生在中学四年级参加"普通水准"会考，普通课程学生在中学四年级参加"初级水准"会考；成绩达标的可以升读中学五年级，在五年级底参加"普通水准"会考；初中毕业后，有初级学院、理工学院及工艺教育学院三类学校可供选择，工艺教育学院的学生可以在学习期间考试转入理工学院学习；同时，学校从课程设置到文体活动、社会实践活动等，都能让学生自主选择。

当前，中国正在进行新一轮课程改革，相近的地理位置和相似的历史传统，使中、新两国在文化教育等方面有着许多共同点。"他山之石，可以攻玉"，我们应该从新加坡教育中借鉴经验，走出一条适合我国素质教育的光明大道。

教育公平：从课堂抓起

不可否认，尽管我们的政府、教育主管部门采取了众多措施调整学校布局、整合教育资源，但我们当下的教育仍存在着许多不公平的现象。

《世界人权宣言》规定："不论什么阶层，不论经济条件，也不论父母的居住地，一切儿童都有受教育的权利。"作为一个崛起的大国，我国的教育体制与教育现状却有着太多的无奈与尴尬：教育投入持续不足；城乡教育割裂；贫富子弟教育失衡；教育资源分布不均；教育产业化偏轨；高考移民遍地……和谐社会，教育为本，温饱前我们期望教育能帮助我们摆脱贫困；温饱后我们更期盼教育能帮助我们发展。

推进教育改革，呼吁教育公平成为全社会的一个焦点。

实现教育公平，我们正在努力：裁减薄弱学校，调整学校布局；建立教育园区，实现教育资源有效整合；建立城乡一体的教育体制，消除城乡教育差距……

然而，作为基层学校的老师，我们发现，尽管教育资源整合了，学校布局调整了，但我们的学校中仍存在着许多教育不公平的现象：好学生拥有课堂的绝对话语权，好学生能得到更多的鼓励和关爱，好学生能更多地得到老师的喜爱……而所谓的差生无法得到公平的对待。

当下，要让教育公平真正落到实处，还需我们从教育的基础阵地——课堂抓起。

我们可以这样去畅想：在中小学的课堂上，每一个学生都能得到同样的回答问题的机会；对于每一个学生，老师的表扬都发自内心深处；对于每一个学生，老师的惩戒和批评都是那样的中肯、恰如其分。老师对每一个学生都充满阳光，给每个孩子一样的指导，一样的辅导，一样的耐心，一样的等待……

公正和正义是人类永恒的追求。教育公平应根植于我们每一个教师的内心，应该开始于我们的课堂。

让奖励在我们手指尖上跳舞

　　奖励和批评都是激励和鞭策人的重要杠杆，如果让我们选择，相信大多数人会毫不犹豫选择奖励。但很多老师感觉奖励越来越难用：用好奖励可不是件容易的事！

　　——被"滥用"的奖励。从新课标要求评价学生应以激励为主开始，很多课堂，尤其是小学课堂，便时时充斥着"夸，夸，夸，你真棒！"的声音。一开始，孩子们还很有成就感、荣誉感，久而久之，当这种溢美之词每天都回荡在教室里、课外活动上时，很多孩子认识到了它们的"廉价"，就不再看重这些奖励了。

　　——被"撒了芝麻盐"的奖励。每当期中或期末考试完成，教务处成了最繁忙的部门，因为除了统计、计算成绩外，他们还要大量制作奖状。你见过班里不管40人还是50人，人人都领奖状的"壮观"景象吗？很多学生对领到奖状感到莫名其妙，一些家长看到别的孩子有奖状，而自己的孩子没有，就去跟孩子的班主任要奖状。如果不给，他们甚至还责骂这些"不通情理"的班主任。

　　——被"物化"的奖励。至今我仍记得小时候领到奖状时的激动心情，如果偶尔得到一支笔、一个笔记本，会兴奋好多天，会向亲友们炫耀。现在很多学校的奖励少了精神奖励，多了物质奖励。奖励除了笔、本、书籍外，MP3、学习机,甚至还有现金。而现在的学生即便有这些刺激，也越来越不在意。

　　——被"扭曲"的奖励。在学校、班级日常管理中会遇到这样尴尬的事：

为了鼓励大家做好事，规定给做好事者所在班级或小组加分。许多孩子为了给班里、组里争荣誉，拿同学的学习用品去交公；更有甚者，向爸妈要上十元钱，隔一天交一元，于是乎班里（组里）的积分不断攀升……

还有在集体取得了成绩时，只奖励了核心成员而忽视了其他参与者，而致使大多数人产生抵触情绪；或者进行了集体奖励，而忽略了核心成员的独特贡献，而导致核心成员的心理失衡，影响积极性；等等，不一而足。

由此可见，奖励是一把双刃剑，不是多多益善，也不是怎么用都可以，"奖励"也要讲究技巧。

1. 奖励要真正奖到点上，奖励要找好"准星"

奖励明显的好人好事或成绩优异、进步较大的人，应该说尺度比较好拿捏。但涉及学生的日常学习生活和课外活动等方面，由于被奖励的要素比较宽泛和抽象，这时就要求奖励必须找准点。特别是课堂上，我们可以奖励学生的表达能力、运算能力、协助能力、朗读能力、敢于发言等方面的"你真棒"，不过，千万别泛泛地告诉孩子"你真棒"，否则孩子就不知道自己"棒"在哪里。

另外，在使用这类奖励时，要注意选择激励语言，诸如"精辟""伟大""绝对"等词语，应慎用甚至不用。否则，会引发学生的审美疲劳，不但起不到激励作用，反而会影响师生感情，打击学生的积极性。

好孩子是哄出来的。我不反对对每一个孩子都进行激励，给每个孩子发张奖状也未尝不可，但关键是要把孩子的优点找准。每个孩子都是班级里的第一名——只不过要另起一行才行。班主任要独具慧眼，发现学生的优点，否则应付差事般的"人手一份"，既是对成绩差点的学生不负责，也是对成绩优秀的学生施加侮辱了。

因此，奖励这类学生时，我们必须找准奖励的"准星"。

2. 奖励方式手段要勇于变化，敢于创新

很多学生可能看惯了现在的奖励方式：对优秀者要么点名表扬，要么发张奖状，弄个证书或者奖励个文具等。古板的形式，让很多学生对于奖励不再"感冒",激励作用显然起不到预期效果。

北京市十一学校的做法给我们很多启示。

每学期进行"十大校园之星"评选,当选者名字在学校操场 LED(发光二极管)大屏幕滚动播出;取消三好学生、优秀干部评选,鼓励学生根据自己实际情况和学分自行申报特长学生、优秀学生、卓越学生,获奖的"特长学生""卓越学生"的生活短片在 LED 大屏幕上播放(每人不少于3分钟);或者让获奖学生轮流主持学校的各类沙龙,轮流做升旗手、护旗手,在国旗下讲演;或者根据他们父母的工作特点,邀请他们的家长到校举行主题班会、做学术报告、做活动指导等;让获奖学生担任校长助理、班主任助理,参与校务、班务或其他活动;对有特殊贡献的学生,以其姓名命名文化日(如该校黄辰亮在 2005 年 11 月 1 日实现了天文知识竞赛金牌零的突破,11 月 1 日被命名为该校的"黄辰亮日")等。

奖励方式和手段的改变与创新,贴近了时代,贴近了学生生活,真正激发起学生的积极性,发挥出了奖励的作用。

3. 让奖励充满期待,让奖励不含时间、数量上的重复

有这样一个故事。在美国,一个儿子给母亲寄生活费,刚开始是一月一寄,后来,也许是太忙的问题,改成一季一寄,再后来,半年一寄,最后是一年一寄,母亲一一收了。

不料,当儿子一次性寄去全年的生活费 1.2 万元后,却收到母亲的一张 1.1 万元的汇款单和一封信。

在信中,母亲说:"每次收到你的汇款单,我和邻居都要高兴几天。退回去的钱,我希望你每月给我寄 1 000 元,也让我和邻居每个月都有几天的欢喜与满足。"

儿子恍然大悟,虽然自己每年寄一次钱减少了麻烦,但给母亲的欢乐也大大减少了;反过来,如果增加自己寄钱的次数,却能大大增加母亲的快乐与满足。

奖励也是如此。

要事先告诉被奖励对象，要达到什么目标，要受到怎样的奖励，让被奖励的对象充满期待。同时，正面的促进，愉悦的奖励，开心的刺激要不吝惜次数。因为这样不仅会换来更大的动力和更高的效率，还能转化成宝贵的快乐心境与愉悦的人际氛围。

4. 让奖励既能"扬善"也能"惩恶"

200 多年前的一个冬天，一个孩子在山西广宁的一个河道上，捡到一个背囊，里面装着银子。这孩子没见过这么多的银子，感到很害怕，就把这个背囊交给了自己的舅舅。舅舅也是一个本分的人，就把这一大包银子上交官府。

经官方查验，背囊里的银子足足有四百两。这两个平民百姓怎么也没想到，这件事竟然惊动了皇帝。皇帝得到奏报，马上下旨，嘉奖他们。

这两人，舅舅叫吕有才，外甥叫张自得，这两个普通百姓的名字，也因此出现在皇帝的谕旨中。

这事本来到此就结束了，但有个叫周厚辕的给事中（官职名）在给皇帝的奏折中，要求将此事宣付史馆，并布告天下，让此事家喻户晓、妇孺皆知，号召全国百姓向这两人学习。嘉庆皇帝看到折子，马上批复四个大字——"殊可不必"。他觉得虽然将此事广泛传播能弘扬正气、传播义举，但大规模宣传必定劳民伤财，最重要的是，如果大肆宣扬，必将招来虚伪贪冒之徒，随之还要甄别真伪，再行奖赏，引来社会动荡也未可知。

这个故事对我触动很大。

奖励谁，怎么奖，加多少分，并不重要，重要的是，通过奖励能唤醒良善，能发扬光大优良品质。因此，在日常管理中，哪些行为该口头表扬，哪些需要通报表扬，哪些需要通过广播、媒体等舆论工具表扬，哪些需要加分，怎样加，加多少……每个管理者应该动动脑子，拿捏好分寸，唯有如此，才能使奖励既能"扬善"，又能"惩恶"。

让奖励在我们的手指尖上跳舞，让奖励最大限度发挥其作用，仍需我们不断进行探索。

让阅读"回家"

写下这个题目的时候，我首先想到的是令人担忧的初中生阅读现状。很多学校仍旧没有摆脱升学的束缚，阅读课成了许多考试科目的"自留地"；图书室、阅览室已尘封许久，等检查、评估的人走后，本来就少得可怜的图书、报刊便又成了"死书""死报"。学生阅读的东西少得可怜。学生的写作能力、思想境界、语文素养在应该发展最快、最好的黄金阶段，却因为读书少而发展缓慢。

苏霍姆林斯基说过："无限地相信书籍的力量。"对于一所学校而言，其他似乎都可以忽略，只要有供孩子们阅读的书籍，那么这个学校就可以称之为学校了。反过来说，这个学校条件再好，如果没有供孩子们阅读的书籍，那么这样的学校也不能称其为学校。

说现在一些学校语文教学、课外阅读情况堪忧，主要存在几个怪现象：

一是"所读非书"。相当一部分孩子只读教科书，而教科书并非真正意义的书，即使备受语文教师和家长青睐的"作文选"，也非真正意义的书。

二是"无书可读"。条件差的学校学生无书可读，而条件好的学校虽然有很宽敞的图书馆，但其藏书不让孩子们读，只用来作摆设，应付检查。

三是"不许读书"。课外时间被大量的练习题、大量的书面作业挤占了，学生没有读书的时间。

有人说，读书不能延长生命的长度，却能拓宽人生的宽度；读书不能增加生命的密度，却能提升人生的高度。从某种意义上讲，一个民族的读书史，就是这个民族的进步史。当下，在我省素质教育东风劲吹之时，学生有了大片的"自留地"，我们应该与时俱进，主动地把阅读时间还给学生，提升学生的阅读能力。

现在，我们真的该让阅读"回家"了！

让阅读"回家"，首先要给学生阅读的时间。要把语文课上成真正的"语文课"，而不是段落分析课、语法逻辑课；要把阅读课上成真正的"阅读课"，要让学生在教师的引领下大量地、广泛地阅读；要在不断减轻学生课业负担的基础上，给学生自由阅读的时间。

让阅读"回家"，要引导孩子爱上读书，培养学生主动阅读的兴趣。犹太民族是一个非常重读书的民族，据说他们有一个非常奇特的风俗，就是在孩子出生后，在书页上蘸上蜂蜜，然后让婴儿去舔。他们试图通过这样的方式在孩子心灵里播下一颗爱书的种子。犹太民族热爱阅读，热爱知识，在他们的历史上产生过许多杰出人士。二战期间，纳粹德国想灭绝犹太人，但没有实现，反而使这个民族生命力日益旺盛，恐怕与其酷爱读书的习惯分不开。因此，要引导学生爱读书，让学生知道书是生命中重要组成部分，书是甜的，是美的。

让阅读"回家"，要教会学生阅读。我们应该通过阅读，教给学生如何在阅读中思考，如何摘记，如何精读，如何泛读；我们还要努力把课内、课外打通，将语文课堂教学和学生的课外阅读有机结合起来，形成一个整体。

让阅读"回家"，要开放图书室、阅览室。让"死"书变成"活"书。自2008年11月开始，我们开展了"图书阅览一体化主题阅读"活动，阅读课上到了图书室、阅览室。图书室、阅览室成了学生阅读的"超市"，学生借书、读书的空间无限扩大，学生的阅读兴趣、阅读能力得到很大的提高。

让阅读"回家"，学校每年还要不断更新图书。图书室原来的旧书，已不能满足学生的读书愿望、读书要求。因此，学校必须每年有一个图书更新计划。校长要创造条件，筹集资金，多买书，买好书。2008 年 12 月和 2009 年 2 月，我们自筹资金 6 万元，两下江苏，购置图书近万册；2008 年 10 月份开始建设的能容纳 4 个班同时阅读的"图书阅览一体化主题阅读"教室，到目前已投资近 20 万元。

让阅读"回家"，还要重视读书活动的开展。读书活动不一定奢华，但必须要有计划性，有序列性，还要让学生喜闻乐见。如通过开展"读书沙龙"，交流他们的阅读体会、阅读经验；通过开展"故事大王评选""课本剧表演""我与读书征文""书香伴我行演讲"等活动，交流阅读的成果；通过"新书推介会""读书笔记展评"等活动，交流阅读的收获等。

读书对于我们每个人都很重要，对于青少年尤其重要。让阅读"回家"，就是让学校阅读回归本真；让阅读"回家"，就是把本来属于学生的阅读时间还给学生，让学生自由地阅读。

让阅读"回家"，要求我们每一名教师和学校管理工作者必须解放思想，不断给学生创造优良的阅读环境和浓厚的阅读氛围。但愿阅读能真的"回家"，回到孩子们身边，让优雅的书香伴学生一路前行。

"吃零食"到底能吃出啥来

清晨，经常看到许多学生一边啃着方便面，嚼着薯条，一边匆匆赶向学校；课间，经常看到许多学生一边吃着虾片，喝着饮料，一边讨论问题。据调查，96.7%的小学生有吃零食的嗜好，89%左右的中学生爱吃零食。绝大多数的老师是反对学生吃零食的。其实，站在科学的角度看，学生们爱吃零食也并非一无是处，但经常吃零食绝对是弊大于利的。

1. "吃零食"吃不出强健来

对于零食，有很多学生走路时吃，做作业时吃，看电视时吃，参与课外活动时也吃，这样吃零食不仅影响了正餐，也破坏了消化系统的消化规律，容易引起消化系统疾病。我们知道，人体消化系统的工作是有规律的，当进食食物达到一定数量后，胃部就出现饱足感，人便没有了食欲。过一段时间后，胃里的食物排空后，胃肠就会加快蠕动，胃液、肠液和胆汁就会加快分泌，人们就会出现饥饿感。如果吃零食过多，在吃正餐时，我们就会缺乏食欲，而且还会打破吃正餐的规律，久而久之，会影响身体发育，重者还会导致胃肠的炎症。

2. "吃零食"吃不出健康来

现在学生吃的零食，用"五花八门"形容也不为过。这些零食存在很多隐患，如辣条、麻辣串等，很多是"三无"产品，一看就不卫生；而果冻、泡泡糖等，吃也是"白吃"，果冻，主要成分是不能为人体吸收的卡拉胶，其次是人工香精；再如方便面等，营养价值很低，有的甚至为零；有的食品吃多了会影响健康，如薯片，含脂肪过量，易致人肥胖；话梅含盐量过高，易致人高血压，等等。

3."吃零食"吃不出环保来

许多学校食品袋乱飞，学校的垃圾池除了这些食品袋，还是这类包装袋。吃零食极易破坏学校环境卫生，而且还不利于环保——有些食品包装袋，如果得不到有效处理，即使深埋地下三十年也不会完全消失。

4."吃零食"吃不出品质来

很多学生吃零食吃出了攀比心理，今天张三买来肯德基，明天李四就要父母给自己买，如果得不到满足，就会闹情绪。久而久之，学生艰苦朴素的精神丧失，感恩精神、刻苦学习意识逐渐淡化，这是非常可怕的。

既然吃零食有如此多的危害，为什么还会在中小学中有那么大的市场？

其实，学生偶尔因早餐或午餐误点，吃点零食来补充一下，是无可厚非的；同时，由于中小学生正处于长身体的特殊时期，对能量和各种营养的需要量比成年人相对要多，很多学生在上午 10 点以后或下午 3 点以后总有饥饿的感觉，这时候可统一进食一些牛奶、豆汁或水果等食品，这对学生身体和学习是十分有益的，像日本和许多西方发达国家，都提倡"课间奶""课间餐"，是十分有道理的。随着社会经济的不断发展，国家和教育主管部门肯定会对此有相应的要求。

就像硬币有正反两面一样，吃零食也有利弊之分。作为一名教师，应该和广大家长沟通，正确引导学生培养良好的饮食习惯，引导学生树立良好的"零食观"，进而引导学生树立正确的消费观和价值观。

细节决定成败，培养学生良好饮食习惯必须从这些鸡毛蒜皮的细节抓起。

反思推动教师的专业成长

2018 年 10 月，我参加东营市骨干校长高级研修班，听了专家、学者的报告，参加了许多互动活动，这对提升我的理论素养和增长专业知识帮助很大。王海燕老师的"关于教师专业发展问题"和张洪生局长"教师职业幸福感培养"两个专题对我影响很大。我的每日一得《学校校本教研课题从哪里来》《老师，我愿你们每天都快乐如天使》《我将如何打造我校的"品牌"》等从不同角度都谈到了教师专业成长、教师职业幸福感培养等方面的问题，受到好评。其中，《我将如何打造我校的"品牌"》获四颗星的最高奖励。返校后，我把在北京的学习笔记进行了整理，把专家所讲的内容进行了梳理，原本在我脑海中的模糊认识，现在变得清晰：推动学校发展的原动力是教师；教师的职业幸福感是教师责任感的催化剂；教师的成就感是培养教师职业幸福感的主要途径；教学反思则是教师专业成长的基石。

一、明确反思在教学中的作用，让反思成为一种习惯

首先，教师的反思，不仅要自我唤醒，也要自觉地关注教育对象的成长与发展。在完成"育人"任务的同时，关注自己的成长、自己的职业幸福感，完善自己，从而充满自信地对待教育、对待学生。在引领学生成长、成功的过程中，体会到自身价值、自身的意义，从中获得满足，获得职业幸福感。

其次，反思有助于提升教师的专业能力。反思是一种自觉行为，是一

个人的自省，是对自身教育活动、教学实践进行评判、省思、改进的思维活动。当教师以"反思"的眼光审视自身的教育活动和教学实践时，他就成了"研究者"，而只有具备"研究者"的情怀、胸襟，拥有"研究者"的眼光和工作方法，才能促进自我发展、自我完善。

明确了反思的重要作用，学校应着力培养教师的反思意识，让反思成为习惯。

二、明确反思的内容，让反思成为一种品质

教师应该反思什么？我想，凡是与教学、管理有关的方方面面都可以成为我们的反思对象。概括起来主要包括下列几方面的内容。

在教材处理、目标确定及教学技术的应用方面，要对教材的重点难点的把握、教学目标的设计、教学策略、教学技能的运用等进行反思。如：这节课在重点的把握、难点的突破上有没有做到位？目标达成没有？我选择了哪些教学方法？教学过程的设置是否合理？环节是否顺畅？多媒体课件应用的效果如何？本节课有哪些得失？有哪些生成性问题？等等。

在师生关系双边活动等方面，要从师生关系的定位、主体作用的发挥、学习方式的转变等方面进行反思。如：教师主体作用发挥与学生主体地位彰显有无顾此失彼？小组分配是否合理？合作探究的深度怎样？孩子是否学会了倾听、表述、辩论？学生质疑能力、问题意识有无提高？教师点拨是否及时、准确？等等。

在教育理念与管理的科学性方面进行反思。要总结使教学过程、班级管理过程得以顺利推进的各种因素。如：学生个性是否得到张扬？评价手段是否合理？评价办法是否多样？学生人格培养的方法是否科学？学生兴趣、爱好、特长及意志品质是否被激活？课外活动怎样开展？等等。

在学校以外的学生教育、活动等方面进行反思，如：怎样与家长进行沟通？如何发挥校外德育基地的作用？如何正确引导上网？如何解决教育上"5.5+1.5≤0"的问题？等等。

三、明确反思的途径，让反思为教师的专业成长、职业幸福感培养奠基

教师反思的途径有多条，以下是我校常用的。

1. 教学札记法

这是一种常用且效果极佳的反思方法。具体做法是在一周结束后，记录本周教学实践、班级管理过程中发生的重要事情。我们记录教学札记主要是从以下几方面入手的："我们是怎样—我们为什么会这样—这样……我感觉—我们还可以怎样—我们可以从什么地方开始改—变革需要怎样的组织支持。"以"备课"为例，可用下图表示。

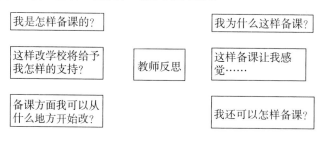

图4-1 教学反思

通过记录、聚焦教学管理活动中的具体做法，将使教师更加了解自己是如何组织教学的，更加了解自己选取的教学形式、教学方法、教学策略、管理模式等的优势或不足，也将更确切地了解自己在教学管理中的困难、困惑以及需要怎样的组织支持。

2. 开展教学（管理）真实课例的征集活动

有所为，有所不为。学校应为教师反思活动搭建平台。为了鼓励教师反思，学校应该多在这方面思考，多开展一些丰富多彩的活动。如征集教学课例进行剖析，开展教学（管理）困惑征集活动等，这些都意在培养教师的反思意识，同时也为检验教师反思的深度、广度搭建可操作的平台。

3. 同伴互助观察法

邀请同伴或同事到自己的课堂中，观察自己的教学过程，课后请他们

指出自己在教学过程中的得失，然后再结合实际进行反思。这种办法很直观，时效性强。与此同时，为了加深自己的反思深度，也可以邀请外校的专家或上级教研部门领导来观察，共同探讨后进行反思，这样感悟和理解可能会更深。

4.写教后记

这种方法被大多数学校所采用，在此不再赘述。

常言道："播下一种行动，你将收获一种习惯；播下一种习惯，你将收获一种性格；播下一种性格，你将收获一种命运。"校长要把反思的种子播种到教师的意识里，相信他们必定能收获专业成长，必定能收获职业幸福感。

老师，应学会倾听

　　倾听是一门交际艺术，是人与人之间平等沟通、和谐相处的钥匙，是人际交往的基本能力。倾听，同时也是《课程标准》规定的学生培养目标之一。因此，在各类教学活动中，老师要努力创造条件让学生养成倾听的习惯——认真倾听老师的讲解，认真倾听同伴的回答、同伴的分析、同伴的讨论，从而逐步养成倾听的能力。但要真正培养孩子倾听的习惯，培养孩子倾听的能力，老师首先要学会倾听，尤其要学会倾听孩子的声音。

　　有一个故事对我启发很大。

　　一天，一对穿着朴素的夫妇去拜访哈佛大学的校长。这位女士告诉校长想在校园内为她的儿子立一个雕像，因为她的儿子在哈佛仅上了一年学就在一次意外的事故中去世了。她的儿子深爱着哈佛。

　　校长打断了夫人的话，说："我们不能为每一个读过哈佛而去世的人立一个雕像，如果那样，校园早就成了墓地了。"但当女士告诉校长要为哈佛捐赠一栋建筑时，校长又打断了她："夫人，我们用了超过750万美元才建起哈佛的硬件设施，而你们的财力……"

　　碰壁的夫妇二人来到了加利福尼亚，建了一座用他们儿子的名字命名的大学——斯坦福大学。这两位老人就是百万富翁李兰德·斯坦福夫妇。

　　现实的教学活动中，我们的许多老师也像这位哈佛大学的校长一样不善于倾听。学生迟到了，老师不问青红皂白便大加训斥；学生作业没完成、成绩下降，老师不问缘由，上来就批评；课堂上，学生一旦回答错了，老师便打断他，忽略了错误也可能是很好的课程资源；学生阐述问题时，有时尽管答案正确，但思路与老师的不"匹配"，老师便往自己的思路上带，漠视了学生发散性思维的训练；活动设计中，学生稍有"旁逸斜出"，老师便打断他，白白浪费了进行异向思维训练的机会；学生在展示自己搜集的信息时，那些老师认为冗长、与其教学目标不匹配的，常被轻率地抛弃，学生的学习热情遭到打击……

也许，很多老师对新课程理念耳熟能详，但在具体的教育教学过程中却走了样、变了形。这种教育现实与教育理念两张皮的不良现象必须得到遏制，否则，新课程的推进将举步维艰。

苏格拉底说："上帝让每个人都有一张嘴巴，两只耳朵，就是让你多听少说。"要培养孩子的倾听习惯、倾听能力，教师必须学会倾听，正确运用倾听。

对我们教师而言，倾听不仅是一种能力，一种品质，也是一种修养！

老师，你应该向学生回礼

在校园内，要求学生见了老师行队礼或问好，包含着极其重要的教育目的——养成尊敬师长的习惯。然而，很多老师是不回礼的，甚至连头也不点一下，而大多数学生不以为怪。

1. 老师不回礼的深层次原因

走在大街上，与陌生人相遇时，一般会迅速交换一下目光，然后转移视线，避免对视，这种现象被称为有礼貌的不关注。眼睛直勾勾地盯着陌生人看，会被认为不礼貌。在熟人环境里，当一方向另一方说了什么，做了什么，另一方会迅速地做出回应，这种回应是一种关注，是一种礼貌的表现。校园里，师生之间应该是一种熟人的关系（尽管有的学生我们叫不上名来）。按理说，老师向学生回礼是人之常情，但很多老师没有回礼，甚至连头都不点一下。我想这是不平等的师生关系在作祟。

师生间是平等的，是朋友式的共同成长的伙伴关系。许多老师对此的理解停留在理论层面，实际生活中，他们认为学生是幼稚的，不懂事的，地位比自己要低，认为学生有求于自己。学生上学并不是为了享受上学的过程，也不是为了修身养性，而是为了通过学校教育，获得一定的社会地位和谋生的能力。在这一过程中，老师是非常关键的人物，学生能否顺利完成学业，获得更多知识能力，很大程度上取决于老师。基于这种心理，学生应该向老师（包括没教过自己的）行礼，老师不回礼是正常的。

2. 老师不回礼带来的不良的教育效应

学生向老师敬礼，是对老师劳动的尊重。如果老师以冷淡的态度对待学生的敬礼，学生会认为，老师是成年人，是有一定地位的人，他们值得尊敬。学生行礼，教师不回礼，包含着"尊重他，是因为他是教师（有一定地位），他不尊重我，是因为我是孩子（是弱势群体，无地位）"的潜台词。孩子们看在眼里，记在心里，久而久之，就会形成一种观念——我们应该尊重有地位的人，而不必尊重处于弱势地位的人。更为可怕的是，按照这种逻辑，他们会成为趋炎附势的"势利小人"。老师们千万别忘了，这些"势利小人"哪一个不是从学校走出来的？哪一个不是我们老师的学生？让我们扪心自问，当今社会对弱势群体的冷漠，对富贵权势的趋之若鹜，谁敢说与我们的教育没有关系？

校园中这种司空见惯的不回礼的现象，折射出许多问题：师生关系的不平等，老师不能摆正自己的位置，对学生不尊重……老师的行为反过来会影响学生心灵的塑造，使学生慢慢"势利"起来。

老师们，我们应该向学生回礼。

教育，就是让我们聆听"小草"开花的声音

读肖川先生的《教育的理想与信念》，很为他对良好教育的描述所感动。他用诗一样的语言，天空一样宽广的想象力，将"良好教育"刻画得令人神往："如果一个人从来没有感受过人性光辉的沐浴，从来没有走进过一个丰富而美好的精神世界；如果从来没有读到一本令他（她）激动不已、百读不厌的读物，从来没有苦苦思索过某一个问题；如果从来没有一个令他（她）乐此不疲、废寝忘食的活动领域，从来没有过一次刻骨铭心的经历和体验；如果从来没有对自然界的多样与和谐产生过深深的敬畏，从来没有对人类创造的灿烂文化发出过由衷的赞叹……那么，他（她）就没有受过真正的、良好的教育。"

肖先生所言，信然！但掩卷深思，除此之外，当下，我认为，良好的教育应该不是让受教育者"齐步走"和"齐头并进"的教育，而应该是让受教育者踩着自己的节奏，达到"殊途同归"的教育。

大自然给我们呈现了一个五彩缤纷、平衡和谐、"万类霜天竞自由"的美好世界。大自然送给乔木们伟岸挺拔的身姿，送给灌木们遒劲、张扬的身形，送给花儿们娇美的容颜，也送给匍匐于乔木之下的小草们油油的绿意和"野火烧不尽，春风吹又生"的顽强与执着。而正是大自然无私和公平的给予，才使得所有看似渺小、无足轻重的小草们生活得如此不卑不亢，生活得如此"草模草样"！

曾经有这样一株小草，它生长在我国的海南岛。有一天，它被一个路

人所吸引。经过研究，才发现它是人们苦苦寻觅多年、可用于培育杂交水稻的珍稀科研母株。发现它的人就是"杂交水稻之父"袁隆平。这株小草和原先或栽进草坪，或被移进花盆里的"美洲虎"、君子兰们一样，由于受到"伯乐们"的青睐，改变了"身份"，生命得到了升华；而那些仍旧匍匐于地下，默默向大自然奉献出绿色的小草们，依旧顽强地生长着，渴求人们倾听它们热爱生命的絮语，倾听它们花开花落的声音。

有人说，世上没有垃圾，只有放错地方的宝藏；也有人说，小草其实是正在长大的"乔木"。不管怎样，这个世界离不开美丽的鲜花，离不开高大的乔木，离不开遒劲的灌木，更离不开匍匐于地下、生活得有滋有味、生活得不卑不亢的小草。同样，人类离不开精英，离不开英雄，更离不开朴素得像小草一样却热爱生活、懂得忠诚、乐于奉献的民众。

"凡是教师缺乏爱的地方，（学生）无论品格还是智慧，都不能充分或自由地发展。"任何真正的教育都不可能建立在轻蔑与敌视之上，任何真正的教育都不能依靠偏见和不公正来实现。如果我们充满爱心地去对待我们教室里的那些"小草们"，就会发现，他们个个是班里的NO.1——只不过是另起一行；如果我们认真对待我们教室里的每一株"小草"，给他们展示的机会，他们的生命同样精彩。

良好的教育能使我们拥有渊博的学识、卓越的才智；良好的教育能使我们拥有通达的性情、宽阔的胸怀和高贵的教养；良好的教育能使得每一个人易于领导和合作，而难以被奴役和盘剥；良好的教育能使每一株像你、像我、像他一样的"小草们"，活出尊严，活出品位。

良好的教育就是等待的教育，良好的教育就是让我们俯下身，多欣赏我们教室里拔节的"小草们"，良好的教育就是让我们蹲下身子，仔细聆听他们开花的声音。

从陶行知的"四块糖"谈教育惩戒的艺术

读了《中国教育报》2006年10月30日第一版的文章《教育惩戒:一个让教师尴尬的难题》后,很想一吐为快。教育惩戒作为教育的手段之一,是不能轻易放弃的,而如何恰如其分地运用教育惩戒显得格外重要。

提到教育惩戒的艺术,我们会自然而然地想起陶行知"四块糖"的故事:

一天,陶行知先生看到一名男生要用石头砸同学,将其制止,并让男生到校长室。等陶先生回到校长室,见男生已经在那儿等候了。陶先生掏出一块糖,说:"这是奖给你的,因为你比我先到办公室。"接着又掏出一块糖:"这也是奖给你的,我不让你打同学,你立刻住手了,说明你很尊重我。"男生将信将疑地接过糖果。陶先生又说:"据我了解,你打同学是因为他欺负女生,说明你有正义感。"陶先生掏出第三块糖给他,这时学生哭了:"校长,我错了,同学再不对,我也不能打他。"陶先生拿出第四块糖:"你已经认错,再奖励你一块。我糖发完了,谈话也该结束了。"

这个故事中,陶行知先生在一团和气中惩戒了这位犯错误的学生,既客观地帮助他分析了错误的原因,又发掘了这名学生的优点,并用四块糖作奖励。真可谓寓惩于奖,奖惩结合。在这种情形下,这名学生必然是心悦诚服地接受批评。我们可以想象,这名学生一定会痛改前非,不会再用暴力解决纷争了,而他身上原来就有的正义感必将迸发出来。

陶先生"四块糖"的故事,给我们广大教师以下启示。

1. 教育惩戒必须以保护学生的自尊心为前提

中小学生正处于自我意识急剧发展的时期，特别是独生子女，具有非常强的自尊心。他们希望得到关心、尊重和理解，尤其是在犯了错误时。我们尊重学生的自尊心，归根到底就是对其人格的肯定，尊重他应有的权利，不能让他们在同学面前"丢面子"。我们应该理解，学生在成长过程中，犯错误在所难免，我们对他们严格要求是完全正确的，但一定要严而有理、严而有度、严中有爱。像"四块糖"故事中，陶先生没有对正在犯错误的学生大加训斥，而是让他到校长室去谈。当学生比校长先到校长室时，陶先生还奖了他一块糖。这是对学生多大的尊重！而我们很多老师一旦发现学生犯了错误，不管什么地点、什么场合就大加训斥，让他们"很没面子""很下不了台"。试想，学生在这种情况下，会接受你的惩戒吗？

2.教育惩戒要注意时机

学生犯错误后，都有一个自省、自悟到后悔的过程。因此，我们在对犯错学生进行惩戒时，要给他反思的机会。在其自省、自悟和正在后悔的过程中，我们再帮助他分析错误的原因，指出造成的不良后果，犯错学生必定非常乐意接受我们的惩戒。在"四块糖"故事中，陶先生没有当场批评这位学生，这既维护了其自尊心，也给了他反思的机会。在去校长室的路上，该学生的脑海中肯定会像放电影一样回放这件事的始末，对自己不冷静的一面进行自责。这时候，陶先生再批评，他会欣然接受。

通常说抓住时机，进行"冷处理"，既是给犯错误学生自省、自悟的时间，也是给老师了解具体情况的时间。平时，很多老师在批评学生时太急，导致误会他们的事时有发生。陶先生让犯错误学生到校长室的时间里，肯定进行了深入的了解，所以才有了"据我了解，你打同学是因为他欺负女生，说明你有正义感"的评价。

惩戒不能太急亦不能太迟，我们应该根据学生犯错的情况，抓住惩戒的时机。

3.要注意惩戒的手段

《教育惩戒：一个让教师尴尬的难题》一文中，小张老师对那位女生罚"做一周值日"的手段是很不可取的。教育惩戒中"惩"是手段，"戒"是目的。"惩"要科学、艺术，"惩"的手段应该是能让学生自省、自悟，而不是产生憎恨、抵触的情绪，否则这种"惩戒"可能只能使学生"弃恶"而无法起到"扬善"的作用。对于如何应用教育惩戒，我们应该学习陶行知以"奖"代"惩"的方法，学习魏书生老师让犯错误学生写"错误剖析说明文"、做一件好事来"赎错"等方法。

惩戒的手段多种多样。如果我们善于思考，就能发现和创造出很多合适的惩戒手段。

4. 掌握好惩戒过程的语言艺术

在了解过错、帮助学生分析过错、批评学生时，要多用肯定、启发、开导的语言，不要用盖棺定论性的语言（如"你这样下去这辈子肯定进局子"）、撒气性语言（如"就你能""你好大本事"）、揭短性语言（如"还不老实，你忘了前两天被别人揍得鼻青脸肿"）等，最好少用"不准""绝不能"等强制性词语。

同时，在批评过程中，应正确运用先扬后抑的语言。"数子十过，不如奖子一长。"人人都喜欢听表扬的话。先扬后抑能消除犯错学生的逆反心理，乐于接受我们的批评和惩戒。

5. 做好惩戒的善后工作

心理学家告诉我们，人们习惯把惩戒看作贬义词。于是受到惩罚后，不免出现不平、焦虑、愤怒等情绪。所以，老师在对学生做出惩戒后，要真诚地与他沟通，多交换意见，对他惩戒后表现出的优点适时鼓励，对他认真接受惩戒进行表扬。"批评后的表扬犹如暴雨后的太阳"，做好惩戒后的善后工作，有利于学生接受惩戒，更好地改正错误。

惩戒是门艺术，也是把双刃剑。运用好了，能对学生改错、养成好的品质提供助力；运用不好，则会让犯错误的学生反感，不利于改错。

惩戒也是门科学。但愿这门艺术，这门科学，能成为老师们长期研究的课题。

校长，要做放风筝的人

2020年10月30日上午，我们听了上海市甘泉外国语中学校长刘国华"校长领导力：引领特色学校发展"的专题报告，感触很深。他关于校长的角色定位是"校长要心中有天空，眼中有目标，心里有分寸，脚下有土地""校长不能只是一只辛勤的蜜蜂，而要成为类似放风筝的人"，给人耳目一新的感受。

诚然，校长在岗位上要做一只辛勤的蜜蜂，但校长的主要角色应该是学校的"领袖"而不仅仅是善于管理的"保姆"。因为"领袖"是做正确的事，善管理的"保姆"是正确地做事。"领袖"就是类似放风筝的人，注重绘制共同愿望，更注重实现愿望的过程，在团队中起着引领作用。

校长首先是引领学校的价值观，其次是引导课程和教学的研究方向。当下，校长最需要引领的是学校的特色发展。

上级教育主管部门常说我们广饶县的学校缺少特色。我觉得这种局面的形成有两个原因：一是我们的大环境使然——全县目前还没有形成创建特色学校的"场"；二是我们的校长仅仅是辛勤的蜜蜂，而没有做"放风筝的人"。

我认为构建特色学校，一是要坚持一些好的做法，要有"面壁十年图破壁"的坐功，不能跟风。领导重视了、宣传了的便会认真做下去，领导还没顾上关注或不关注的就扔掉，重起炉灶，这样做是办不出特色的。二是错位发展，避免同质化。在办学思路、办学活动上要讲求"人无我有，人有我精，人精我细"的原则，真正找准自己学校的优势、劣势，扬长避短，在加快新课程改革和素质教育进程的背景下出好招、出奇招。当然这种错位发展不是标新立异，也不是奇思怪想，要遵循教育规律。

构建特色学校的关键是充分依靠学校的支持系统，即把搞好课程改革作为创办特色学校的根本；把制度创新作为创办特色学校的平台；把丰富学生的活动作为创办特色学校的支撑；把加强文化积淀作为创办特色学校的灵魂。

校长要做放风筝的人，就不做机械的事，不做不动脑筋的事，不做人云亦云的事，不做应付检查的事，要做有灵气、有思想、有个性、有实效的事。

让我们做个引领型的校长，做个放风筝的人。

给每一位教师远眺"雷尼尔山"的机会

知道美国华盛顿大学的人可能很多，但知道雷尼尔山的人可能很少。雷尼尔山是美洲最高的雪山之一。

华盛顿大学位于太平洋沿岸的西雅图市。校园内有美丽的华盛顿湖。坐在学校高高的教职工餐厅里，华盛顿大学的教授们可以欣赏华盛顿湖及其周边星罗棋布的小湖的湖光山色，遇到晴好的天气，他们还可以远眺雷尼尔山。

有一年，华盛顿大学决定修建一座体育馆，却遭到了教授们的强烈反对。因为体育馆一旦建成，他们将无法欣赏餐厅外的湖光山色，更不能看到远处的雷尼尔山。出于对教授们的尊重，学校最后取消了这项计划，为此，学校损失了几千万美元的赞助。

其实，与美国大学的年平均工资水平相比，华盛顿大学的教授的薪资要低20%。很多教授有机会到别的学校任教，但他们留恋西雅图的美景，留恋校园内独特的风景，留恋学校的人文关怀，愿意接受较低的薪资留下来。换句话说，在华盛顿大学，教授们的薪资，80%是由美元支付的，还有20%是由优美的地理环境和温馨的人文环境支付的。这种为了优美的景色而放弃更高收入的机会，被华盛顿大学的教授们戏称为"雷尼尔效应"。

我们都知道，教师是推动学校发展的最活跃、最根本的动力。如何调动教师工作的积极性，是我们学校管理者们必须研究的课题。当前，相比其他行业，教师工资的提升幅度要大得多，特别是在金融危机、全球经济萧条的背景下，我们教师的工资待遇是令人羡慕的。在上级不允许、同时学校也没有多少能力用经济杠杆去调整教师的工作积极性的客观现实下，我们必须另辟蹊径。"雷尼尔效应"提示我们，当某些阶层的工资在当地已经达到相当水平时，仅仅靠增加收入或提高物质奖励，已经不能提高其积极性了。这时候，管理者就要考虑解决好团队个人舒适度的问题，解决好本单位文化认同和文化引领的问题。

现在，很多学校允许晚自习值班的班主任提前回家做饭，很多学校开放下午课外活动，鼓励没有课的教师到操场、健身房锻炼，也有很多学校组织给教师或教师父母过生日，把每名教师父母生日那天定为"节日公假"，有的学校每天为教师提供一杯牛奶，为教师建设"教师书房"，组织教师轮流旅游等。所有这些，提高了教师在校的舒适度。在提高教师的工作舒适度的同时，在严守规章制度的基础上，也要营造民主的氛围。我们非常渴望团队的每一个成员都能"以校为家"，这不仅要求老师们在建设"家"、发展"家"时，不遗余力，真心实意，有主人翁姿态，还需要我们的管理者真正把我们的校园建设得有"家"的味道，有"家"的氛围，有"家"的温暖，有"家"的舒适和自由。

学校发展的至高境界是文化的引领。校长要有经营教育的意识，要把先进的办学理念、科学的管理方式、人本的教育思想不断"灌输"给师生，并且持续不断地落实到边边沿沿。这种有先进文化引领、有高度文化认同的校园，发展潜力是巨大的，它能使"不治而治"成为现实。

学校的发展、教学质量的提高是一个渐进的过程，不可能一蹴而就。在不断进行制度、机制革新的同时，我们还要给予老师们充分的关心、理解与帮助，不断创造条件，多多给予老师们以远眺"雷尼尔山"的机会。

校长们，让我们努力！

宽松、自由的环境是课改成功的关键

2011年10月27日上午，我们听了华东师范大学博士生导师单中惠教授的题为"国际教育改革与发展新趋势"的报告。报告通过对比东西方不同历史阶段课程改革背景、方式、目标等内容，向我们传达了课程改革势在必行的信息，阐释了培养创新型人才必须创设宽松、自由环境的思想。下午，我们参观了上海市卢湾区第二中心小学，听取了陈校长的发言，加深了对学校探究活动的认识。反思一整天的学习，我明白：当前，我们所进行的课程改革和学生学习方法、培养目标的改革，要想成功也必须以宽松、自由的环境为条件。

教学有法，但教无定法。一个优秀教师的成功教法，不一定适合其他老师，换句话说，只要能实现三维目标，形成有效课堂，不管教师采取了何种教法，对教师个体来说，都是可取、可行的。当前，我县正在进行"有效课堂"的研究工作，教研部门下发了相关文件，并制定了"五步教学法"，要求教师们试着运用。其实，"五步教学法"作为一种供大家参考的教学方法，推行可以，但如果要求教师们全部遵照执行，不仅会降低课堂效率，还会打击教师们的积极性，造成逆反心理，反而对课改不利。因此，我们在进行课改时，必须为教师创设自由、宽松的教学环境，引导教师通过学习理解课标，转变观念；同时，向他们提供课堂教学、活动探究、学生评价等方面的蓝本，大可不必在学生分组安排、评价材料、课堂模式等方面进行"标本"式的硬性规定。我们要鼓励老师们"摸着石头过河"，通过不断的实验，反思，再实验，形成适合自己学生、有个性特色的课堂教学方式，学生管理方式，学习指导方式，学生评价方式等等。到那时，我们教学的百花园中肯定会盛开一朵朵姹紫嫣红的教育之花。

自由是创新的土壤，自由也是课改成功的土壤。在搞好宏观调控的基础上，多给教师搭建宽松、自由的平台，我们的课程改革定会走向成功的彼岸。

努力会让一切皆有可能

　　来广饶县陈官镇工作近三个月，望着晨曦中老师们匆匆走进校园的身影，听着课堂上老师们丝丝入扣的讲课声，看到球场上老师们生龙活虎的身姿，耳闻目睹老师们为课堂提升、活动开展而殚精竭虑的远近故事，我深深为这支日趋团结、和谐的教师团队所感动。来陈官的这些日子里，镇里的徐书记、吕镇长曾多次主动与我谈教育发展、教学质量提高相关事宜，我也深深地为领导们那种努力办大教育的激情所感染，他们优先发展教育的胸怀，对优质教育的追求，对优异的教学质量的渴盼，多次让我激动不已。拿不出质量，办不好教育，真的会愧对父老乡亲，愧对领导们的重托！

　　本学期，教育办提出了用三年时间，力争教育教学成绩跻身全县中上游的目标。很多老师深受鼓舞，但也有人持怀疑态度。这几年，陈官镇的教学成绩相对滞后，原因是多方面的。既有管理层面的，也有教师教学技巧、教学热情等方面的原因，另外也与投入不足等相关。通过座谈了解，我发现我们很多老师不缺乏丰厚的教育知识、灵活的教学技巧，不缺乏对教育质量的追求，缺乏的是敢于与高手过招，敢于与强手争先的胆量和魄力。换言之，有些老师、领导没有敢争一流的勇气与信心。

　　有一个故事给人启发很大。

　　某高中一普通班的学生因为没被分到重点班，整日昏昏沉沉：活动不参加，学习没兴趣。老师们苦口婆心的劝解不起任何作用。这天，班主任拿了一根吸管、一个拳头大小的土豆和一个杯子，问："同学们，你能用吸管穿透土豆吗？"同学们懒洋洋地说："不——能！"班主任又问："那你们相信别人能吗？"同学们依旧毫无生气地喊："不——相——信！"于是，老师要求同学们仔细观察老师亲手做的实验：他先把土豆架在杯子上，接着用右手的四指紧紧抓住吸管，再用大拇指紧扣吸管的顶端，最后用力向下扎去——奇迹出现了，这根软软的吸管穿透了厚厚的土豆！

这是实验，不是魔术。实验的关键点在于，当吸管的顶端被紧紧扣住后，被隔绝了空气的吸管就变得异常坚硬，足以穿透厚厚的土豆。

通过这个实验，同学们不再消沉，不再自暴自弃，他们靠自己的努力换来了比重点班更高的上线率。

其实，当我们瞄准目标，锲而不舍地努力，世界上没有那么多不可能。诚然，稻庄、丁庄、大王等乡镇在教学成绩诸方面走在了全县的前列，是我们学习的榜样。但成绩不是一成不变的，只要我们有"舍得一身剐，敢把皇帝拉下马"的精神，配以科学、精细、人文的管理和"靠上、拼上、豁上"的干劲，用三年时间跻身全县中上游，用三至五年时间力擎全县教育第一方阵大旗，并不是痴人说梦。

实验中，当吸管穿透土豆时，它也将同学们心中那么多的不可能抛进了太平洋。看完这个故事的我们也同样震撼：工作中不会有那么多不可能，只要努力，一切皆有可能！

让我们共同努力！

我爱教育这一行

批改完最后一本作业，我疲惫地躺在椅子上，望着对面墙上那张大学时的照片，一种奇怪的想法突然涌上心头：再当一回学生真好！

除了父母，第一个教诲我，给我知识的人就是老师了。把洁白的新衬衣扎在腰间，或穿一身笔挺的西装，站在讲台上，谆谆的话语，青春的激情，渊博的知识沐浴着我幼小的心灵。儿时的我感到：当一名老师好"气派"哟！

于是，我童年、少年的故事里做了无数次的老师梦：我也站在讲台上，用美妙的声音向学生传授着知识；春暖花开，秋高气爽，我与孩子们在大自然的怀抱里，吟诗作画，陶冶性情；我不会在班会上吹胡子瞪眼；我鼓励回答问题紧张的学生；我要建立一个融洽的班集体——不当众羞辱差生，每周举行一次联欢，取消题山题海，孩子们高兴地围在我身边，又说又笑……

后来，我终于圆了教师梦，却没有实现我儿时的"梦想"。我深知，中学生有理想，有信念，但自制力差。如果没有老师的正确引导和严格要求，他们将迷失航向。

于是，我明白了以前我的老师的良苦用心。我要像他们那样，不仅给学生知识、关心和爱护，还要对他们严格要求。因此，我制定严格的班训、班纪，还用作业和考试不断检验和促进他们的学习，我也让他们联欢，让他们嬉戏，但这些都是服从于学习，服务于学习……

每天清晨，披着星光我和学生晨操；晚上，伴着月亮我与学生共读。忘不了，那次返校途中遇雨，三里多土路我扛着自行车走了三个多小时最终没耽误同学们的习作课；忘不了，每当星期六，离家近的同事们都回家了，为弥补"真空"，自己守着黑漆漆的校园苦读的情景；忘不了，对违反纪律的学生强压怒火而苦口婆心地劝讲……

终于，我带的班级被镇教委评为先进班级，我教的学生语文考进全县前三名，我教的学生纷纷升入高一级学校深造……我体味到了收获的幸福。

圆了老师梦，我也有烦恼。当老师三年，我清楚我已和腰缠万贯绝了缘，清贫将伴我一生。

那次，去参加高中同学的婚礼，当大家喊着向"人类灵魂的工程师"敬酒时，我心中好苦涩。高中时，我成绩名列前茅，以优异的成绩考上了师范大学，毕业后每月领着两张"四位老人"票，而那些与大学无缘的同窗们，却成了经理、大款……当时，我很失落。

那晚回学校后，守着空荡荡的单身宿舍，我流泪了。泪眼中发现了放在桌上的一封学生来信，打开后，一串串热情洋溢的话语深深吸引了我："崔老师，您还记得您对我讲的那句话吗？我一辈子也忘不了……没有您，我上不了梦寐以求的重点高中……"是哪句话，我真的记不起来了。我又流泪了。而这次不是伤心，不是失落，而是失而复得，自豪、惭愧交加。我清楚地感到我在学生心中的位置、我生存的价值，我破译了做"人类灵魂工程师"的真谛。

我曾记得有人说过：不安于平凡的人当不了教师。我也忆起三毛的两句话，"平凡简单。安于平凡，真不简单"。干教师这一行的也许也是如此吧。

于是，我又想起了那首歌："长大后我就成了你，才知道那支粉笔画出的是彩虹，洒下的是泪滴。长大后我就成了你，才知道那个讲台举起的是别人，奉献的是自己……"

第五辑

可复制的语文教学

——经典文本教学设计

《桥》教读引领课教学课例

¤ 课例背景

根据课标要求，结合"语文主题学习"的教学实践需要，在"榜样的力量"专题学习中，打破学生无感情学文、死记硬背的教学盲区，旨在找到丛书阅读与课内知识的契合点，实现丛书与教材的整合。

人文主题：《桥》和丛书中《交接》《母亲和书》等文本，都属于"人性光辉、精神可贵"的人文主题。

文体主题：在丛书内容的选取上，与教材文体相匹配，都属于小说。

能力方法：在课内与课外的学习中，不仅要传授知识、方法，更要注重学生能力的培养。本课在叙事写法上设置悬念，在描写上侧重对人物神态、动作、心理活动的刻画。丛书中的两篇文章在写法上与教材类似。

¤ 课例描述

板块一：诵读入情境

师：（播放音乐《为了谁》，出示文本中"桥"的照片）请同学们看大屏幕，屏幕上展示的是作家谈歌的《桥》。

师：听着音乐，再看桥的照片，你有什么感受？

（生欣赏、思考。）

生：难过、悲伤、紧张、急促、崇敬、勇敢……

师：本文通过过桥这件事，塑造了一位老支书的典型形象。文中并未使用过多的华丽辞藻，却让人物栩栩如生。从文中圈画描写人物动作、语言、神态以及环境的句子，感知老支书人物形象。

学生汇报交流，教师着重指导下面句子：

"老汉清瘦的脸上淌着雨水。他不说话，盯着乱哄哄的人们。他像一座山。"

（师用严肃、庄严的语调诵读。）

师：老汉"不说话"，却使人们停住了脚步，不再疯一样地拥上木桥。老汉真是"一座山"吗？为什么？

（生沉默、思考。）

生：不是，这里是神态描写，运用了比喻的修辞手法，突出了老汉的沉着，就像一座山值得人依靠。不说话是为了显示威严。

师：很好，老汉比村民更早来到桥前，他却没有选择在第一时间逃生，真是一个无私无畏的好支书，老汉在村民中的威信就"像一座山"。

（师指导生有感情地朗读这句话，要用庄严、肃穆、坚决的语调读。）

"老汉突然冲上前，从队伍里揪出一个小伙子，吼道：'你还算是个党员吗？排到后面去！'老汉凶得像只豹子。"

师：该句运用了什么描写方法？塑造了一个什么样的老汉形象？

生：语言描写、动作描写，塑造了一个铁面无私、严厉、果断的老干部形象。

师："冲、揪、吼""像只豹子"写出了什么？（动作果断，不容置疑）

师：此处为什么要设置老汉揪出小伙子这个故事情节？设置小伙子这个人物是否有必要？

生：埋下伏笔，为结尾交代二人的父子关系做铺垫，设置小伙子这个人物，衬托出老支书不徇私情、秉公办事、舍己为人的高贵品质。

（生有感情地朗读句子。）

"老汉似乎要喊什么，猛然间，一个浪头也吞没了他。"

师：在木桥轰塌的一瞬间，小伙子被洪水吞没了，老汉除了是一名村干部，一名舍己为人的中国共产党员，也是一位老父亲。设想一下，如果老汉能喊，他要喊的是什么？（引导学生转换角色，把自己当成小伙子，把老汉当成自己的父亲）

（师配乐《父亲》，生展示，交流。学生沉默、思考。再有感情地朗读，让学生感受当时生死分别的场景。）

板块二：启发想象，假设身份

出示：无情又恐怖的洪水退去了，流离失所、惊慌失措的村民们得救了。设想一下，如果你在现场，你是村民中的一员，看着被洪水冲毁的家园，看着丧失生命的老支书和他的儿子，你有什么话要说？（200字以内）

参考题目：老支书，感谢您！　　舍小家为大家！

在班内小组之间交流，推选代表，饱含感情地朗读学生所写的话。

板块三：领悟写法，激发情感

①回顾全文，想想《桥》在叙事方式上有什么特别之处？

②教师引导学生发现：

第一，为什么直到结尾，才点明了老汉和小伙子的关系？（巧设悬念）

第二，环境描写可以渲染气氛，动作、语言、神态、心理描写可以丰富人物形象。（渲染紧张、急迫的气氛，丰富了老汉无私无畏、英勇献身精神的高大形象）

板块四：链接丛书，迁移知识

师：丛书"榜样的力量"板块中，《交接》也塑造了有鲜明性格特点的老校长和新教师娟子的形象。利用批注的方式，找出文中描写环境的词语，找出描写动作、神态、语言的句子。

生："山坳顶""崇山峻岭""白云缭绕""青苔"写出了山村小学条件的艰苦、师生生活的贫困。

生："娟子看到孩子的鼻子下还挂着两行鼻涕呢！娟子走过去掏出手绢，把孩子的鼻涕轻轻擦去。"运用了动作描写，"轻轻""擦"都写出了娟子对山区孩子的关爱和不嫌弃，体现了她人性的美。

生："老校长把办公桌上的备课本和作业本推到了娟子的面前，语重心长地说：'娟子呀，从今天起，这所学校和这九个孩子就交给你了，你一定要像待自己的亲弟妹一样待他们啊！'"运用了语言描写，突出了校长对娟子的期望，把在山区教书育人的火把交到了娟子手中，也体现出校长对孩子们的无限关爱。

师：《母亲和书》一文中，也有类似的能体现人物形象的语言、动作、心理描写。小组合作，做好批注。

师：三篇文章虽然在故事内容上不同，但是却有着一个共同的主题，那就是发扬人性的光辉，弘扬榜样的力量，都表现了人性的美好。

¤ 课例分析

《桥》是教材中的重点篇目。找到共同点，可以巧妙地将丛书与教材整合，跳出传统教学的束缚，从感情上设身处地、创设情境，领悟主题思想，体会人物形象，从而达到"使学生在感情上被感染，思想上被影响，写法上受教益"的目的。

具体地说，本课例有如下两个特点：

1.以"情"动之，创设情境

文本中最让人感动的一幕就是在生命的最后一刻，小伙子让老汉先走，老汉把小伙子推上木桥，桥轰的一声塌了，老汉望着被洪水冲走的儿子，想喊，却被浪头吞没了。面对凶猛的洪水，他践行了党员的职责，舍小家为大家。在安顿好人民群众之后，作为父亲，老汉把生的希望留给儿子，儿子也想把生的机会留给父亲。真挚的父子之情更容易打动学生，也最贴近他们的生活。很多学生甚至把自己设想成了文中的小伙子，把自己的父亲设想成了当时面对艰难选择、有着复杂心情的老支书。在配乐交流所感的过程中，甚至可以看到学生哽咽流泪，他们在晶莹的泪光中体会着"父爱如山"。

联系到丛书中《交接》《母亲和书》两文，虽然没有课文《桥》此般悲壮，却也饱含着浓浓的父爱、意想不到的母爱，照样可以创设情境，让学生在有感情的朗读中，体会情感。

2. 找准共同点，拓展延伸

教材文本有重难点的倾向，相对于课内教材，丛书选文的知识点更多，使用更灵活。为了让丛书与教材更有效地整合，可以找到课文与丛书的共同点。如课文《桥》与丛书中的《交接》《母亲和书》，在叙事写法上都是巧设悬念，在人物塑造上都运用了多种描写手法，在主题内涵上都体现了人性之美。找准共同点，学生自然可以灵活地把课内知识迁移到丛书的学习中，教材中所学的知识在丛书中得到了发挥和完善，丛书又对课内知识进行了拓展和延伸，学生学习的潜能也被激活。

文本都具有多面性。在教学实践中，应该注意深入挖掘教材的拓展点，善于抓住时机，为学生的自主学习创设情境，引起学生的情感共鸣，让学生变成文中的"我"，设身处地地思考，不束缚学生的思维，让他们展开想象的翅膀。

《大自然的语言》教读引领课教学课例

¤ 课例背景

部编教材和"语文主题学习"丛书的编写依据都是《课程标准》，都旨在提高学生的语文核心素养——语言建构与运用、思维发展与提升、审美鉴赏与创造、文化传承与理解。

"且夫水之积也不厚，则其负大舟也无力。风之积也不厚，则其负大翼也无力。"提高学生语文素养到底应该靠什么呢？毫无疑问应该靠读书。语文教学应以读书为要，大力培养学生的阅读兴趣和阅读能力。"语文主题学习"的出现恰逢其时，与《课程标准》不谋而合，即"少做题、多读书、好读书、读好书、读整本书"。

"语文主题学习"倡导课内大量阅读，课内还要学习教材。那么在统编教材的背景下，应该如何理清统编教材和"语文主题学习"丛书的关系呢？

"语文主题学习"主张"简简单单教语文，轻轻松松学语文"，而不是像传统语文课堂那样对课文过度挖掘、烦琐分析。经过探索，我开始把"语文主题学习"丛书作为阅读材料，让学生读起来。从更新教学理念和方式开始，以高效课堂和提升核心素养为目标，改革教学结构，构建适合学情的"语文主题学习"模式，争取实现 1/3 的课堂时间学习教材，2/3 的时间用于阅读丛书，提升学生的自主阅读及写作能力，最终实现语文课堂由低质向高效的发展和学生语文素养的提高。

¤ 课例描述

以下是我执教八年级下册《大自然的语言》时的一段课例描述。

【教学内容】

教材：八年级下册《大自然的语言》。

"语文主题学习"丛书：《大自然的文字》《人类捕鸟，灾难其后》。

我将《大自然的语言》和丛书中《大自然的文字》《人类捕鸟，灾难其后》进行整合，采用"1+X"的教学模式。

《大自然的语言》是说明文。对于说明文，中学生最头疼的是把握说明内容这一训练点。于是，我把这个训练点作为本节课的学习目标。PPT出示本课目标："学会快速阅读说明文，筛选主要信息，划分层次，概括文章说明内容。"主要问题设置为：概括每一段说明的内容，在段落上圈画或在旁边批注，根据段落之间的关系分层（阅读提示：分层时注意说明对象的变换或说明内容的变换）。引导学生学会如何分层进而概括文章内容，形成一个模式，模式如下：

①分层时注意说明对象的变换或说明内容的变换。

②概括主要内容时，注意速读，对使用说明方法的句子一带而过。

③抓段落的中心句。（注意段首、段尾句）

④抓过渡句、提示句。（总领句、设问句等）

为了巩固这个能力点，在此之后，选择丛书中《大自然的文字》《人类捕鸟，灾难其后》，让学生进行分层、概括训练。经过自主学习及小组讨论后，学生最终掌握了概括说明文内容的方法。

整节课目标明确，思路清晰，课堂高效。原来讲很多遍理论，学生经过"题海战术"也难以达成的目标，现在一堂课就完美达成，对此我感到非常惊讶。从同学们的眼神中我看到了他们的收获，我自己也感受到了作为一名人民教师的幸福感。

再如执教八年级上册朱德《回忆我的母亲》时的一段课例描述。

【教学内容】

教材：八年级上册《回忆我的母亲》。

"语文主题学习"丛书：胡适《我的母亲》，杨玉东《萱草的柔情》。

同是母爱主题，在执教朱德《回忆我的母亲》时，与丛书中胡适的《我的母亲》以及杨玉东的《萱草的柔情》两篇文章进行整合。明确两个教学目标（PPT 出示）：①学习运用典型事件突出人物性格特点的方法。②感受母爱的伟大，激发对母亲的感激之情。先让学生自己阅读朱德的《回忆我的母亲》，圈画出其中刻画母亲形象的语句并概括人物形象。

随后对胡适的《我的母亲》以及杨玉东的《萱草的柔情》进行阅读思考：①其中回忆了关于母亲的哪几件事？②试概括母亲的人物形象。

学生们在分析人物形象的同时也在感受母爱。此外，还设置了一个小小的环节——让学生回忆有关母爱的小事，关注生活细节，提升表达水平。课下作业设置为：回忆生活中母亲关心我们的小事，用你的生花妙笔来写一写自己的母亲。

这节课主要是引导学生学会关注母亲，在课堂中通过读、听、写等方式调动学生的情感，提升学生的上课参与度，学生在学习人物形象分析方法的同时，也感受到了母爱。这比单纯对课文进行人物分析或者是单纯情感品味效果要好得多。学生有充足的时间通过读、写去品味、思考母爱，课堂效率提高了，学生阅读量也增加了。从学生们的表情上我看到了他们学习语文的轻松感和幸福感。

¤ 课例分析

为什么整合语文教材和丛书中的资源，会实现课堂的高效呢？我认为有以下几个原因。

1. 要求一致

《课程标准》中指出，"语文课程是一门学习语言文字运用的综合性、实践性课程""工具性与人文性的统一是语文课程的基本特点"。

针对语文学科的性质，统编教材最大的亮点是双线组织单元。一条明线是"内容主题"，如"修身养性""挚爱亲情"等。各单元中的课文也大体能体现相关的主题，但不像以往的教材，每个单元有明确的主题。此外，还有另一条暗线，也就是"语文素养"主题。把语文的基本知识、必需的语文能力、恰当的学习方法和良好的学习习惯，以及写作口语训练等分解成若干个能力训练点，由浅入深、由易及难分解在各个单元的课文导读或者是课后题当中。

而我们的"语文主题学习"丛书，是围绕"人文主题"和"语用主题"来展开的。"人文主题"是明线，"语用主题"是暗线，与教材中的"内容主题"和"语文素养"主题编排体系相吻合。丛书是对于教材有力的补充和延伸。

在执教《大自然的语言》时，我把握住说明文中较难的训练点——说明文内容的把握，进而按照"1+X"的模式建构课堂，注重语言的建构和学生思维的发展与提升，总结概括说明文内容的模式，从而提升了学生的审美鉴赏与创造能力，提升了学生的语文素养，同时提高了学生必需的语文能力，培养了学生总结学习方法的习惯，有助于良好学习习惯的养成。

2.重视"一课一得"

统编教材和"语文主题学习"丛书都强调学生的"习得"和"一课一得"。温儒敏先生在解读统编教材时，也倡导老师引导学生"悟法""举一反三""用法""体会""自主阅读"，而"语文主题学习"中的"学习"也强调"语文能力的取得，不是教师讲出来、总结出来的，而是学生自己反复习得的"。大教育家夸美纽斯也认为："没有实践和练习，永远不会成功。"

阅读是学生的个性化行为，学生们带着问题去阅读文本能获得更好的阅读效果。在执教《回忆我的母亲》时，通过反复练习从事件中概括人物形象，让学生真正做到"一课一得"和"习得"。在分析人物形象的过程中，引导学生自主阅读，同时运用读、听、写等方式调动学生情感，感受母爱。这样的方式比单纯地用人物分析法去学习和单纯地体会情感效果要好很多。

整节课的推进有条不紊，学生有充足的时间去品味人物和体悟情感。

3. 强调"多读"

《课程标准》当中指出：要重视培养学生广泛的阅读兴趣，扩大阅读面，增加阅读量，提高阅读品位。提倡少做题，多读书，好读书，读好书，读整本的书。关注学生通过多种媒介的阅读，鼓励学生自主选择优秀的阅读材料。

教材充分发挥了选文在立德树人方面的价值，将社会主义核心价值观、中国传统文化等人文教育融入其中。丛书根据学生身心特点和教材编排的特点进行构架，避免学生阅读的盲目性、随意性。丛书的内容既有古诗文板块，又有与教材相关的人文语用主题相匹配的板块，还有整本书的推荐板块。这样使得大量阅读具有了指向性。

有学者说，一个人的阅读量只有达到课本的四到五倍时，才能形成语文能力。通过教师对教材与丛书的整合，学生们的读书兴趣更加浓厚，阅读量大幅提升，课堂也变得高效了起来。

在"语文主题学习"探索的路上，有收获也有困惑。总之，以《课程标准》为统领，将统编教材与"语文主题学习"丛书进行整合，坚持多听多读多说多写多练，追求高效课堂，学生语文素养的提升必定会变为现实。

《散步》教读引领课教学课例

¤ 课例背景

在 2011 版《课程标准》第二学段中，提出了关于文章的一般阅读目标："能初步把握文章的主要内容，体会文章表达的思想感情。"要求阅读从文章的整体出发，也就是能做到整体感知。把握文章主要内容是建立在整体感知文章的基础之上的。同时，《课程标准》中还提道："注重听说读写之间的有机联系，加强教学内容的整合，统筹安排教学活动，促进学生语文素养的整体提高。"因此，教材与丛书的整合是十分必要的，既拓展了学生的阅读视野，也提升了学生的语文素养。除此之外，广泛的同类型文章阅读能够激发学生的好奇心和求知欲，能发散思维，培养想象力、创新力、实践力，提高学生发现问题、分析问题、解决问题的能力，提高学生的语文综合素养。

¤ 课例描述

板块一：教材简析

以七年级上册第二单元为例。本单元共有 4 篇文章，分别是《秋天的怀念》《散步》《散文诗二首》《〈世说新语〉二则》，单元选文以"至爱亲情"为人文主题；以"在朗读中把握文章的感情基调"以及"了解不同语言风格的文章在抒情方面的不同特点"为语文素养的培养目标。

《秋天的怀念》与《散步》同为散文体裁。《秋天的怀念》是一篇回忆性散文，通过回忆母亲在"我"瘫痪后细心照顾"我"生活起居的几件事，表达了"我"对母亲深深的怀念与愧疚之情。学习本课，教师可从以下几方面进行整合：选择适合朗读的语句进行朗读训练，了解含蓄的抒情方式，体会叙事的详略和情感表达的张弛有度，学会品读词、句等细节描写中突显的人物感情，朗读人物对话体会情感，能够感悟生命的意义。《散步》则选取祖孙三代在田野上散步的日常生活场景，表现一家人之间尊老爱幼的美好品德以及互敬互爱的真挚情感。学习本课，可与不同文章进行对比阅读，了解对称句、回环句等相关知识，学习叙事中穿插景物描写的方法，能够多角度理解课文，对文本进行个性化解读。

　　两首散文诗，兼具散文和诗歌的特点。《金色花》以儿童特有的方式表达对母亲的感情，表现了家庭之爱和人类天性的美好。《荷叶·母亲》一文是作者在雨中发现荷叶掩盖起莲花，触景生情，想起了母亲爱护儿女的情景，表达女儿对母亲深深的依恋。本课中其他可供参考的知识点还有象征手法和直抒胸臆的抒情方式。

　　《咏雪》和《陈太丘与友期行》是两篇文言文。前者通过勾勒下雪天，谢家子女赋诗咏雪的情景，展示了古代家庭文化生活轻松和谐的画面；后者通过写元方小小年纪就知道以聪颖机智的方式维护父亲的尊严，来展现父子情深。本课涉及的整合点有：了解敬辞与谦辞的运用，体会古代少年的聪慧。

　　单元目标：

　　①会读会写本单元的生字词。

　　②学习朗读的技巧，能够把握恰当的语气和节奏。

　　③了解不同语言风格的文章在抒情方面的不同特点。

　　④在整体感知全文内容的基础上，体会作者的思想感情。

　　⑤多角度解读文本，尝试读出亲情之外的情感内涵。

板块二：丛书简析

丛书《亲情如水》分为"感念母亲""温馨亲情""诗意母爱""聪慧少年""学会记事""经典诵读""名著推荐"七个板块，是对课文内容的丰富与拓展。前四个板块依次对应了《秋天的怀念》《散步》《散文诗二首》《〈世说新语〉二则》四篇课文的教学重难点；"学会记事"板块从不同角度为教材写作指导提供教学素材；"经典诵读""名著推荐"两个板块则是对教材阅读内容的补充和完善。

阅读第一板块的文章，要学习作者如何选材、怎样安排详略来表达情感，在学习过程中要多留心作者捕捉到的生活细节，体会深沉含蓄的抒情方式。阅读第二板块的文章，要学习体会作者传达的情感，留意叙事中穿插的景物描写，体会不同的抒情方式。阅读第三板块的文章，要在把握文章感情基调的基础上，读出语气和节奏的变化，关注象征手法的运用，通过对文本的阅读，体会作者的思想感情，感受母爱的伟大。阅读第四板块的文章，要留心谦辞与敬辞的使用，领略魏晋时期少年人的聪慧机敏与家庭文化。阅读第五板块的文章，要探究文章中叙事的技巧，学会在作文时将事情的六要素介绍清楚，条理清晰地安排选材，尝试在叙事中依靠丰富的细节来表达情感。阅读"经典诵读"板块的诗文，要以诵读积累为主，丰富知识积累，提高文学修养。

¤ 课例展示

【课型】

教读引领课。

【教学内容】

教材：《散步》。

丛书：《合欢树》《我的母亲》。

【教学目标】

①把握文意，概括主要内容。

②演读对话，体会作者情感。

【教学过程】

（一）导入新课

家，是一个让人感到温暖的字眼；家，是静谧的港湾；家，是幸福的摇篮；家，给了我们无尽的爱和温情。今天我们学习一篇经典文章——《散步》，一起来了解莫怀戚先生关于亲情的深刻感悟。

（二）思考探究

①朗读《散步》，概述文章主要内容。

答案示例：

我们一家祖孙三代在田野上散步。

这是一篇叙事性散文，在概括时要抓住时间、地点、人物、事件四个要素。

②文章中的人物对话极为简短，字数不多却能凸显人物的特点，请找到相关语句并思考：

第一，从语句中你读到了人物的什么特点？

第二，应该用怎样的语气朗读才符合人物的身份？

答案示例：

第一，"前面也是妈妈和儿子，后面也是妈妈和儿子！"——儿子

人物特点：聪明、可爱。

朗读指导：要用欢快雀跃的语气读，把小孩子的天真活泼读出来，读时可以模仿孩童稚嫩清脆的嗓音以符合人物身份。

第二，"走大路。"——"我"

人物特点：孝顺、温和、稳重。

朗读指导：前文中提到"我的母亲又熬过了一个严冬"。一个"熬"字，可见母亲挺过严冬不易，明年的冬天，能不能熬过去？可以预见的是"我"陪母亲的时日不多了。于是，在产生"走大路"与"走小路"的分歧的时候，"我"决定"走大路"。这里"我"的语气应该是干脆利落，要读出"我"的果断来。

第三，"还是走小路吧！"

"我走不过去的地方，你就背着我。"——母亲

人物特点：慈爱、随和、善解人意。

朗读指导：母亲相信并依赖自己的儿子，同时疼爱自己的孙子，心甘情愿地改变主意。说这句话时，她很放心同时又很坦然。这里可以让学生尝试用不同的语气去读，比如说同样是"还是走小路吧"这句话，分别读出无奈、生气的语气来，显然不符合人物的特点，在对比中引导学生理解作者想要表达的情感。

（三）学以致用

①分别概括《合欢树》《我的母亲》的主要内容。

答案示例：

《合欢树》叙述了十岁那年由作文获奖引发的与母亲的小冲突，二十岁时母亲为"我"治病，为"我"借书，推"我"去看电影，鼓励"我"写作的日常情景，三十岁以后"我"再回小院儿看到母亲当年种的合欢树百感交集的一系列与母亲有关的往事。

《我的母亲》中作者回忆了母亲对自己的管教、关爱以及与家人相处的几件事，展示了母亲严慈相济、善良、宽容、有刚气的特点，表达了作者对母亲的感激和怀念之情。

②揣摩下面的语句，模仿人物的语气语调，朗读对话。

第一，"老师找到家来问，是不是家里的大人帮了忙。我那时可能还不到十岁呢。"

"可能？什么叫可能还不到？"——《合欢树》

第二，"别浪费时间啦！根本没用！"

"再试一回，不试你怎么知道有用没用？"——《合欢树》

第三，"穿上吧，凉了。"

"娘（凉）什么！老子都不老子呀。"

"你没了老子，是多么得意的事！好用来说嘴！"——《我的母亲》

【板书设计】

　　　　　归纳要素
　　　　　概括内容
　　　　　演读对话

¤ 课例反思

　　选取课文《散步》，体会祖孙三代田野散步之乐，借此拓展史铁生的《合欢树》和胡适的《我的母亲》二文，既欣赏了名家大作，又获得了情感体验。课例通过概括内容来训练归纳语言的能力，同时也通过演读对话的方式揣摩人物形象及情感，并反思自己在平时的生活中对待父母的态度。

　　2011版《课程标准》中提出了"全面提高学生的语文素养""正确把握语文教育的特点。积极倡导自主、合作、探究的学习方式""努力建设开放而有活力的语文课程"的课程理念，要求我们在语文学科的教学中，切实把握语文的实践性、综合性、工具性、人文性等特点，建立自主的教学模式，给学生充分的想象和发挥空间，使学生在学习中自主尝试、发现、探究、评价和提高，形成知识的自主建构，建立思维导图，并不断探索新的学习领域和研究内容，不断尝试使用新的方法、新的工具，以使学生的创新能力和实践能力不断发展，语文素养全面提高。一个对阅读有兴趣的人，面对人生的许多挑战和困难，一定会有前行的勇气和动力。语文的学习过程就是知识积累的过程。

　　总之，"语文主题学习"丛书与教材实现完美的结合。不仅扩大学生的阅读面，也积累文学常识，同时锻炼学生的写作能力，更重要的是全面提高学生的素质，陶冶学生的情操。

《秋天的怀念》教学设计

¤ 教材分析

《秋天的怀念》是统编教材七年级上册第二单元的一篇文章，本单元从内容主题来看，属于"亲情"单元。本篇文章是作家史铁生追念母亲、赞美母爱的经典作品。

学习《秋天的怀念》这篇文章，要让学生感悟作者丰富的内心世界，培养真诚、美好的感情。

研读本文，最好用多种方式朗读来加深对亲情的感悟，深化学生的情感体验，让他们珍惜亲情，珍惜生命，关爱父母。

¤ 教学目标

①品悟课文，感受母子形象。

②朗读文本，从关键词、细节描写等角度，初步感受文章的写作特色，培养学生感悟文本的能力。

③依托多种助读资料，引导学生感悟母爱的伟大，感悟作者的怀念与愧疚，感悟生命的内涵。

¤ 教学重难点

①阅读文本，圈点批注，找出关键词、关键句和细节描写。

②领悟母亲的艰辛和伟大，读出作者对母亲的深切感怀，领悟生命的意义。

¤ 设计理念

引导学生品味文本中的语言、动作、神态等细节描写,感悟人物的内心世界,使学生受到熏陶感染,培养学生真诚、朴素的感情。

¤ 课前准备

教师准备:多媒体课件。

学生准备:自主预习,搜集与课文有关的文本资料,了解作者。

¤ 教学流程与设计意图

第一课时

(一)导入新课

师:同学们,还记得《游子吟》这首诗吗?好,能背的和我一起有感情地背诵这首诗。(师生齐背《游子吟》)同学们,知道这首诗赞美的是什么吗?(生答:赞美母爱)是啊,小草知道报答春光的沐浴之恩,那我们该怎样报答母亲的养育之恩呢?今天我们学习史铁生的《秋天的怀念》,来体会母爱的伟大和平凡、细致和深沉。

设计意图:通过和学生一起背诵《游子吟》,营造氛围,激起学生对母爱的感悟,进而进入文本,学习文本。

(二)检查预习,指导练字,了解背景

①字词练习(10分钟练字时间安排)。

投影出示本课生字,并指导学生练字,重点指导字的笔顺、笔画和结构,强调练好字的基本要领。

瘫痪(tān huàn)　暴(bào)怒　沉寂(jì)　捶(chuí)打

憔悴(qiáo cuì)　央(yāng)求　诀(jué)别

②了解背景。

史铁生的母亲是一位活得很苦的母亲。史铁生26岁时,也就是他双腿瘫痪的第六个年头,母亲因肝癌去世。母亲的早逝是史铁生心中永远的痛。后来,在史铁生的许多作品里,都写到了母亲。

（三）快速阅读，整体感知

速读课文，说说文本记叙了哪些事，体会作者对母亲的情感。

"我"双腿瘫痪，母亲安慰"我"；虽然重病缠身，却瞒着"我"；为让"我"赏菊花，央求"我"；离世嘱托，心里仍牵挂着"我"。

设计意图：在速读课文的基础上，让学生感悟文章语言，感受伟大、深沉的母爱，激发阅读文本的兴趣，同时训练学生对文本的概括能力。

（四）研读思考，感悟母爱

①请研读课文，标出表现母爱的句子。

设计意图：让学生根据朗读要求，边读课文，边做批注，圈画出感人的句子或段落。

师生互动：朗读圈画出来的语句，谈感悟，教师评价指导。

（投影出示：第一段中三个表现母爱的句子。）

（学生读，学生评，学生再读，教师适时评价、点拨。）

②教师小结：作者瘫痪在床，母亲变得小心翼翼，怕不经意的举动会伤害孩子脆弱的心灵。母爱如此令人动容，让学生齐读、感悟。

③投影出示："母亲进来了，挡在窗前。"

让学生赏析"挡"字。

④投影出示："母亲扑过来……好好儿活。"

师：母亲为什么"扑过来"？母亲"抓住我的手"，怎样理解此动作？"忍住"了什么？

（学生反复朗读，思考，回答，教师进行点拨、评价、指导。）

师：母亲生活得好辛苦，尽管自己十分悲痛，但她抑制着悲痛去安慰、鼓励儿子，这是一位怎样的母亲啊？请大家再读一读第一段。

设计意图：引导学生通过重点词语和句子来品读文章，让学生思考：母亲是一个怎样的人？学生的回答可能是多种多样的，通过这种方式培养学生理解课文的能力和语言表达能力，感悟母亲的伟大和乐观的生活态度。

⑤母亲生前央求"我"去看花的片段，让学生分角色朗读，体会母爱的伟大。

⑥在母亲去世六年后，面对蓬蓬勃勃的菊花，"我"懂得了什么？怎样才能"好好儿活"，活出生活的意义？

⑦投影出示（史铁生的作品片段）。

史铁生是当代中国最令人敬佩的作家之一。他的写作与他的生命完全融在了一起，他虽然身有重疾，但他没有放弃。他通过作品证明自己拥有健全而丰满的思想。他体验到了生命的苦难，表达的却是明朗和欢乐。他睿智的言辞，照亮读者的内心。

问题讨论：这又是一个怎样的史铁生？

学生小组交流后回答。

总结：同学们，今天我们学习了史铁生的作品，认识了一位伟大、可敬的母亲。史铁生将对母亲的那份愧疚、怀念用文字表达出来，表现了他心灵深处的思考。向伟大的母亲致敬，让我们再次深情地朗读《秋天的怀念》这篇课文。

设计意图：通过分角色朗读，体会"好好儿活"的深刻含义，引导学生感悟母爱，培养美好情感，达到学习本文的目的。

（五）作业设计

给你母亲写一封信，表达你对母亲的感激和敬意，或是歉意，字数500字左右。

（六）板书设计

秋天的怀念

史铁生

苦　母爱　好好儿活

第二课时

课型：教读引领课

学习内容：《秋天的怀念》《生命的延续》

（一）课堂练字指导

①先让学生到黑板听写课后"读读写写"内容。（要求字体规范、美观）

②根据学生听写情况指导书写。（强调笔画、笔顺和规范）

（二）细读感悟，品析语言

①自主交流，温故而知新。

同学们，通过上节课的学习，你懂得了什么？

设计意图：通过复习导入第二课时，唤起学生的回忆，进入文本的研读。

②课文平静的叙述中蕴含着感人的力量，主要是文章有许多出色的细节描写。朗读课文，说说哪些细节最让你感动，为什么？

（要求：先让学生自主阅读找出相关句子，教师提问、评价并指导赏析。）

③投影出示："咱娘儿俩在一块儿，好好儿活，好好儿活……"

从这句话中，你读出了什么？读了这句话，你还想知道什么？

设计意图：让学生理解在文中反复出现的这句话。尊重学生的"主体地位"，同时培养学生自主探究的能力。

④投影出示："又是秋天，妹妹推我去北海看了菊花。黄色的花淡雅，白色的花高洁，紫红色的花热烈而深沉，泼泼洒洒，秋风中正开得烂漫。我懂得母亲没有说完的话。妹妹也懂。我俩在一块儿，要好好儿活……"

理解这句话表达的意思。

交流点拨：盛开的菊花象征着母亲的期望：无论遭遇怎样的厄运，无论选择怎样的人生之路，都要活得坚忍，活出尊严，活出自我生命的个性与美丽。

设计意图：这是一篇文质兼美的文章，学生通过对最后一段的理解，体会作者深沉而美好的感情。

（三）拓展对比

阅读丛书中苏叔阳《生命的延续》，与《秋天的怀念》一文比较在抒情方式上的不同之处。

先让学生阅读文本、品悟语言，然后教师提问、评价、指导。

投影出示：

句子1："孙子的出世和一天天地成长，让我有了那么多微妙的心态，我只是不觉得衰老。"

句子2："有了第三代，我将重新施行这戒律，尽一切可能在生活的力所能及的领域里奔跑，让生命去燃烧，因为燃烧是美丽的，何况我有了一个延长了的生命。"

让学生小组讨论、交流，然后教师提问，师生评价，总结。

设计意图：通过拓展、比较阅读，丰富学生的阅读体验，提高学生对作品的语言感悟和鉴赏能力。

¤ 教学反思

本文篇幅不长，叙事头绪也不复杂，但感情深沉，内涵丰富，需要静下心来细细品味。朗读是阅读教学的重要组成部分。有感情地朗读，能够调动视觉、听觉等器官，将课文中无声的语言化为充满感情的有声语言，有利于学生理解文本。因此，教学中要重视朗读。本文有许多细节描写，读来让人感动。教师要引导学生品味细节描写的表达效果，培养他们关注细节的意识，让他们在细节中品出作者表达的情感。教学还要注重小组合作，充分尊重学生的阅读体验。

此外还要借助丛书内容，拓展学生的阅读面，提高学生对作品的品味和鉴赏能力。

《草原》教学设计

¤ 教材分析

《草原》是一篇写景抒情的散文，记叙了作者老舍第一次到内蒙古大草原时所看到的美丽景色，以及受到草原主人热情欢迎、款待的情景。课文语言清新优美，线索清晰分明，既赞美了草原的美丽风光，又深情讴歌了蒙汉的民族情谊。

¤ 学情分析

虽然六年级学生的阅读量有所增加，但其诵读水平低，阅读理解能力弱，对于中长篇文章，诵读效果不理想，而且许多学生没有养成良好的阅读习惯。对于简短的文章，能有正确的体悟，对于较难的文章，就会手忙脚乱，读不出文章的内涵。

¤ 教学目标

①有感情地朗读课文，识记生字新词，背诵第 1 自然段。

②品味、积累优美的语句，体会课文情景交融的写法，理解作者表达的思想感情。

③感受内蒙古大草原自然风光之美及风俗人情之美，体会蒙汉人民之间的深情厚谊，激发学生了解西部的兴趣。

¤ 教学重难点

①让学生体会课文情景交融的写法，理解作者表达的思想感情。

②让学生体会蒙汉人民之间的深情厚谊，从而激发学生了解西部的兴趣。

¤ 教学准备

①准备具有浓郁蒙古族特色的歌曲《美丽的草原我的家》《天堂》《蒙古人》，以及爱国歌曲《五十六个民族五十六朵花》。

②草原风光和民族风情的图片。

¤ 教学过程

第一课时

（一）激情导入，引出课题

课前播放歌曲《美丽的草原我的家》MTV 版，让学生初步感受草原的美景。

你有没有去草原游玩的经历？你对草原有哪些了解？大家可以小组内交流下。

今天我们就和老舍先生一起走进西部，走进内蒙古大草原这片神奇的土地，去欣赏那美丽的草原风光，去感受那淳朴的风土人情吧。（教师板书课题）

（二）整体感知，初识草原

学生快速浏览课文，教师出示问题。

草原给你留下了怎样的印象？草原的美体现在哪些方面？

让学生思考课文的记叙顺序，并说说课文按照这些顺序写了哪些内容。

阅读方法指导：学生在阅读过程中，要注意跳读，留意重要信息，依据教师设计的问题，圈点勾画关键词语或句子。

设计意图：通过指导阅读方法，让学生快速把握课文内容，对课文形成初步印象，为后面环节的开展做好铺垫。

（三）品读想象，体会草原美

①学生有感情地朗读课文第 1 自然段，思考：内蒙古大草原美在哪

里?（利用多媒体展示草原美景的画面）画出相关的句子，说一说自己的感受。

设计意图：展示草原美景画面，让没见过草原的学生对草原有感性认识，帮助学生理解文本。出示自学提示，让学生自主学习探究，让学生成为课堂真正的主人。

②学生独立思考后，小组交流展示，教师适当点拨，同时指导朗读。

③学生自由发言、赏析。

第一，天空明朗

a.引导学生体会草原新鲜的空气及作者的心情。

b.指导学生读出愉悦的心情。

第二，一碧千里

a.抓住"一碧千里"这个词语，体会草原碧绿和辽阔的特点。

b.联系上文体会"并不茫茫"这个词语表达的准确性。

c.你眼前出现了怎样的画面？边读边想象画面。

第三，羊群如花

a.比喻的修辞、动静结合。

b.让我们通过朗读体会语言美。齐读。

阅读方法指导：可以从用词、描写方法、修辞手法等角度体会句子的表达效果。

第四，小丘柔美

a.理解"渲染"和"勾勒"两个绘画专业术语。（"渲染"就是用颜色来涂抹画面，而"勾勒"就是用笔进行描边，勾画一层轮廓。）

b.出示采用"渲染""勾勒"技法创作的中国画，进行对比，加深对两个专有名词的理解。

设计意图："渲染"和"勾勒"两个词语作为绘画用语比较抽象，学生很难懂，可以通过展示直观的图像，帮助他们理解。

c.老舍为什么用"渲染"这个词来描写草原，而不用"勾勒"？（"勾勒"指画出轮廓，是有限制的，而草原是无边无际的，辽阔的，所以用"渲染"这个词更恰当。）

设计意图：通过进一步比较"渲染"和"勾勒"两个词的意义，体会作者用词的准确，帮助学生养成遣词用句的好习惯。

d. 老舍先生非常善于观察，他的这个比喻用得非常贴切，就让我们好好读一读吧！

第五，这种境界，既使人惊叹，又叫人舒服，既愿久立四望，又想坐下低吟一首奇丽的小诗。

a. 老舍为什么会有这样的感受？

设计意图：正是草原的美丽景色，让作者产生了这种感受。由此，引出本课的重点——情景交融的写法。

b. 这种情景交融的写法有什么好处？（重点讲解）

c. 假如你也是初到草原，徜徉于这广阔的草原上，（播放音乐《天堂》MTV 版，出示草原风光画面）你最想做什么呢？请把你最想做的事情写到这个句子中。

这种境界，既＿＿＿＿＿＿＿＿＿，又＿＿＿＿＿＿＿＿＿。

设计意图：在体会到语言美、景色美的基础上，让学生表达自己的情感，既有利于提高他们的语言表达能力，又有助于他们进行知识迁移。

④刚才，我们一起跟随老舍先生领略了美丽的草原风光，那么作者运用了哪些方法把草原的风光生动地展现在我们面前的呢？

a. 层次清晰（从上到下，从整体到局部）。

b. 巧妙运用修辞手法（比喻、拟人）。

设计意图：结合文段，简单总结写景方法，为读写迁移做准备。

⑤我们不仅要用眼睛去记录美丽的景色，更要用我们的心去珍藏美丽的景色，那就让我们把这幅美丽的草原风光图永远印在我们的心灵深处吧。学生齐读、齐背第 1 自然段。

设计意图：交流过程中教师引导点拨，让学生紧扣文本，去想象感悟草原的美，教给学生自主学习的方法。同时相机指导朗读，让学生在一次次的朗读中培养语感，积累语言，提升对文本的理解。

⑥小结：课文第1自然段，作者按照从上到下的顺序，抓住草原特点，运用比喻、拟人的修辞，动态、静态结合，运用情景交融的写法，展示了一幅如诗如画的草原美景。

（四）深读悟情，感受人情美

美丽的草原景色让我们如醉如痴，蒙古族人民的热情好客更让我们流连忘返，那就让我们跟随作者一起去探访陈巴尔虎旗，一起去感受草原人民的热情吧。（播放音乐《蒙古人》MTV版，出示草原风光画）

同学们朗读课文第2～5自然段，边读边想象所读到的情景。

作者乘车进入草原，最初有什么感觉？（草原十分辽阔）

从课文哪些语句可以看出草原的辽阔？（汽车走了一百五十里，才到达目的地。一百五十里全是草原。再走一百五十里，也还是草原。草原上行车十分洒脱，只要方向不错，怎么走都可以。）

阅读方法指导：学生依据设计的问题，留意关键信息，在课本上圈点勾画，做好批注。

设计意图：通过朗读、圈点、批注等方法，结合音乐、画面，让学生继续感受草原的风光美。

课件出示以下问题，学生以小组为单位，合作学习，相互交流。

如果要用词语概括草原人民的特点，你想用什么词？（热情好客）

课文按照参观访问的顺序，主要写了哪几个场面？（迎客、相见、款待、联欢、话别）

在"迎客""相见""款待""联欢""话别"前面加上修饰词。（热情迎客、激情相见、盛情款待、尽情联欢、深情话别）

从课文中哪些句子能感受到这份热情？（忽然，像被一阵风吹来似的，……看见了几座蒙古包。）

好客的主人是怎样接待远道而来的客人的？（从几十里外来看我们，

握手，倒奶茶，摆奶豆腐，端手抓羊肉，敬酒，唱歌，饭后表演套马、摔跤、民族舞蹈等）

蒙古族人民给你留下了怎样的印象？（热情好客、淳朴、亲切大方）

设计意图：引导学生在体会草原风光美的基础上，了解草原的民风民俗，体会草原人民的人情美，同时教他们紧扣文本，进行圈点勾画的阅读方法。

学生展示交流成果，教师适当点拨。

（五）合作共读，体味民族情

①学生齐读："蒙汉情深何忍别，天涯碧草话斜阳！"你是怎样理解这句话的？用在文章结尾的作用是什么？

②你从文中哪些地方体会到了"蒙汉情深"？（学生紧扣文本，画出相关句子，朗读体会。）

③仅仅是蒙汉两族才有这样深的感情吗？（播放音乐《五十六个民族五十六朵花》）引导学生将"蒙汉情"升华为"民族情"。

设计意图：在学生体会草原人情美的基础上，进一步拓展思维，理解文章主旨。

④小结：在第2～5自然段中，作者按照参观访问的顺序，依次描写了迎客、相见、款待、联欢、话别等几个场面，充分表现了草原人民的热情好客、淳朴大方，歌颂了蒙汉人民以及各民族之间的深情厚谊。

（六）课堂小结

通过本节课的学习，我们领略了草原的美丽风光，感受到了蒙汉人民的深情厚谊，积累了一些写景抒情的语句，学到了一些写景的方法。更重要的是，我们要将学到的知识应用到今后的学习中去，做到学以致用。

（七）推荐阅读

通读丛书中的《迷人的夏季牧场》《夏日草原》《草原八月末》三篇文章，利用工具书正音、解词、顺句，扫清阅读障碍。

（八）板书设计

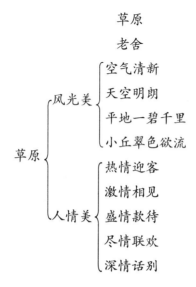

草原

老舍

草原 {
风光美 {
空气清新
天空明朗
平地一碧千里
小丘翠色欲流
}
人情美 {
热情迎客
激情相见
盛情款待
尽情联欢
深情话别
}
}

第二课时

（一）温故知新，重点回顾

①听写字词，检查生字词掌握情况，组长批阅后反馈给老师，出错率较高的字再强调，并做写字指导。

②学生回顾上节所学，各小组派代表总结发言。

师围绕以下问题做补充：

文章主要写了哪些内容？

文章是怎样写景抒情的？

（二）类文阅读，整体感知

要求学生速读丛书中的《迷人的夏季牧场》《夏日草原》《草原八月末》三篇文章，整体感知文章大意。

阅读方法指导：圈点勾画文中关键词句，阅读时注意景物的特点、写景的顺序、写景的方法。概括性要强。

（三）品读课文，思维迁移

教师重点引导学生细读《迷人的夏季牧场》，思考文章写了草原的哪些景物，有什么特点，是如何写景的，运用了哪些写景的方法。

课件出示以下问题：

①作者按时间顺序依次写了牧场的哪三个时间段？（白天、黄昏、夜晚。）

设计意图：在学生朗读的基础上，进一步理清文章结构，把握写作的顺序。

②课文从哪些方面来写"迷人的夏季牧场"？（静态下的千里牧场、牧群、牧女、云来雨落时的草原、落日的黄昏、好客的牧民、草原宁静的夜晚。）

③"迷人的夏季牧场"的"迷人"之处表现在哪些地方？（静态下的千里牧场——奇丽；牧群——如缎面上的彩色图案；牧女——健美、欢笑；云来雨落时的草原——朦胧而神奇；落日的黄昏——金碧辉煌；好客的牧民——温暖、豪情、幸福；草原的夜晚——宁静、安详。）

阅读方法指导：有感情地朗读写景抒情的句子。学生有感情地朗读，体会写景抒情及作者所表达的情感。借助文本，进行圈点勾画，找出体现草原特点的词语或句子。

设计意图：让学生紧扣文本，圈点勾画批注，指导阅读的方法，培养良好的阅读习惯。

④作者是怎样把夏季牧场写得这样迷人的？（是用什么方法写景的。）a.抓住景物特点。b.按照一定的顺序：时间顺序、由远及近、由上而下。c.多种修辞手法的运用：比喻、拟人。d.情景交融。e.运用多种感官：听觉、视觉、触觉、嗅觉等。f.多种视角：平视、仰视、俯视等。

设计意图：让学生依据第一课时学到的知识，结合本文的句子，通过问题的解决，进行知识能力的迁移训练，自己总结出写景的方法。

⑤运用本节课学到的知识，学生自主学习丛书中另外两篇文章《夏日草原》《草原八月末》，重点总结写景的方法。

设计意图：让学生通过自主学习，以点带面，进一步进行知识能力的迁移训练，形成分析问题的能力。

⑥本课小结。

这节课我们重点学习了《迷人的夏季牧场》。这篇写景抒情的散文，围绕"迷人"，作者从牧场奇丽的特点写起，按照时间顺序依次写了牧场的白天、黄昏、夜晚，写出了草原的美丽、富足与安详，运用大量的比喻、拟人修辞手法和写景抒情、情景交融的写作手法，表达了作者对千里牧场的喜爱和赞美之情。我们运用第一课时学到的方法，进行知识能力的迁移训练，掌握了一些写景抒情的方法，并通过以点带面，自学了另外两篇文章，收获了许多。

（四）细读体会，组内展示并评价

①组内分享阅读三篇文章的感受，可以结合文中的关键字句，谈一谈自己是如何阅读写景抒情文章的。

②小组代表展示阅读成果,教师点评后指导学生梳理学习要点,结合《草原》，总结本课写景抒情的方法。

（五）学以致用（课余时间完成）

小作文训练：同学们试着对家乡的一处景物进行多角度（远观、近看、平视、俯视、仰视等角度）观察和描写。

要求：按一定的顺序；运用多种感官和修辞手法；运用情景交融的写作手法。自拟题目，字数不超过300字。

设计意图：引导学生体验生活，观察景物，达到课内外结合、读写结合的迁移训练目标，从而引导学生更加热爱生活。

（六）板书设计

写景的方法
①抓住景物特点
②按照一定的顺序：时间顺序、由远及近、由上而下
③多种修辞手法的运用：比喻、拟人等
④情景交融
⑤运用多种感官：听觉、视觉、触觉、嗅觉等
⑥多种视角：平视、仰视、俯视等

¤ 设计思路

以课文《草原》为引子，在充分理解课文内容的基础上，让学生学会圈点勾画批注的方法，有感情地朗读，体会作者的情感，以便迅速掌握写景抒情文章的阅读方法。在此基础上进行第二课时，利用丛书上的三篇类文，要求学生自主阅读，教师引领学习《迷人的夏季牧场》，学生进行知识能力的迁移，掌握此类文章的阅读方法。另外两篇《夏日草原》《草原八月末》，教师以点带面，不做过多讲解，按照《草原》《迷人的夏季牧场》的阅读方法，让学生自主学习，讨论分析这两篇文章是如何写景抒情的，进而总结出此类文章的阅读方法，达到知识能力迁移训练的目的。最后的小练笔，放到课后去完成，引导学生观察景物，体验生活，达到课内外结合、读写结合的迁移训练目标，从而引导学生更加热爱生活。

《记承天寺夜游》教学设计

¤ 情境导入

师：中国有着丰富的月亮文化积淀，大家能说几句有关月亮的诗句吗？

生1：春风又绿江南岸，明月何时照我还？

生2：明月松间照，清泉石上流。

生3：举杯邀明月，对影成三人。

师：看来大家的积累还是很丰富的。月亮牵动了无数文人墨客的情思。今天就让我们跟随苏轼走进承天寺看月。皓月当空，苏轼会有怎样的感慨？

评点：借助诗句，既调动了课堂气氛，又检验了知识积累，增加了课堂的厚度。

¤ 目标展示

屏显1：展示班内所有同学的预习记录单。

师：这是我们班的预习情况。同学们在预习中遇到的困惑集中表现为下列几个问题：苏轼为什么想到了张怀民？对文中的景物描写不理解，写景旨意何在？"但少闲人如吾两人者耳"句中的"闲人"如何理解？

师：根据大家的预习情况，确定了这样的学习目标。

屏显2：

【学习目标】

①有感情地朗读课文。借助注释，疏通文意。

②品味景物描写，体会其意境。

③感悟作者的特殊心境和人生态度。

评点：根据预习情况制定学习目标，这是努力践行省教科院倡导的"基于学生感受、质疑、发现的语文新课堂"的举措，体现了"以学定教"的课改理念。

¤ 教学过程

1.朗读感知

师：初读文章，请同学们注意读音、停顿和节奏。

学生推荐代表朗读课文。

师：谁来评价一下他的朗读情况？

生1：他读错拼音了。应该这样读：水中藻（zǎo）、荇（xìng）交横，盖竹柏（bǎi）影也。

生2：他停顿有误。他是这样错读的：庭下如／积水空明，水中藻、荇交横，盖竹柏／影也。

师：这一句该如何读，你来试一试。

生2：庭下／如积水空明，水中／藻、荇交横，盖／竹柏影也。

师：古人写文章是不加标点的。大家能看着屏幕，读一下不加标点的文章吗？

屏显：元丰六年十月十二日夜解衣欲睡月色入户欣然起行念无与为乐者遂至承天寺寻张怀民怀民亦未寝相与步于中庭庭下如积水空明水中藻荇交横盖竹柏影也何夜无月何处无竹柏但少闲人如吾两人者耳

（学生大声朗读。）

评点："三分文章七分读"，学习文言文的最佳路径在于诵读。读通读懂是前提。让学生读没有标点的文章，可以激发学生的阅读欲望，锻炼他们的断句能力，增强他们对文言文的感知能力。

2.疏通文意

师：结合注释和工具书，疏通文章大意。大家在疏通文意方面，如果遇到困难，先在小组内解决；如果实在解决不了的，可提出来，我们共同解决。

生1：我不理解这一句"但少闲人如吾两人者耳"的意思。

师：谁来帮助他一下？

生2：只是缺少像我们这样的闲人罢了。

师：翻译得不错。你是怎么知道"但""耳"含义的？

生2：我们学过《卖油翁》，里面有："无他，但手熟尔。"我根据这句推出来的。

师：这位同学擅长积累，注重知识的迁移运用，大家多向他学习。

师：疏通文意差不多了，那么谁能用精练的语言概述文章大意？

生1：月光很亮，苏轼睡不着觉，到承天寺找张怀民，张怀民也没睡觉，两个人共同散步，最后苏轼发了一些感慨。

师：说得比较全面。老师有一个小小的建议：建议用"人物＋事件"的方法加以概括。

生3：苏轼和张怀民在月光下散步。

师：你概括得比较精练，为你点赞。

3.体味庭下散步

师：同学们，在那样一个初冬之夜，苏轼本来是准备睡觉的。那么是什么原因让他有了夜游的兴致呢？

生1："月色入户。"

师："月色入户"中的"户"，是什么意思？

生2：窗户。

师：大家同意他的解释吗？

生3："月色入户"中的"户"，是"门"的意思。

师：说得很好。我们常说的成语"足不出户"，是什么意思？

生：脚不跨出家门。

评点：这一细节体现了随文理解词语的理念，避免了对词语孤立地讲解，学生印象深刻。

师：苏轼夜游的兴致很高，文中哪些语句能证明这一点？

生：欣然起行。

师：很好。这一句，我们能读出高兴的感觉。大家试着读一下。

（学生齐读。）

师：这样的良辰美景，苏轼想和谁分享？

生齐答：张怀民。

师：张怀民是谁？

生：苏轼的朋友。

师：张怀民当时睡觉了吗？

生：没有睡。"怀民亦未寝。"

师：苏轼去找张怀民，他当时最担心的是什么？

生：担心张怀民睡觉了。

师：当苏轼发现张怀民没有睡觉，苏轼的心情如何？

生：他会欣喜若狂。

师：我们再读一下"怀民亦未寝"，要读出那种欣喜若狂的心情。

（学生齐读，引导读出重音，在"亦"上下功夫。）

师：两人是如何赏月的？

生：相与步于中庭。

师：这一句什么意思？

生：两个人一起在庭院中散步。

师：这说明两人关系如何？

生：关系很亲密。

4.欣赏庭下月色

师：哪一句写到了院中美景？

生：庭下如积水空明，水中藻、荇交横，盖竹柏影也。

屏显：庭下如积水空明，水中藻、荇交横，盖竹柏影也。

师：我们首先读一下。

师：请一位同学说说这句的大意。

生：月光照在庭院中，整个庭院像积满了水一样空明澄澈，水中的藻、荇相互交错，原来是竹子柏树的影子。

师：让我们再次读这句话，感受作者描写的美景。

（学生齐读。）

师：老师有个问题想考考大家：这个句子能否这样改动？

屏显：庭下如积水空明，水中藻、荇交横，竹柏影也。

（学生讨论，交流。）

生：去掉"盖"，缺少一种朦胧美；加上"盖"，让人有一种恍然大悟之感。

师：怎么会有一种恍然大悟之感呢？

生：苏轼、张怀民二人在美景中陶醉了，忘记了是在赏月。

师：让我们带着这份陶醉，再读此句，争取读出那种恍然大悟之感。

评点：体会"盖"字的妙处，是本课的教学亮点之一。

5.月下抒怀

师："一切景语皆情语"，苏轼眼中的月光美景，又折射出他怎样的内心世界？

屏显：何夜无月？何处无竹柏？但少闲人如吾两人者耳。

师：谁来读？

生1：何夜无月？何处无竹柏？但少闲人如吾两人者耳。

师：他读得如何，谁来评价一下？

生2：没有突出重音。

师：哪些词应该重读？

生2：何夜、何处、闲人。

师：你来读一下。

（生2读。）

师：请一位同学说说这几个句子的大意。

师：如何理解"闲人"？

生1：悠闲，苏轼很悠闲地赏月。

生2：清闲。

师：还有新的发现吗？

（课堂沉默。）

师：老师给大家讲一下相关的背景材料，有助于大家理解"闲人"。

屏显：宋神宗元丰二年（1079年），苏轼因作诗"讪谤朝政"罪遭御史台弹劾，被捕入狱，史称"乌台诗案"。长时间的审问折磨，苏轼差一点丢了脑袋。十二月苏轼获释出狱，被贬谪到黄州任团练副使（宋代闲散不管事的官职），但不准擅离该地，并无权签署公文。

师：苏轼是真心想做一个赋闲之人吗？

（学生小组交流。）

评点：知人论世环节，恰到好处，有助于学生理解文本。

师：为了大家更好地理解苏轼，大家看材料。

屏显：21岁中了进士，"奋厉，有当世志。"

38岁任密州太守："会挽雕弓如满月，西北望，射天狼。"

40岁任徐州太守：抗洪救灾，力挽狂澜。

43岁任湖州太守，因"乌台诗案"被捕入狱。

44岁被贬黄州任团练副使。

师：结合上述材料，请用屏幕上的句式回答。

屏显：这快乐背后，隐藏了多少（　　　　　　），这声"闲人"里包含了多少（　　　　　　）。

生1：苦难、心酸。

生2：挣扎、无奈。

生3：曲折、感慨。

师：同学们，你们已对苏轼有了一定的认识。在大的磨难面前，苏轼是如何面对的？

屏显：被贬黄州期间共作诗220首，词66首，赋3篇，文169篇。

贬黄州：谁怕？一蓑烟雨任平生。

贬杭州：我本无家更安往，故乡无此好湖山。

贬惠州：日啖（dàn）荔枝三百颗，不辞长作岭南人。

贬儋（dān）州：芒鞋不踏名利场，一叶轻舟寄渺茫。

师：结合苏轼生平和上面相关语句，试回答下列问题。

1.我看到了一个（　　　　　　）的苏轼。

2.苏轼的经历，启示我（　　　　　　）。

评点：这一环节，既巧妙地认识了苏轼，又突出了对学生的思想熏陶。

6.背诵经典

师：经典可以滋养我们的心灵，让我们铭记经典。大家看着屏幕背诵。

屏显：元丰，解衣，月色，欣然。念，遂至。怀民，相与。庭下，水中，盖。何夜？何处？但少。

（学生齐背。）

结束语：同学们，在历史的长河中，苏轼就像一颗璀璨的明星，熠熠生辉。在今后的人生道路中，我们也许会身处逆境，深陷低谷，让我们记住苏轼，记住承天寺那轮明月。愿我们永远能像苏轼那样：心灵澄澈明净，人生豁达从容！

《阿长与〈山海经〉》教学设计

¤ 课例背景

2019 年 9 月，山东省语文教研员张伟忠博士在临沂外国语学校启动了全省"基于学情，先学后教，以学定教，多学少教，以学论教"的阅读教学模式的课题研讨。该课题的使命是彻底转变语文教师的教育教学理念及教学行为，实现语文教学重心从"教"到"学"的改变，打破语文教学"少、慢、差、费"的怪圈，并使这种理念和思想在全省各处学校生根、发芽、成长。张老师认为："学生能自己学会的东西，老师还教什么？学生自己学不会，老师讲也不会的，老师就不用讲了。需要老师讲的是那些学生自己学不会、需要老师来讲会的问题，这样的教学效果才是真正高效的。"基于这样的时代背景和新时期对初中语文教学工作的需求，我个人逐步尝试着用这种模式来教学，并收到了意想不到的效果。下面是我基于学情，采用"先学后教，以学定教，多学少教"教学模式上的《阿长与〈山海经〉》一课，希望与大家交流共进。

¤ 教材分析

《阿长与〈山海经〉》选自统编教材语文七年级下册第三单元。

《阿长与〈山海经〉》是一篇回忆性叙事散文，作者用朴素但又不乏幽默的笔触，叙写了阿长的一些有代表性的生活片段。通过事件的详略变化和写作视角的转换，作者塑造了阿长这个小人物形象。阿长让"我"充满敬意与怜爱，感激与怀念，同情与愧疚，让读者也重新审视身边的小人物。

学习本课要熟读精思。怎样熟读精思？阅读时要运用一定的阅读策略。如：从标题、叙事详略、写作角度等方面把握重点，抓住关键语句，感受文章意蕴。从写作角度来看，这篇文章在细节描写和视角转换等方面有很多值得学习和借鉴的地方。

¤ 基于学情（学生预习中出现的问题归纳）

①作者介绍阿长名字的由来有什么作用？（问题人数5）

②为何题目是"阿长与《山海经》"而不是"长妈妈与《山海经》"？（问题人数6）

③"我"开始为什么讨厌阿长呢？（问题人数25）

④如何理解文中"伟大的神力"？（问题人数7）

⑤阿长是一个怎样的人？（问题人数4）

⑥阿长给"我"买来《山海经》部分问题最多。（问题人数35）如：

a."我"为什么特别渴慕得到《山海经》？

b."我"那么讨厌阿长，为什么阿长还给"我"买来《山海经》呢？

c.为什么阿长也来问《山海经》的事？

d.阿长是怎样给"我"买来《山海经》的？买回来后"我"的心情是怎样的？

¤ 教学目标

①把握课文的主要内容，理解阿长的形象及作者表达的感情。

②重点研读买《山海经》部分，体会语句的深层含义。

③感悟"我"对阿长的怀念之情，领会阿长性格中的纯真美。

¤ 教学流程

板块一：导入新课

同学们，我们在七年级上学期学过鲁迅的一篇散文《从百草园到三味书屋》，里面提到一个讲美女蛇故事的长妈妈。长妈妈是鲁迅家的一个女工，她多次在鲁迅的文章中出现。这个长妈妈究竟有什么魅力，让鲁迅无法忘怀呢？今天就让我们一起走进《阿长与〈山海经〉》，去寻找答案！（板书标题、作者。）

板块二：教学过程

①整体感知，初识阿长。

师：本课的生字词及文学常识我们在课前预习时已经做了处理，由于时间关系，在这里就不再检查提问。这是一篇记事写人的散文，请同学们快速跳读课文，看看围绕阿长作者写了哪些事。

生：跳读归纳。

预设：

生1：阿长喜欢切切察察。

生2：阿长对"我"管束很严，喜欢"告状"。

生3：阿长的睡相差（粗俗），睡觉时摆成"大"字。

生4：阿长给"我"讲各种规矩和麻烦的礼节。比如吃福橘。

生5：阿长给"我"讲长毛的故事。

生6：阿长"谋害"了"我"的隐鼠。

生7：阿长给"我"买《山海经》。

（以上环节可以让学生到黑板上板书出来。）

师：同学们归纳得很好，作者围绕阿长写了这么多事，但是文章却脉络清晰，中心突出，毫不杂乱。那么作者是怎样把这些事件串联在一起的呢？

（学生思考。）

预设：这个问题，可能会有些难度，也可能很容易地发现本文的线索。

生：作者对阿长的感情变化将事件串联了起来。

师：既然这样，那么请同学们快速从文中找出表明"我"对阿长感情变化的词语。

预设：难度不大，应该很快找出。

生1：不大佩服。

生2：不耐烦。

生3：空前的敬意。

生4：特别的敬意。

生5：憎恶。

生6：新的敬意。

生7：怀念。

师：由此看来，"我"对阿长的感情不是一成不变的，而是不断发生变化的，这也符合小孩子的性格。

（嵌入学生问题。）

师：在这里我们班有一半同学提出一个问题："我"开始为什么那么讨厌阿长呢？对于这个问题，只要我们用孩子的眼光一起来看看阿长做的那些事就知道了。

师：我们都知道好玩、好动、好奇心强是孩子的天性。你喜欢被一个人看得死死的，老实地坐在板凳上吗？过新年小孩子心里想到的是好吃的、好玩的，谁愿意去记那些古怪的规矩呢？作者自小接受"仁义礼智信，温良恭俭让"的儒家教育，所以对于阿长饶舌多事、不雅的睡相怎么能看得上呢？特别是大热天把作者挤到床的一角动弹不得，如果是你，你能受得了吗？（不能）也正是因为阿长有这些小毛病，"我"才表现出了对阿长的不满和讨厌。

②研读课文，读懂阿长。

师：同学们，这篇回忆阿长的文章是在阿长去世30年后写的，当时作者已经45岁，难道他写这篇仅仅是为了表达对阿长的不满和怨恨吗？（不是）经历人生世事，大浪淘沙，唯有纯、真、美会在人们的心中永存。哪件事改变了作者对阿长的看法呢？（给作者买来《山海经》一事），下面就让我们重点研读这一部分，来体会文章蕴含的感情。

（嵌入学生问题。）

师：在这里，很多同学提出一个问题："我"为何对《山海经》渴慕到痴迷的程度？对于这个问题，只要我们了解《山海经》和作者当时的读书情况就知道答案了。

我们先来了解一下《山海经》（出示相关资料）：《山海经》内容涵盖上古地理、历史、天文、神话、气象、动物、植物、矿藏、医药、宗教等方面的内容，可以称得上是一部上古社会生活的百科全书，被誉为"天下第一奇书"。

非特史地之权舆，亦乃神话之渊府。——袁珂

师：我们再看看鲁迅的读书情况。对于鲁迅来说，有幸生于乡绅之家，有读书的物质保障；而不幸生于清末，在书塾学的都是八股应试的读物。同学们还记得《从百草园到三味书屋》中大家背书的一幕吗？孩子们根本就不知道在背什么。《五猖会》中父亲要"我"背的《鉴略》，"我"是"一字也不懂"，即使当时机械地背完了，长大后也只记得前四句，其他的全忘了。难怪鲁迅这样感叹！

出示资料：

"可是一班别有心肠的人们，便竭力来阻遏它，要使孩子的世界中，没有一丝乐趣。"

"我们那时有什么可看呢，只要略有图画的本子，就要被塾师，就是当时的'引导青年的前辈'禁止，呵斥，甚而至于打手心。"——《二十四孝图》

师：从这些文字中可以知道，封建教育只要求孩子读死书，死读书。严重扼杀了他们的读书热情。所以当他从远房叔祖那里了解到有"人面的兽，九头的蛇，三脚的鸟，生着翅膀的人"的《山海经》时，他的好奇心和想象力被唤醒了，他怎么会忘记呢？对鲁迅来说，《山海经》不只是一本书，而是另外一个世界，另外一种生活。是他的自我生命渴望突破封建教育的束缚，寻求一个新的天地的希望所在。

师：文中哪些语句写出了"我"对《山海经》的渴慕？

生1：玩的时候倒是没有什么的，但一坐下，我就记得绘图的《山海经》。

生2：大概是太过于念念不忘了，连阿长也来问《山海经》是怎么一回事。这是我向来没有和她说过的。

师：可见"我"到了朝思暮想、寝食难安、念念不忘的地步。就连不识字的阿长也看出"我"的心被《山海经》带走了，于是出于对小主人的关心，也来问问《山海经》到底是怎么一回事。面对她的询问，"我"的表现是怎样的呢？

生：我知道她并非学者，说了也无益；但既然来问，也就都对她说了。

师：从这句话中你能读出什么呢？

生1：不抱任何希望。

生2：瞧不起（轻视）阿长。

生3：觉得阿长不会理解他当时的心情。

师：为什么这么说？

生："我"认为阿长不识字，没文化，既不知道《山海经》是怎样的一部书，更何况她一向似乎并不关心"我"。

师：这表明了"我"对阿长心存隔膜，乃至轻视。

（嵌入学生问题。）

师：这里老师要穿插我们同学提出的一个问题：作者介绍阿长名字的由来有什么作用？

预设：可能学生能回答，如果回答不上来老师引导。

师：阿长有名字吗？

生：没有，人们把别人的名字安在她身上了。

师：（找到一位同学），这位同学，你愿意把他人的名字随意安在自己头上吗？（不愿意）如果别人强行安上了，你会怎样？（不愿意、反抗等）。而阿长就被别人安上个名字，而且她没有反抗，很欣然地接受了，这说明什么呢?

生: 阿长社会地位低下，不被人尊重，而且她也习惯了这不被尊重的现状。

师: 那么对于阿长的询问，"我" 所表现出的轻视里，是不是也带有一点不尊重的意思呢?

师: 就是这位不被 "我" 看好，不被 "我" 尊重，还被 "我" 讨厌、轻视的小人物阿长竟然买来 "我" 梦寐以求的《山海经》。

出示语段资料:

过了十多天，或者一个月罢，我还很记得，是她告假回家以后的四五天，她穿着新的蓝布衫回来了，一见面，就将一包书递给我，高兴地说道:

"哥儿，有画儿的'三哼经'，我给你买来了!"

我似乎遇着了一个霹雳，全体都震悚起来; 赶紧去接过来，打开纸包，是四本小小的书，略略一翻，人面的兽，九头的蛇，……果然都在内。

这又使我发生新的敬意了，别人不肯做，或不能做的事，她却能够做成功。她确有伟大的神力。谋害隐鼠的怨恨，从此完全消灭了。

这四本书，乃是我最初得到，最为心爱的宝书。

师: 同学们，"哥儿，有画儿的'三哼经'，我给你买来了!"（单独幻灯片出示）你觉得这句话应该怎样读才能体现阿长当时的心情呢? 我们找个同学读读试试。

师: 你是带着一种怎样的心情来读的呢?

生: 激动、兴奋、满足。

师: 既然这样，声音应该是高亢的，感情是浓烈的，语速是稍快的。再来读读试试。

师: 读到这里，一个真诚善良、关心 "我"、热心帮助 "我" 的长妈妈的形象，光彩夺目地立起来了。

师: 下面再看看 "我" 的反应（单独幻灯片出示）。

学生可齐读。

我似乎遇着了一个霹雳，全体都震悚起来；赶紧去接过来，打开纸包，是四本小小的书，略略一翻，人面的兽，九头的蛇，……果然都在内。

这又使我发生新的敬意了，别人不肯做，或不能做的事，她却能够做成功。她确有伟大的神力。谋害隐鼠的怨恨，从此完全消灭了。

师：这段文字写出了"我"当时怎样的心情？

生：激动，惊喜，感激之情（又惊又喜，感激不尽）。

（嵌入学生问题。）

师：如何理解文中"伟大的神力"呢？文中曾两次出现，其含义各有什么不同呢？

预测：可能有难度，需要教师引导提示。

师：它们的指代对象和感情色彩不同。

第一处指攻城时抵挡大炮的神力。"伟大的神力"包含着荒诞和调侃的意味，表现阿长的无知可笑。

第二处指没有文化的阿长竟然帮"我"买来朝思暮想的《山海经》，因为这件事"别人不肯做"，谁也没有阿长那样知"我"心，谁也没有阿长那样热心；别人也"不能做的"，有画的《山海经》很难找，要跑多少路，打听多少地方，谁能像阿长这样为"我"操心？况且她又不识字，她却成功了（明确这里的"别人"是指家长、老师、长辈等）。所以说"她确有伟大的神力"。这里虽有夸张的成分，却是作者以孩童口吻发出的最热烈、最真诚的赞美。此时阿长的形象立即高大起来了。这时我们才明白，前面所有的"抑笔"都是为后面的"颂扬"蓄势的，这种"欲扬先抑"的写法，也是值得我们学习的。

师：成年后的鲁迅回过头来审视儿时发生的那些事发现，阿长虽有缺点，但对"我"充满爱意：看管很严，实际是怕"我"出事；面对母亲的提醒，她默不作声，这是她诚实淳朴的表现；元旦吃福橘更是对"我"的一种发自内心的祝福和期盼……直到给"我"买来了《山海经》，一个热情淳朴善良、关心孩子、乐于助人的小人物的光辉形象就呈现在我们面前。而此时阿长已不仅仅是"我"的保姆，更像是"我"的母亲、老师、"哥们"，难怪鲁迅在长妈妈辞世30年，还会对她深情地怀念。

③深情朗读，怀念阿长。

师：下面让我们一起深情朗读最后一段，体会作者对阿长的怀念之情。（出示投影）

"仁厚黑暗的地母呵，愿在你怀里永安她的魂灵！"

想想阿长的身世，想想她对自己所做的一切，想想自己小时候对她的抱怨，都融进最后这一句话。其中包含着思念和歉疚，也包含着感激和同情。下面让我们再一次深情朗读，体会这种种情感。

师生齐读。

（嵌入学生问题。）

师：课文学到这里我们再来看同学问的最后一个问题：为何题目是"阿长与《山海经》"而不是"长妈妈与《山海经》"？

生1：文章前一部分多用抑笔，对她"不大佩服""不耐烦""讨厌"，倘若用"长妈妈"称呼，名不副实。

生2：将"阿长"与《山海经》连接，看似矛盾，却令人好奇，有助于激发读者的阅读兴趣。

生3：本文是作者在45岁时写的，用"阿长"更符合作者当时的口气，并且用"阿"字有亲昵的意味。

师：当昨天成为回忆，那些看着我们长大的人，那些平常事，如浮云飘散，悠悠远去。偶然记起少不更事的时光，记起叛逆不羁的岁月，曾经的单纯、烦恼，曾经的不以为然，曾经的自以为是，在穿越时空隧道后发现：爱的方式有很多种，唠叨是深爱，叮咛是关照，训斥是期待。也许我们当时不能理解，不能接受。但是，当长大后，我们会读懂它。好，我们今天的课就上到这儿，下课！

让我们拥抱语文

我们正处在一个全面深化改革的伟大时代。党的十八届三中全会明确提出深化教育领域综合改革的目标和任务。围绕这些决策部署，基础教育领域的重大改革举措频出。一直以来，语文是所有学科中改革呼声最强烈、改革力度最大的学科，语文成了课改领域的"网红"学科。统编教材的全面铺开，意味着语文一纲多本时代的结束。可是，仔细审视我们的语文教育，教师控制多，个人兴趣少；规定内容多，自主学习少；死记硬背多，灵活运用少；机械训练多，体验探究少；标准答案多，发散思维少；语文学科知识多，人文素养少。家长纠结，老师痛苦，孩子挣扎，成为当下语文教育中最尴尬的现实。

30年来，我从语文教师到学校教导主任，到分管教学的副校长，再到校长、教育办公室主任，直到现在的语文教研员。岗位变换虽多，但始终没有脱离课堂，没有脱离语文教学一线，始终不渝地进行着语文教学改革和语文教学策略研究。2017年9月，我们引进"语文主题学习"实验，在全县域开展这项研究课题，并取得了一定的成效，受到了社会各界的认可和赞誉。作为语文教学和语文教学研究、改革的亲历者，我深感责任重大，觉得自己有责任和义务将十几年来推进改革的体验和感悟呈现出来，以供语文同仁在语文教育教学中参考；同时，也是对自己从教30年的一个交代。文集起名为《拥抱语文》，源于我喜欢的宋代诗人乐雷发写的诗《新淦偶成》："飞飞绿凤挂梅梢，犹记来时雪拥抱。今日归舟新淦路，担头稚子卖樱桃。"用"犹记来时雪拥抱"来形容我与语文的关系再贴切不过。在语文教学改革的漫漫长路上，尽管我经历了一次次坎坷，但我始终如雪抱俏梅般深深依恋着她。

回首十几年的语文教学改革历程，我越来越强烈地感受到理论之于实践的重要性。正是有了科学的理论武装，我们才能在语文教学改革中不断发现真问题，勇于解决大问题，才能在正确的道路上，使得语文教学行稳致远。在推进改革的过程中，我逐渐养成理性思考的习惯，常把自己的思考和感悟诉诸文字，并在报刊上发表。本书所选文章，大都是我在近几年推进语文教学改革过程中陆续写作并发表的。内容虽有所交叉，但它们都源于教学与管理实践，彼此关联，各有侧重；虽形成于不同时期，但均保留了改革进程的原貌和自己教学、管理、教研等的思考轨迹。本书从语文教学改革的创新探索、教学管理的规律探寻、语文教学随笔、"语文主题学习"探究、经典文章教学设计等五个方面呈现，是想从宏观和微观、语文要素和外部环境间的关联等方面较为全面呈现我的探索和思考。而我特别强调的，也是贯穿全书的一点，是自我管理的创新。不论你在教学中遇到怎样的困难和问题，不怨天尤人，不故步自封，只要我们都坚持从自我改变做起，把自己的心叫醒，语文教学的明天一定会变得更美好。

改革、探索、创新永远在路上。雅斯贝尔斯说："谋求新的精神境界是当代一切有责任感的人的首要任务。"让我们用不断的改革、探索和创新拥抱语文，让我们的语文课堂变得更加美好，让我们的语

后记

文课堂变得更有魅力!

　　此书得以顺利出版,要感谢黄金强、薛炳烜等诸位先生的鼎力支持。东营市教育科学研究院刘知晓先生在百忙中为此书作序,在此一并表示深深的谢忱!书中错误疏漏之处,恳请各位同仁不吝指正。

　　谨以此书献给我钟爱的语文事业和支持我的教育同仁!

2020 年 10 月 19 日